離婚事件処理
マニュアル

編集 冨永 忠祐（弁護士）

新日本法規

は し が き

　離婚事件は、弁護士を悩ませる事件である。
　そもそも人間の感情は曖昧であるが、特に男女間の愛情というものは、とかく移ろいやすいものである。そのため、依頼者の真意を捕捉することが、容易ではない。
　また、依頼者が離婚を望んでいる場合でも、依頼者の人生にとって、離婚という選択肢が本当に最善であるのか、冷静に見極める必要がある。しかし、人の幸福を測る、ものさしは、ない。息を引き取る間際に、あのとき離婚して良かった、自分の人生はいい人生だった、と依頼者に回想してもらえるかどうか。弁護士としては、そうあってほしいと願うものの、自信はない。
　離婚条件を考える際にも、難題がたくさん待ち構えている。親権で対立が激しい場合は、話合いが一歩も前進しない。調停を経て、裁判に突入する確率が高くなる。
　財産分与は、夫婦の財産を二等分するものであると、理屈では分かっていても、相手の財産が不明であれば、的確な計算ができない。自宅があるが、住宅ローンの返済中であるという、最もありがちなケースでさえ、自宅の価格は幾らなのか、自宅を処分する場合、いつ誰に売却するのか、処分しない場合、今後誰が自宅に居住し、住宅ローンを誰が返済するのかなど、解決すべき課題が山積している。
　本書は、離婚事件を扱う弁護士に、実務上の指針を習得していただくことを目的として著されたものである。最初に依頼者から相談を受けた段階から、離婚事件の解決に至るまでのプロセスを、論点ごとに整理してまとめている。執筆者はいずれも、日頃離婚事件を多数扱っている弁護士であり、困難な問題に遭遇したときの悩みや対処法などが率直に記されている。実務の参考に供していただければ、望外の幸せである。
　末筆ではあるが、本書の執筆に精力的に取り組んでいただいた8名の執筆者の方々に感謝申し上げたい。そして、本書の企画・編集の全般にわたってご尽力いただいた新日本法規出版の祖父江宏志氏のご厚情に、心から感謝申し上げたい。

　　平成20年8月

　　　　　　　　　　　　　　　　　　　　　　　冨　永　忠　祐

編集・執筆者一覧

≪編集者≫

冨 永 忠 祐（弁護士）

≪執筆者≫（五十音順）

香 川 美 里（弁護士）

黒 﨑 育 子（弁護士）

柴 田 里 香（弁護士）

秦 　 真太郎（弁護士）

樋 口 由美子（弁護士）

松 本 明 子（弁護士）

的 場 美友紀（弁護士）

村 上 弓 恵（弁護士）

凡　例

<本書の内容>

　本書は、弁護士業務の中でも取扱いが最も多い分野の一つである「離婚事件」の処理方法をマニュアル化したものである。各項目の冒頭で当該手続の流れを図示した上で、手続実施上の留意事項をコンパクトにまとめ、さらに関係する書式を紹介することにより、一通りの事件処理ができるように編集している。

<本書の体系>

　本書は、次の6章により構成した。
　　第1章　相談・受任
　　第2章　離婚の際に検討すべき事項
　　第3章　離婚手続の実行
　　第4章　離婚後に発生する諸問題の処理
　　第5章　渉外離婚の処理
　　第6章　ＤＶ（ドメスティック・バイオレンス）への対応

<本書で使用する書式>

　離婚事件の申立書式としては裁判所が用意している「定型書式」があるが、本書では、この「定型書式」のほか、筆者らが実際に使用している書式をも掲載した。

<表記の統一>

1　法　令

　法令名を根拠として（　）囲みで示す場合は、次の要領で略記した。
　　【例】民法770条1項5号→（民770①五）
　なお、法令の略称は次のとおりとした。

家審	家事審判法	国籍	国籍法
家審規	家事審判規則	裁	裁判所法
刑	刑法	児手	児童手当法
戸	戸籍法	児扶手	児童扶養手当法
公証	公証人法	人訴	人事訴訟法
公証手数料	公証人手数料令	人訴規	人事訴訟規則
厚年	厚生年金保険法	人保	人身保護法
厚年規	厚生年金保険法施行規則	人保規	人身保護規則

ストーカー	ストーカー行為等の規制等に関する法律【ストーカー規制法】	民	民法
		民執	民事執行法
		民訴	民事訴訟法
通則	法の適用に関する通則法	民訴規	民事訴訟規則
		民訴費	民事訴訟費用等に関する法律
登税	登録免許税法		
特家審規	特別家事審判規則	民保	民事保全法
配偶者暴力	配偶者からの暴力の防止及び被害者の保護に関する法律【DV防止法】		

2 判　例

　判例を根拠として（　）囲みで示す場合は、次の要領で略記した。

　【例】最高裁判所平成17年12月6日決定、判例時報1927号156頁
　　　　→（最決平17・12・6判時1927・156）

　なお、出典の略称は次のとおりとした。

家月	家庭裁判月報
民集	最高裁判所民事判例集
判時	判例時報
判タ	判例タイムズ
ジュリ	ジュリスト

目　次

第1章　相談・受任

ページ

第1　相談を受ける …………………………………………… 3

＜フローチャート〜相談＞　3

1　相談予約　*4*
(1)　相談内容の概略の把握　*4*
(2)　緊急性の有無の確認　*5*
(3)　相談日時・場所・費用の告知　*6*

2　法律相談の実施　*7*
(1)　相談に当たっての注意点　*7*
(2)　相談者の離婚意思の確認　*7*
(3)　別居の有無、別居期間の確認　*8*
(4)　有責性の有無の確認　*9*
(5)　子の有無、人数、年齢の確認　*10*
(6)　話合いの経過の確認　*11*

第2　受任する ………………………………………………… 12

＜フローチャート〜受任＞　12

1　解決手続の選択　*13*
(1)　離婚手続の説明　*13*
(2)　解決手続の選択　*14*
(3)　有責配偶者の場合の問題　*17*
【参考書式1】訴　状（離婚訴訟）　*19*
【参考書式2】訴　状（不貞相手に対する慰謝料請求）　*22*

2　受任契約　*24*
(1)　委任契約書の作成・契約の締結　*24*
【参考書式3】委任契約書　*25*
(2)　弁護士費用の説明　*28*
(3)　法テラスへの持込み　*28*

第2章　離婚の際に検討すべき事項

第1　離婚原因を確認する ················· 31

　　＜フローチャート～離婚原因の特定＞　*31*

　1　事情聴取その他の調査　*32*
　2　離婚原因の特定　*32*
　　(1)　民法770条1項と2項　*32*
　　(2)　離婚請求の訴訟物　*33*
　　(3)　裁判上の離婚原因　*33*
　3　依頼者が有責配偶者の場合　*38*
　　(1)　有責配偶者の離婚請求に関する判例の動向　*38*
　　(2)　不貞以外の有責配偶者の離婚請求　*39*
　　(3)　離婚が認められる3要件をクリアしているか微妙な場合　*39*
　　(4)　破綻主義　*39*

第2　親権者・監護権者を定める ················· 40

　　＜フローチャート～親権者・監護権者の指定＞　*40*

　　　親権概説　*41*
　1　事情聴取その他の調査　*42*
　2　親権者・監護権者指定の判断基準　*43*
　　(1)　裁判例に現れた具体的な事情　*43*
　　(2)　その他の事情　*43*
　　(3)　有責者の親権者適格性　*45*
　3　親権者・監護権者指定の申立手続　*46*
　　(1)　親権者指定　*46*
　　(2)　監護権者指定　*47*
　　【参考書式4】審判前の保全処分申立書（未成年者の引渡し）　*48*
　　【参考書式5】監護権者指定審判申立書　*49*
　4　親権者と監護権者の分属　*50*
　　(1)　親権・監護権の分離の基準　*50*
　　(2)　親権者と監護権者を分離した場合の権限の範囲　*50*
　　(3)　親権・監護権の分属の問題点　*51*
　5　離婚前の監護権者指定（調停、審判、仮処分）　*52*

第3　財産分与を決定する　……… 53

<フローチャート〜財産分与の決定>　53

1　財産分与の決定時期　54
(1) 離婚時　54
(2) 離婚後　55

2　財産分与　56
(1) 財産分与の内容　56
(2) 清算的財産分与　56
(3) 扶養的財産分与　65
(4) 慰謝料的財産分与　66

第4　慰謝料を算定する　……… 67

<フローチャート〜慰謝料の算定>　67

1　慰謝料に算定される要素　68

2　離婚原因の検討　69

3　離婚原因別の分析　70
(1) 一般的な課題　70
(2) 不貞行為（配偶者以外の者との肉体関係）について　71
(3) 暴力行為について　73

4　慰謝料の減額・請求棄却の要素の検討　75
(1) 双方に責任があるような場合　75
(2) すでに損害が填補されているような場合　75

5　慰謝料の請求　76
(1) 地方裁判所または家庭裁判所（附帯請求）　76
(2) 請求の相手方　76

6　請求金額の検討　80
(1) 予備知識　80
(2) 算定要因と金額の傾向について　80

第5　養育費を算定する　……… 81

<フローチャート〜養育費の算定>　81

1　事情聴取その他の調査　82

(1)　養育費の検討　*82*
　　(2)　生活状況等の事情聴取　*82*
　2　養育費の算定　*83*
　　(1)　算定表による算定　*83*
　　(2)　特別な事情の考慮　*85*
　3　養育費の支払方法の検討　*86*
　　(1)　支払方法の決定　*86*
　　(2)　支払の始期・終期の決定　*87*
　4　養育費の請求手続　*88*
　　(1)　協　議　*88*
　　(2)　離婚手続と並行して請求する場合　*88*
　　(3)　離婚後に請求する場合　*89*
　　　【参考書式6】養育費請求調停申立書　*90*
　　(4)　増減額請求　*92*

第6　面接交渉について取決めをする　……………………… *93*

　＜フローチャート～面接交渉＞　*93*
　1　面接交渉　*94*
　2　離婚時での面接交渉権の決定　*94*
　3　面接交渉の決め方　*95*
　　(1)　協　議　*95*
　　(2)　調　停　*95*
　　(3)　審　判　*97*
　4　主張・立証内容の具体的検討　*98*
　　(1)　面接交渉の基本的な考え方　*98*
　　(2)　「子の福祉」に合致するか否か　*98*
　　(3)　「子の福祉」に関係する要素の検討　*98*

第7　離婚時年金分割制度を利用する　……………………… *105*

　＜フローチャート～離婚時年金分割＞　*105*
　1　年金分割の基本的な仕組み　*106*
　　(1)　公的年金　*106*
　　(2)　年金分割制度　*109*

(3)　年金分割制度の種類　*110*
　　(4)　離婚時みなし被保険者期間　*111*
　2　依頼者と相手方の年金の調査方法　*112*
　3　合意分割　*115*
　　(1)　合意分割を行う手続　*115*
　　(2)　合意分割の按分割合　*119*
　4　3号分割　*120*
　　(1)　3号分割を行う手続　*120*
　　(2)　3号分割の対象となる期間　*121*
　【参考書式7】年金分割のための情報提供請求書　*123*
　【参考書式8】請求すべき按分割合審判申立書　*131*
　【参考書式9】標準報酬改定請求書　*133*

第3章　離婚手続の実行

第1　協議離婚を行う　……………………………………… *143*
　　＜フローチャート～協議離婚の流れと手続＞　*143*
　1　相手方当事者との交渉　*144*
　2　協議内容の決定　*145*
　　(1)　協議すべき事項　*145*
　　(2)　親権者の指定　*146*
　　(3)　監護についての指定　*146*
　　(4)　養育費　*146*
　　(5)　面接交渉　*147*
　　(6)　財産分与　*147*
　　(7)　慰謝料　*148*
　　(8)　履行の確保　*148*
　【参考書式10】離婚に関する契約公正証書　*149*
　　(9)　復　氏　*151*
　3　協議離婚の手続　*151*
　4　不受理申出制度の活用　*152*
　　(1)　不受理申出制度　*152*

(2)　不受理撤回の届出　*153*

　(3)　離婚届を偽造した場合　*153*

第2　調停手続を行う　……………………………………… *154*

　＜フローチャート〜調停離婚の流れと手続＞　*154*

　1　調停の申立て　*155*

　(1)　申立書の作成　*155*

　(2)　添付書類等の準備　*157*

　(3)　申立書および添付書類等の提出　*158*

　【参考書式11】夫婦関係調整調停申立書　*159*

　【参考書式12】管轄合意書　*161*

　2　調停の手続　*162*

　(1)　第1回調停前の準備　*162*

　(2)　第1回調停期日　*163*

　(3)　その後の調停期日　*164*

　3　調停の終了　*167*

　(1)　調停の成立　*167*

　(2)　調停の不成立　*167*

　(3)　調停の取下げ　*168*

第3　裁判離婚を行う　……………………………………… *169*

　＜フローチャート〜裁判離婚の流れと手続＞　*169*

　1　訴えの提起　*170*

　(1)　離婚請求　*170*

　(2)　附帯処分等の申立て　*172*

　(3)　損害賠償の請求　*173*

　2　離婚訴訟の手続　*175*

　(1)　訴状の送達、期日指定および答弁書の提出　*175*

　(2)　第1回口頭弁論期日　*176*

　(3)　争点整理手続　*177*

　(4)　証拠調べ　*177*

(5) 事実の調査　178
　3　離婚訴訟の終了　179
　　(1) 判　決　179
　　(2) 和　解　179
　　(3) 判決によらない婚姻終了　180
　　(4) 訴訟終了後の手続　180
　　【参考書式13】訴　状（離婚請求）　181
　　【参考書式14】訴　状（離婚請求）　184
　　【参考書式15】自庁処理申立書　187
　　【参考書式16】訴　状（損害賠償請求）　188
　　【参考書式17】答弁書　190
　　【参考書式18】答弁書　191
　　【参考書式19】証拠等申出書　194

第4　婚姻費用を請求する　……………………195

　　＜フローチャート～婚姻費用請求の手続＞　195
　1　婚姻費用分担の調停・審判の申立て　196
　　(1) 婚姻費用分担の協議　196
　　(2) 調停・審判の申立て　197
　　【参考書式20】婚姻費用分担請求調停申立書　198
　　(3) 調停前の措置・審判前の保全処分の検討　200
　2　婚姻費用の算定　201
　　(1) 算定表による算定　201
　　(2) 特別な事情の考慮　201

第4章　離婚後に発生する諸問題の処理

第1　戸籍と氏を決定する　……………………205

　　＜フローチャート～氏の決定の手続＞　205
　1　氏の選択　206
　　(1) 離婚の効力の発生　206

(2)　離婚による復氏　*208*
　(3)　婚氏続称制度　*209*
　(4)　称する氏の検討と決定　*210*
2　離婚と戸籍　*211*
　(1)　復　籍　*211*
　(2)　新戸籍の編製　*211*
　(3)　新戸籍編製の申出　*212*
3　離婚に際し変更した氏の変更　*213*
　(1)　離婚に際し変更した氏を変更する場合　*213*
　(2)　戸籍法107条1項による氏の変更　*213*
4　子の戸籍と氏　*215*
　(1)　子の戸籍　*216*
　(2)　子の氏の変更　*216*
　(3)　子の入籍手続　*217*

　【参考書式21】離婚届　*218*
　【参考書式22】離婚の際に称していた氏を称する届　*220*
　【参考書式23】氏の変更審判申立書　*221*
　【参考書式24】子の氏の変更許可申立書　*223*
　【参考書式25】入籍届　*225*

第2　社会保険等の手続をする　……………………… *226*

　＜フローチャート〜社会保険等の手続＞　*226*
1　年金に関する届出　*227*
2　各種保険に関する届出　*228*
　(1)　医療保険に関する手続　*228*
　(2)　その他の保険　*230*
3　各種手当に関する届出　*230*
　(1)　児童扶養手当　*230*
　(2)　児童育成手当　*231*
　(3)　児童手当　*231*
　(4)　その他の手当等　*232*

第3 決定手続の履行を確保する ································ 233

<フローチャート～履行の確保の手続＞　233

1　家事債務特有の履行確保手段　234
 (1)　履行確保　234
 (2)　履行勧告　235
 (3)　履行命令　235
 (4)　金銭の寄託　236

2　強制執行　237
 (1)　財産分与・慰謝料の不払　237
 (2)　養育費の不払　240
 (3)　面接交渉の拒絶　241

第4 子の引渡しを請求する ································ 243

<フローチャート～子の引渡し請求の手続＞　243

1　家事審判の申立て　244
 (1)　申立書の作成　244
 (2)　添付書類等の準備　245
 (3)　申立書および添付書類等の提出　245
 【参考書式26】子の引渡し審判申立書　246

2　審判前の保全処分の申立て　247
 (1)　家事審判の申立て　247
 (2)　審判前の保全処分の申立て　247
 【参考書式27】審判前の保全処分申立書（子の引渡し）　249

3　家事審判　251

4　人身保護請求の申立て　252
 (1)　人身保護請求の申立て　252
 (2)　人身保護請求の判断基準　254
 【参考書式28】人身保護請求書　256
 【参考書式29】答弁書　257

5　準備調査期日　258

6　審問期日　259
 (1)　審問期日の指定　259

(2) 審問期日における審理　*259*
(3) 判決の言渡し　*260*

第5　親権者・監護権者を変更する ……………………… *261*

<フローチャート〜親権者・監護権者変更の手続＞　*261*

1 親権者・監護権者変更の手続　*262*
(1) 親権者変更の手続　*262*
【参考書式30】親権者変更審判申立書　*263*
(2) 監護権者変更の手続　*264*
【参考書式31】監護権者変更調停申立書　*265*
(3) 監護に関する処分　*266*
2 親権者・監護権者変更の判断基準　*266*
3 親権者が死亡した場合の問題点　*267*
4 養親の死亡　*268*
5 非嫡出子の親権者の死亡　*269*

第5章　渉外離婚の処理

<フローチャート〜渉外離婚の流れ＞　*273*

1 渉外離婚　*274*
2 国際裁判管轄の確認　*274*
(1) 離婚の国際裁判管轄　*274*
(2) 離婚に伴う法律問題の国際裁判管轄　*275*
3 準拠法の決定　*276*
(1) 離婚の準拠法の決定　*276*
(2) 離婚に伴う法律問題の準拠法の決定　*278*
4 準拠法の適用による離婚の手続　*279*
(1) 日本法が準拠法の場合　*280*
(2) 外国法が準拠法となる場合　*280*
(3) 調停前置主義との関係　*281*

(4)　調停の申立て・訴訟提起　*281*

　5　離婚の届出　*283*

　　(1)　日本で離婚する場合　*283*

　　(2)　外国で離婚する場合　*284*

　　(3)　離婚後の氏　*285*

　6　離婚後の在留資格の確認　*286*

　7　子の国籍　*286*

第6章　ＤＶ（ドメスティック・バイオレンス）への対応

　　＜フローチャート～ＤＶ相談処理の流れ＞　*289*

第1　事情聴取その他の調査をする　……………*290*

第2　暴力から依頼者を保護する　……………*294*

　1　保護命令の申立て　*294*

　　(1)　保護命令の種類　*294*

　　(2)　要　件　*296*

　　(3)　管轄裁判所　*296*

　　(4)　申立書に記載すべき事項　*297*

　　【参考書式32】配偶者暴力に関する保護命令申立書　*298*

　　(5)　保護命令の手続　*306*

　　(6)　事件記録の閲覧謄写　*306*

　　(7)　保護命令の効力　*307*

　　(8)　即時抗告　*307*

　　(9)　保護命令の取消し　*307*

　　(10)　保護命令の再度の申立て　*307*

　2　民事保全手続の利用　*308*

　　(1)　管　轄　*308*

　　(2)　被保全権利　*308*

　　(3)　保全の必要性　*309*

　　(4)　疎明方法　*309*

　　(5)　債権者審尋　*309*

(6) 債務者審尋 *309*
(7) 審尋期日 *309*
(8) 担　保 *310*
(9) 仮処分手続の効果 *310*
3　警察の援助要請 *311*
(1) 警察の役割 *311*
(2) 警察の具体的対応 *311*
(3) 緊急対応 *311*
(4) 刑事処罰を求める場合 *311*
4　一時保護施設（シェルター）の利用 *312*
(1) 配偶者暴力相談支援センター、婦人相談所等における一時保護 *312*
(2) 民間シェルター *312*
(3) 避難によって生じる問題への対処 *313*

第3　離婚手続を進める …… *314*

1　手続を進める際の注意点 *314*
(1) 調停段階での注意事項 *314*
(2) 訴訟段階での注意点 *316*
(3) 離婚に伴う諸問題への対応 *317*
2　離婚後の注意点 *318*
(1) 手続終了後の問題 *318*
(2) ストーカーに対する対抗策 *319*
(3) ＤＶ被害者への精神的ケア *322*

第 1 章

相談・受任

第1 相談を受ける

＜フローチャート～相談＞

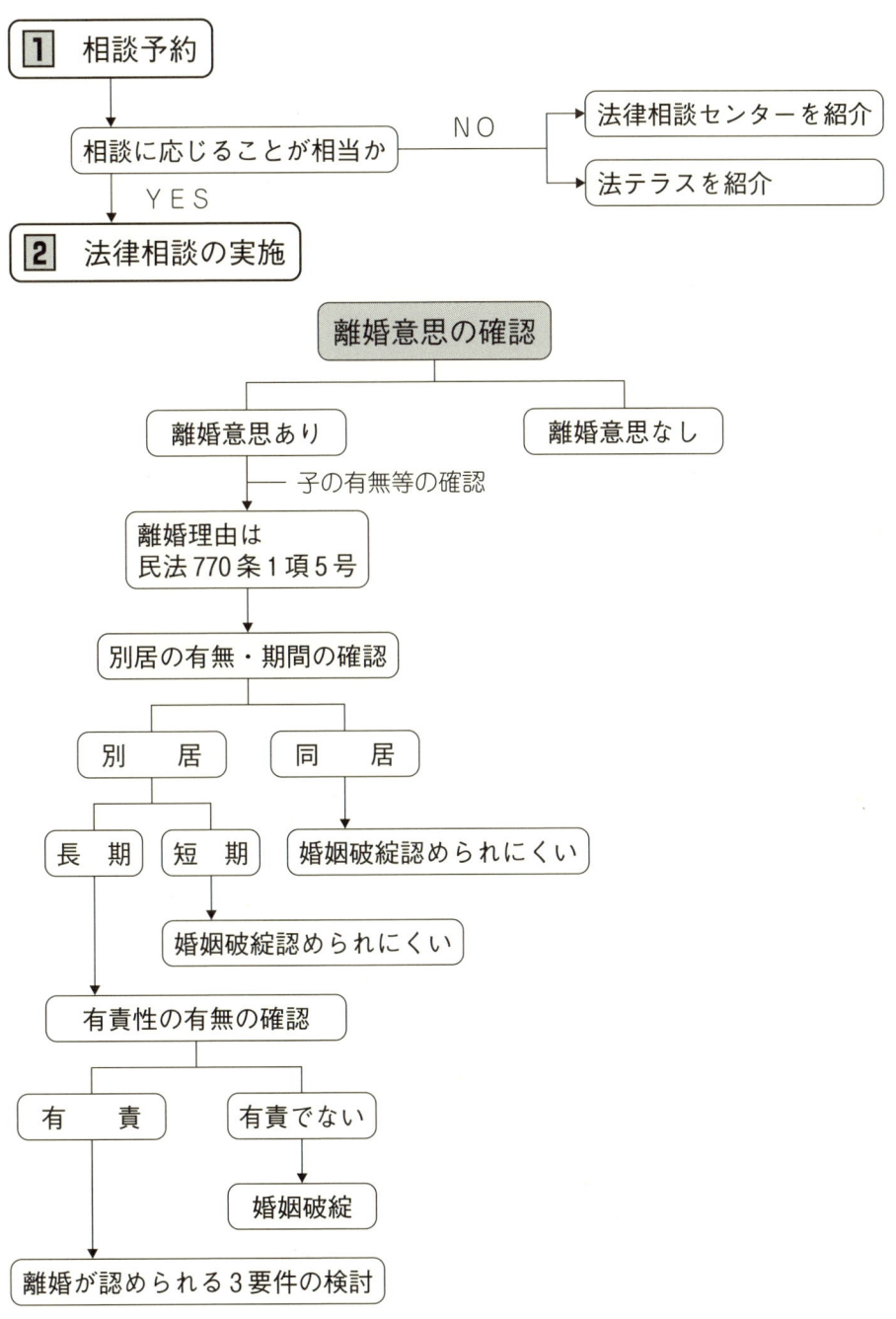

1　相談予約

> (1)　相談内容の概略の把握
> 　相談を受けることが適切か、相談日までに準備が必要かを確認します。
> (2)　緊急性の有無の確認
> 　日程の関係で、相談を受けるのが妥当かを確認します。
> (3)　相談日時・場所・費用の告知
> 　相談予約を受けます。

(1)　相談内容の概略の把握

　相談内容によっては、相談を受けることができないもの、相談日までに判例等を調べて準備をしておく必要があるものもあります。そこで、まず、予約者はどんな相談をしたいのか、相談内容の概略を聞き取ります。

　電話で予約を受ける場合、相談内容を簡潔に話せる方は稀で、あれもこれもと話が脱線しかねません。限られた時間内で相談内容の概略を把握するためには、予約の電話を受けたとき、弁護士が、現在、夫婦間の紛争はどの段階にあるのか（協議離婚の話合い中か、調停中か、裁判中か）、最も争いになっているのは何か、離婚を望んでいるのはどちらか、離婚を望む理由は何か、同居中か別居しているか、等を予約者に質問し、答えてもらう質疑応答の形式をとると、相談者が相談したい内容を要領よく引き出せて、相談内容の概要を把握しやすいと思います。

◆親が娘や息子の離婚相談を希望した場合
　最近は、子どもの離婚相談に来る親が増えています。この場合、離婚原因と主張する事実は伝聞であり、そこに親ならではのバイアスがかかっているので、相談を受けても仮定の話しかできません。したがって、原則として、ご本人に相談に来るようにとお話しして、法律相談はお断りしたほうがよいでしょう。

◆依頼中の弁護士の弁護方針等についての相談

　既に離婚事件について別の弁護士に依頼している人が、「弁護士が話をよく聞いてくれない」、「弁護方針が納得できない」等、依頼している弁護士に対して不満があるため、相談予約をしてくることがあります。不満が誤解に基づく場合は誤解を解き、依頼中の弁護士に対する信頼を回復するようなアドバイスをして、相談予約を断るのが賢明です。

　やむを得ず相談を受けた場合も、相談者からの一方的な話だけで依頼している弁護士の方針を判断することは危険です。セカンドオピニオンを呈示する際も、いろいろな考え方があり得ることを示唆するにとどめ、相談者が依頼している弁護士の方針を安易に批判することはタブーです。

(2) 緊急性の有無の確認

　民事保全処分や審判前の保全処分を早急に申し立てる必要があるか、調停や裁判の期日が間近にせまっているかなど、相談内容に緊急性があるか否かを確認します。

　期日の変更は認められることが多く、仮に認められなくても、次回期日から出廷等すれば取返しがつかない事態になることは考えにくいのですが、保全手続申立ては、一刻の猶予も許されない事案もあります。相談者から事件を依頼された場合、スケジュールの都合で、即、着手することが難しいと考えられる場合は、事情を説明して予約を断った方が、相談予約をしてきた方に対して親切です。

　緊急性がある事案でも、受任後、すぐに着手できるようであれば、できるだけ早く相談日時を決めます。

◆期日の変更

　期日が極めて接着している場合は無理かもしれませんが、裁判所も代理人がつくことを歓迎するので、期日の延期は認められ易いと思います。期日延期の申立てをする前に、書記官に電話をして、期日の延期について相談をするとよいでしょう。

◆法律相談センターの紹介

　スケジュールの都合で、相談を受けられない場合も、予約を断って終わりにするのではなく、弁護士会の家庭法律相談センター（離婚問題に詳しい弁護士が相談担当を

しています）等を紹介します。

家庭法律相談センター　電話　03－5312－5850（予約制）

(3) 相談日時・場所・費用の告知 ■■■■■■■■■■■■■■■

① 相談を受ける場合は、弁護士と予約者双方に都合のよい相談日時を決め、相談場所を指定します。相談場所は、弁護士事務所や弁護士会館の相談室を指定します。相談者は初めてお会いする人ですから、信頼できる紹介者がいる場合は別ですが、原則として相談者の自宅などへの出張相談は避けます。

② 予約の段階では、相談内容の概略を聞き取っただけですから、実際に相談を受ける際は、より詳しい婚姻関係の歴史等を知る必要があります。そこで、予約者に対し、結婚の経緯から今日までの夫婦の履歴を時系列に沿って記載したメモを、相談日に持参するよう依頼します。また、相談内容に関連する書類、例えば、不貞に関する調査会社の調査報告書、謝罪文、暴力の証拠写真、診断書なども持参するように依頼します。事案が複雑と思われる相談については、相談日前にあらかじめ、上記の書面を送ってもらいます。

③ また、忘れずに相談費用を伝えます。離婚相談の場合、相談時間はほとんど1時間を超えますから、その旨もお知らせして、事務所の報酬基準で定めている法律相談料を伝え、了解を取ります。もし、「無料相談はできませんか」と聞かれた場合は、無料法律相談を実施している法テラス等を紹介して下さい。

◆法テラスの無料法律相談

　法テラスでは、資力が乏しい人のために、弁護士または司法書士による無料法律相談を実施しています。相談時間は30分程度ですが、同一案件について3回まで、相談できます。

法テラス東京の無料法律相談の申込み案内　電話　0570－078374

2　法律相談の実施

> (1)　相談に当たっての注意点
>   　相談者に安心して相談してもらうための注意点
> (2)　相談者の離婚意思の確認
>   　相談のポイントをつかみ、相談の方法を決めます。
> (3)　別居の有無、別居期間の確認
>   　婚姻関係が破綻していると認められるかを確認します。
> (4)　有責性の有無の確認
>   　離婚が認められる要件を具備しているかを確認します。
> (5)　子の有無、人数、年齢の確認
>   　親権・養育費、面接交渉、子の引渡し請求が問題になるかを確認します。
> (6)　話合いの経過の確認
>   　事件の争点を知り、事件解決の方向を検討します。

(1)　相談に当たっての注意点

　離婚事件の相談者は、配偶者との葛藤によって精神的ダメージを受け、心療内科に通院したり、カウンセリングを受けている人が少なくないこと、熟年離婚の相談者は、相手方配偶者の思いやりのない言動の数々を30年も前からさかのぼって綿々と訴えることが珍しくないこと等、他の法律相談の相談者とは異なる特徴があります。弁護士の何気ない一言で、相談者の信頼を失う危険性が高いといえます。したがって、離婚事件の相談を受ける際は、相談者の話を遮らず受容的に、辛抱強く聞く姿勢が必要です。特に、相談者がドメスティック・バイオレンスの被害者の場合は、弁護士は相談者に二次被害を与えないように十分注意する必要があります。

(2)　相談者の離婚意思の確認

　離婚相談に当たっては、まず、相談者の離婚意思を確認することが必要です。離婚

相談に来る人は誰でも離婚の決意を固めて具体的な手続を依頼してくるわけではありません。離婚する決意はしているけれど具体的な離婚手続を進めることをためらっている人、離婚したくないが配偶者から離婚を求められて悩んでいる人もいますから、相談者の真意がどこにあるのかをじっくり聞くことが必要です。親族が相談の場に同席している場合は、相談者は親族の意向を気にかけて、離婚したくないのに離婚意思があるようなことを言う場合もあるので注意が必要です。

　相談者が、離婚する決意はしているが具体的な離婚手続を進める決意をしていない場合は、法律相談で終わらざるをえませんが、離婚問題が表面化していない今のうちにできること、例えば財産関係の情報収集、資料収集、不貞が離婚原因の場合は不貞の証拠収集をしておくようにアドバイスします。

(3)　別居の有無、別居期間の確認 ■■■■■■■■■■■■■

① 　相談者が離婚理由として、性格の不一致、ドメスティック・バイオレンスなどをあげた場合は、民法770条１項５号の「その他婚姻を継続し難い重大な事由」、すなわち、婚姻関係が破綻して回復の見込みがない場合に当たるかが問題になります。そして、「婚姻破綻」とは、夫婦が婚姻関係を継続する意思を喪失し（主観的要素）、婚姻共同生活を回復する見込みがないこと（客観的要素）をいいますが、裁判所は客観的要素を重視して、別居が長期に及んでいる場合に婚姻が破綻していると判断する傾向があるので、別居の有無と期間を確認することが必要です。

　問題は、別居期間がどのくらいあれば婚姻破綻が認められるのか、その目安ですが、参考になるのが民法改正案です。民法改正案は、「夫婦が５年以上継続して婚姻の本旨に反する別居をしているとき」を民法770条１項に追加していますので、５年が一応の目安になります。ただし、同時に、離婚原因がある場合でも、「離婚が配偶者や子に著しい生活の困窮や耐え難い苦痛をもたらすとき」と「離婚を求めている者が配偶者に対する協力や扶助を著しく怠り、その請求が信義に反するとき」は離婚請求を棄却するとした過酷条項も追加しているので、民法改正案が通っても、５年間別居が続けば当然に離婚が認められるわけではありません。

② 　配偶者による精神的暴力が離婚原因で、配偶者と同居中あるいは別居１、２年の場合は、「婚姻を継続しがたい重大な事由」に当たりません。相談者には、調停離婚は可能であるが、訴訟になると勝訴の見込みはほとんどないことを理解してもらい

ます。
③　相談者が無職あるいは低収入で、配偶者と別居している場合は、配偶者が婚姻費用を払っているかを確認します（「第3章 第4　婚姻費用を請求する」参照）。

(4)　有責性の有無の確認 ■■■■■■■■■■■■■■■■■■■■■■■■

①　民法770条1項は破綻主義を採用したことを明示しているのですが、最高裁判所は、最高裁昭和27年2月19日判決（判タ19・61）以降、婚姻が破綻していても、破綻について責任のある者（有責配偶者）からの離婚請求は信義誠実の原則に反し、認めないという立場を採っています。したがって、相談者あるいはその配偶者の有責性の有無を確認することは不可欠です。

　有責配偶者からの離婚請求を初めて認容したのは最高裁大法廷昭和62年9月2日判決（判時1243・3）です。この判決は、有責配偶者の離婚請求は信義則上認めないという立場を前提に、ⓐ夫婦の別居が両当事者の年齢および同居期間との対比において相当の長期間に及んでいること、ⓑ当事者の間に未成熟子がいないこと、ⓒ相手方配偶者が離婚により精神的、社会的、経済的に極めて苛酷な状況におかれる等、離婚請求を認容することが著しく社会正義に反するといえるような特段の事情が認められないこと、という3つの要件を満たす場合は、有責配偶者からの離婚請求でも認められると判断しました。

　問題は、ⓐの「長期の別居」とは具体的に何年を指すかです。上記昭和62年9月2日の最高裁の事案は別居期間35年でしたが、その後少しずつ短縮されています。最高裁平成元年3月28日判決（判時1315・61）は同居期間22年、別居期間8年余のケースで「双方の年齢や同居期間を考慮すると、別居期間が相当の長期間に及んでいるものということはできない」と判断し、夫の離婚請求を棄却しましたが、最高裁平成2年11月8日判決（判時1370・55）は、同居期間23年、別居期間8年弱のケースで、離婚請求を棄却した原判決を破棄差し戻しました。この事案では、有責配偶者である夫が、一時中断したものの別居後も婚姻費用を負担し、別居間もなく不貞相手との関係を解消し、また、財産関係の清算について具体的で相応の誠意があると認められる提案をしていることが考慮されたと思われます。裁判所が信義則の判断において財産給付を重視していることが分かります。

　東京高裁は、上記判例の原審では別居期間8年では「長期の別居」とはいえない

と判断しましたが、東京高裁平成14年6月26日判決（判時1801・80）は、別居期間約6年で離婚請求を認めています。

　また、ⓑの「未成熟子がいないこと」という要件についても、最高裁平成6年2月8日判決（判時1505・59）は、高校2年生は未成熟子といわざるを得ないとしつつ、高校卒業が間近であることと有責配偶者が継続的に婚姻費用を支払っていたことを考慮して、未成熟子のいる有責配偶者からの離婚請求を認めています。

② そこで、相談者または相談者の配偶者が有責配偶者の場合は、事情を聞き取り、上記判例の3つの要件をクリアして離婚請求が認められるケースか否かを判断します。

　有責配偶者で、小学生の子がいて、別居期間は5年程度、という相談者に対しては、現時点では裁判になっても勝訴の見込みはないこと、長期計画をたてるべきこと、別居後の妻子に対する姿勢がすべて評価の対象になり、信義則の判断で裁判所が最も重視するのは財産給付であるから、婚姻費用をストップしてはいけないことを理解してもらいます。また、調停や裁判上の和解で離婚できる場合もありますが、その場合は、離婚給付等でかなりの譲歩が必要であることも説明します。

　相談者が有責配偶者から離婚を求められている場合も、判例の3つの要件を検討し、1つでも欠ける場合には、現時点では離婚は認められないこと、しかし、いつまでも離婚を拒否できないこと、どこかで決断が必要であることを理解してもらいます。

③ なお、婚姻関係が破綻した後に、配偶者以外の者と同棲した等、その行為が婚姻関係破綻の原因でない場合は、有責配偶者に当たりません（最判昭46・5・21判時633・64）。

(5) 子の有無、人数、年齢の確認 ■■■■■■■■■■■■■■■

　相談者に未成熟子がいる場合は、親権、監護権、養育費、面接交渉、子の引渡し等が問題になるので、子の有無、人数、年齢を確認します（**第2章「第2　親権者、監護権者を定める」「第5　養育費を算定する」「第6　面接交渉について取決めをする」**参照）。

　養育費については、平成15年3月に東京・大阪養育費等研究会が子の人数と年齢に応じて作成した算定表を公表してから、調停委員会も裁判所もこの算定表を養育費算定基準として使用しています。インターネットでこの算定表を見てくる相談者もいます。したがって、弁護士は、当然、この算定表を理解して、相談者の質問に答えられ

るようにします。

なお、別居中の婚姻費用の算定についても、養育費と同じように算定表が作られています。

(6) 話合いの経過の確認

示談交渉や調停における話合いの経過を確認します。

調停を経たケースでは、夫婦関係の円満調整調停か解消調停か、申立てはいつで、期日は何回行われたか、争点はどこにあったか、調停が不調に終わった理由は何か等、話合いの経過を確認します。それにより、本件離婚事件の主たる争点と相手方の出方を知ることができ、事件解決の手がかりを得ることができます。

◆法律相談のみで終了することが相当な事案

相談者が、これまで複数の弁護士に事件を依頼したが、すべて解任あるいは辞任によって受任契約が終了している場合は、相談者に問題がある場合が多く、相談後、受任を求められても、受任するか否か慎重に考えるべきです。

第2 受任する

<フローチャート～受任>

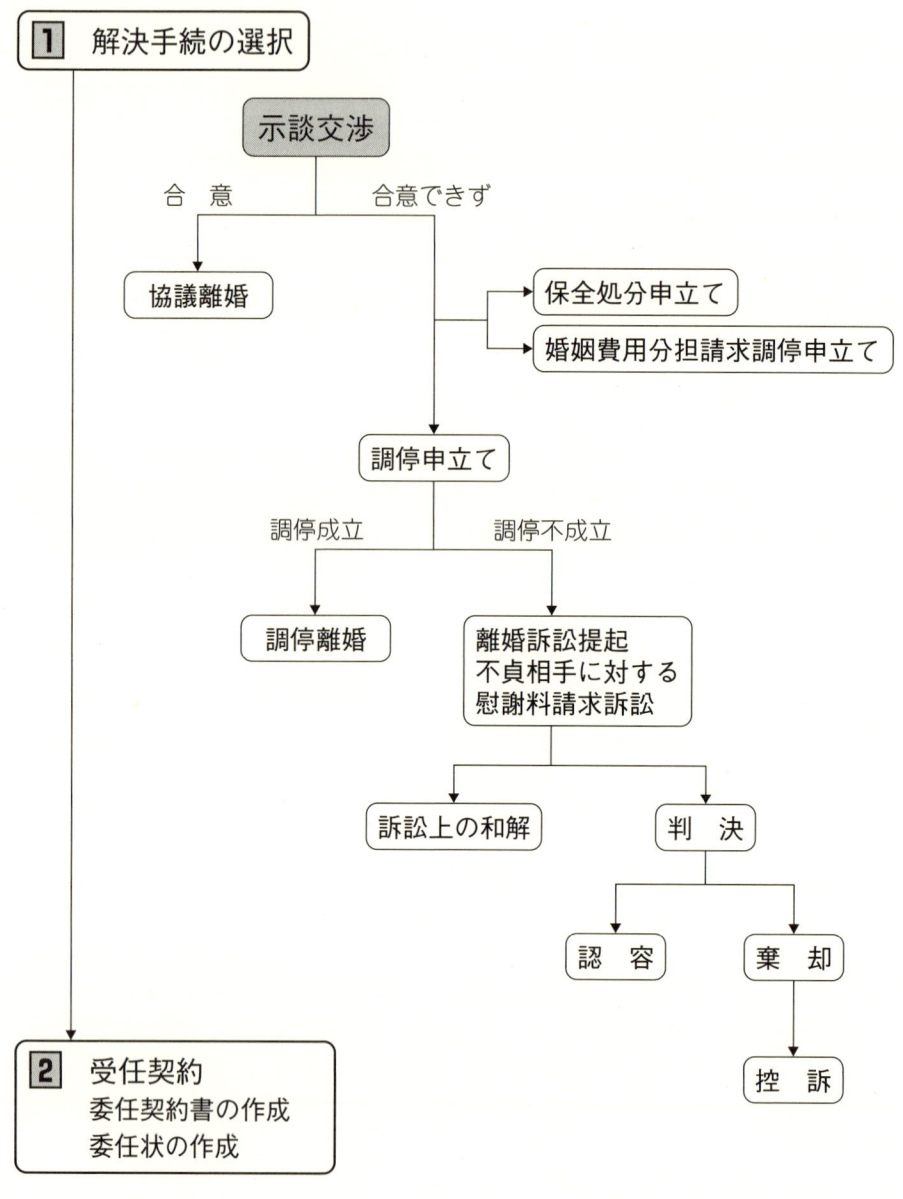

1 解決手続の選択

> (1) 離婚手続の説明
>   これから進める手続、処理を説明し、確認します。
> (2) 解決手続の選択
>   依頼者から得た情報に基づき、事件の解決手続、処理の方法を決めます。
> (3) 有責配偶者の場合の問題
>   当事者が有責配偶者の場合に考慮すべき点について検討します。

(1) 離婚手続の説明

　離婚を考えている人でも、離婚の手続を理解していない人が少なくありません。離婚事件をどのように処理するかは、本人の希望と法的可能性の両面から選択し決定すべきです。そこで、まず、離婚手続には、①夫婦がその協議で離婚する協議離婚、②家庭裁判所の調停によって離婚する調停離婚、③調停が成立しない場合に、家庭裁判所が行う調停に代わる審判（家審24）によって離婚する審判離婚、④調停が不成立になり、離婚審判もされなかった場合に、家庭裁判所の判決によって離婚する裁判離婚があること、および各手続の利点を説明します。

　また、審判離婚は当事者が2週間以内に異議申立てをすると失効してしまうので、審判離婚は稀なケースであること、離婚訴訟になった場合でも訴訟上の和解（人事37）や人事訴訟法改正前から行われていた「当事者は協議離婚をすることを合意し、協議離婚届をする」という和解による離婚が多く、判決による裁判離婚は全離婚事件の約1パーセントであることも説明します。

◆調停前置主義

　人事訴訟事件は調停前置主義がとられているので、調停を経ずに離婚訴訟を提起した場合は付調停になります（家審18②）。調停を経ていても、不調で終了したのが数年前の事案では、やはり付調停とされます。調停が不成立になると、訴訟が再開されます。

　しかし、調停前置主義にも例外があり、調停に付すことが適当でないと認められる

時、例えば相手方が生死不明や行方不明だったり、心神喪失の状態にある場合は、調停を経ずに、直接訴えを提起することができます。

調停が取下げで終わった場合も、調停で実質的に離婚の話合いがなされていれば、調停前置の要件を満たしたと認められ、離婚訴訟を提起できます。

◆各離婚手続の利点

協議離婚は、夫婦が合意すれば民法770条1項各号の離婚理由は不要で、費用もかかりません。

調停離婚も、夫婦の合意が必要ですが、民法770条1項各号の離婚理由は不要で、調停委員会が関与するので不当、不公平な離婚を避けることができること、調書の記載が債務名義になること、現実に履行を確保できること、さらに事案に応じた取決めができること（例えば、夫婦が協力して得た唯一の財産がオーバーローンの不動産の場合、判決では財産分与の対象はゼロですが、調停では当事者がどのようにも取り決められます）等の利点があります。

審判離婚と裁判離婚は民法770条1項各号の離婚理由が必要ですが、相手に離婚意思がなくても離婚できる利点があります（ただ、審判離婚は極めて稀なケースです）。裁判は公開が原則ですが、離婚はプライバシー性が高いので、離婚事件の当事者尋問等は一定の厳格な要件の下で、公開停止が認められています（人訴22①）。

(2) 解決手続の選択

依頼者の希望と法的可能性の両面から検討して、最適な解決方法、処理方法を選択します。

① 示談交渉（協議離婚）

当事者双方に明確な離婚意思があり、離婚に向けた協議を進めることを希望している場合は、財産分与、慰謝料、養育費等を取り決めるため相手方配偶者と示談交渉を進めます。合意ができた場合は、離婚協議書を作成し、養育費や離婚後扶養など分割払の給付がある場合は、履行確保のため公正証書を作成します。作成費用は相手方配偶者と折半にします。

② 調停申立て

協議離婚の合意ができない場合は、夫婦関係調整調停の申立てをします。

依頼者の離婚意思を見極め、場合によっては夫婦関係解消調停ではなく、夫婦関係円満調整調停の申立てをします。どちらも夫婦関係調整調停なので、円満調整調停を申し立てても、調停中に夫婦関係解消に変えることはあり得ます。

　依頼された事件が既に調停係属中であって、次回期日が差し支える場合は、速やかに委任状を添えて裁判所に期日変更の申出をします。

　配偶者に調停を申し立てられた事案で、依頼者が離婚を拒んでいる場合は、依頼者の希望も聞き、とりあえず当分別居して、別居期間中の婚姻費用や未成年者の監護権、面接交渉等を定めておく（別居調停）ことも考えてよいでしょう。

　依頼者がドメスティック・バイオレンスの被害者等で、調停で配偶者に会うことを恐れている場合は、あらかじめ担当書記官に相談して、待合室を別の階にしたり、出頭時間をずらす等、配偶者と顔をあわせない工夫をしてもらいます。

③　離婚訴訟の提起

　調停が成立しなかった場合は、離婚原因が存在すること、立証方法があることを確認した上で家庭裁判所に離婚訴訟を提起します。

　また、離婚訴訟提起と同時に離婚に伴う附帯処分として、財産分与や養育費を請求します。相手が有責配偶者の場合は慰謝料請求もします。

　離婚訴訟の訴状は、東京家庭裁判所民事第6部が書式例を公表しています。

　訴状提出の際は、調停前置の証明として、調停の不成立調書を提出します。

④　婚姻費用分担請求調停申立て

　依頼者が無職または低収入で生活力が十分でないのに配偶者が婚姻費用を支払っていない場合や、算定表の金額と比べて低額な婚姻費用が支払われている場合は、相手方配偶者に対して婚姻費用分担請求や増額請求し、応じない場合は、婚姻費用分担請求の調停申立てをします。

　なお、婚姻費用分担請求では、「未成熟子」は未成年に限られません。親の生活水準から子が当然大学教育を受けるべき事案では、成年の子の生活費や学費が婚姻費用分担の対象となりますから、算定表を使う際は、成年の大学生の子も子の数に入れます。

⑤　保全手続

a　離婚事件は調停離婚が成立するまで、または離婚判決が確定するまでに相当の時間がかかります。その間に、相手方配偶者に財産を隠匿処分されて、権利を実現できなくなるおそれがある場合は、財産の保全手続をとる必要があります。

b　財産分与請求権の保全（民事保全処分と審判前の保全処分）

離婚訴訟に附帯して財産分与請求する場合は、財産分与請求権を被保全権利とする仮差押えまたは不動産の処分禁止の仮処分を申し立てます。この保全処分申立ては、訴訟提起前はもちろん、調停申立て前でもできます。

保全処分には保証金が必要ですが、離婚事件の場合は被保全権利の価格の１割と考えればよいでしょう。管轄は、本案の管轄裁判所または仮に差し押さえるべき物もしくは係争物の所在地を管轄する家庭裁判所の専属管轄です（人訴30①）。

離婚後に家事審判で財産分与請求をする場合は（民768①②）、審判前の保全処分を申し立てます（家審15の3①）。審判前の保全処分は、民事保全と違って、審判申立て前は申し立てることができません。したがって、審判前の保全処分が必要な場合は、最初から調停ではなく審判を申し立て、同時に保全処分の申立てをします。

審判を申し立てても付調停になることが多いですが、審判事件は係属しているので、審判の保全処分申立ては失効しません。なお、財産分与請求の調停中に保全の必要が生じた場合は、調停を取下げて審判を申し立てるか、並行して審判を申し立てて、審判前の仮処分を申し立てます。この場合は二重起訴にはなりません。

審判前の保全処分でも保証金を立てる必要がありますが、申立人の資力が不十分な場合は、保証金が不要とされるケースも少なくありません。

c　慰謝料請求権の保全

民事保全法により、慰謝料請求権を被保全権利とする仮差押えをします。

d　調停前の仮の措置

離婚事件の場合、前記の民事保全、審判前の仮処分のほかに、調停前の仮の措置（家審規133）がありますが、執行力がないので利用するメリットは少なく、利用例はほとんどないようです。

◆財産分与請求権を被保全権利とする処分禁止の仮処分

この保全処分は、本案で対象財産が現物分与される蓋然性がある場合に限って認められます。現物分与される蓋然性が高い場合とは、例えばその特定財産が債権者の生活にとって不可欠である場合や、その財産の取得維持について債権者の貢献が大きい場合です。

実際、不動産に対して処分禁止仮処分の申立てをした場合、裁判所から仮差押えに変更するように勧められることが多いのは、処分禁止の仮処分が出ても、判決で現物分与でなく金銭の支払になった場合は、保全処分の目的を達しえなくなるからです。したがって、処分禁止の仮処分申立ては、現物分与の蓋然性があるかを見極めた上で行う必要があります。

(3) 有責配偶者の場合の問題 ■■■■■■■■■■■■■■■■

① 相談者が有責配偶者の場合の処理

判例の動向（「第2章 第1 3 依頼者が有責配偶者の場合」参照）を説明して、勝訴の見込みを説明した上で受任します。

判例の動向に照らして離婚請求が認められると考えられる場合は、それまでの話合いの経過を確認し、協議離婚の申入れ、調停申立てあるいは離婚訴訟を提起します。

有責配偶者の離婚請求として離婚が認められないと考える場合も、協議離婚の申入れや調停申立てはできます。ただし、相手方の合意を得るには離婚給付等で大幅な譲歩が必要となることを依頼者に説明します。離婚訴訟については勝訴の見込みはありませんが、裁判上の和解の成立を期待して訴訟提起することはありえます。しかし、請求棄却後の再訴禁止効（人訴25）があるので、訴訟提起は慎重に行うべきです。

② 相談者の配偶者が有責配偶者の場合の処理

離婚請求は認められますから（民770①一・五）、協議離婚の申出、調停申立て、離婚訴訟の提起ができます。財産分与請求権や慰謝料請求権を保全するため保全処分の申立ても検討します。

相談者が有責配偶者から調停申立てや離婚訴訟が提起されている場合は、判例の動向を検討し、有責配偶者の離婚請求として認められない場合は、有責配偶者である旨抗弁して離婚請求を拒みます。

しかし、有責配偶者の離婚請求であっても、いつまでも請求棄却になるわけではありません。現時点であれば、離婚給付等で相手方の大幅な譲歩を期待できる場合は、依頼者の意思を確認した上、和解し、離婚に応じることが賢明です。

◆相手方配偶者の不貞の証拠が十分でない場合の請求原因

依頼者は離婚理由として配偶者の不貞を主張していても、不貞の確たる証拠がない場合は、離婚理由は民法770条1項1号の「不貞」でなく、配偶者以外のものと親密な関係を持ち婚姻関係を破綻させたとして、民法770条1項5号の「婚姻を継続し難い重大な事由」にします。

◆相手方の不貞行為を宥恕した後の有責配偶者である旨の抗弁

いったん、配偶者の不貞行為を宥恕した場合は、宥恕した不貞行為を理由として、有責配偶者からの請求と主張することは許されないとした裁判例があります（東京高判平4・12・24判時1446・65）。配偶者の不貞行為後に妊娠し、子を産んで数年経過した場合

は、不貞行為を宥恕したと考えられます。

◆不貞相手に対する慰謝料請求
　不貞相手に対する慰謝料請求は、配偶者に対する離婚請求と1つの訴えとし家庭裁判所に提起できます（人訴17①）。離婚訴訟を提起した後、不貞相手に対する慰謝料請求を同じ家庭裁判所に提起して離婚訴訟と併合させることもできます（人訴17②）。また、不貞相手に対する慰謝料請求を地方裁判所に提起した後、離婚訴訟を家庭裁判所に提起した場合は、慰謝料請求事件を家庭裁判所へ移送する申立てができます（人訴8①）。

【参考書式1】 訴　状（離婚訴訟）

訴　状

平成○年○月○日

東京家庭裁判所　御中

　　　　　原告訴訟代理人弁護士　　　　甲　野　太　郎　㊞

　　本　籍　東京都○○区○○町○丁目○番
　　住　所　〒○○○-○○○○　東京都○○区○○町○丁目○番○号
　　　　　　原　　　　告　　　乙　川　花　子
　　　　　　〒○○○-○○○○　東京都○○区○○町○丁目○番○号○○ビル
　　　　　　　　○○○法律事務所（送達場所）
　　　　　原告訴訟代理人弁護士　　　　甲　野　太　郎
　　　　　　　　電話　　０３-○○○○-○○○○
　　　　　　　　ＦＡＸ　０３-○○○○-○○○○
　　本　籍　東京都○○区○○町○丁目○番
　　住　所　〒○○○-○○○○　東京都○○区○○町○丁目○番○号
　　　　　　被　　　　告　　　乙　川　次　郎

離婚等請求事件
　　訴訟物の価額　　　　○○○万円
　　ちょう用印紙額　　　○○○○円
　　　　　　　　　　1,200円（附帯処分）

第1　請求及び申立ての趣旨
1　原告と被告とを離婚する。
2　原告と被告との間の長女春子（平成○年○月○日生）の親権者を原告と定める。
3　被告は、原告に対し、判決確定の日から前記春子が成人に達するまでの間1か月○○万円の金員を毎月末日限り支払え。
4　被告は、原告に対し、○○○万円及びこれに対する判決確定の日の翌日から支払済みまで年5分の割合による金員を支払え。
5　訴訟費用は被告の負担とする。
第2　請求の原因等
1　婚姻の経緯等
　　原告と被告は、○○株式会社に同期入社し、約3年間の交際の末、平成○年○月○日婚姻をし、被告の肩書住所において婚姻生活を開始した。
　　なお、原告は、婚姻と同時に○○株式会社を退職した。そして、平成○年○月○

日長女春子が出生した。
2　婚姻の破綻（離婚原因）

　　被告は、長女春子が出生後も、仕事を優先し、帰宅時間が深夜になることが多かったばかりか、原告が懸命に育児をしているのに全くこれに協力をせず、休日に長女の世話をすることもなく、原告にのみ育児の負担を押しつけた上、育児に疲れた原告に対し、「家事ができないものはいらない。」「出ていけ。」などと罵声を浴びせるなどした。

　　原告は、被告のこのような言動にひたすら耐え忍んでいたが、平成○年○月○日、被告は、深夜、酒を飲んで帰宅し、ようやく寝付いた長女を起こしたため、原告がそれを注意したところ、被告は激昂し原告に暴行を振るった。

　　そこで、原告は、被告とこれ以上婚姻生活を続けていくのは困難と考え、同年○月○日、長女を連れて原告の実家に身を寄せ、被告と別居することになった（甲1）。

　　以上のとおり、民法770条1項5号にいう婚姻を継続し難い重大な事由があるというべきである。

3　慰謝料請求

　　原告は、前記のとおり、被告の度重なる不当な言動等により、離婚を余儀なくされたものであるが、被告の行為により、多大の精神的苦痛を受けた。これを慰謝するには、少なくとも○○○万円の慰謝料の支払が相当である。

4　附帯処分等

　　原告は、長女が出生後、一貫して自ら養育監護を担っており、被告との別居後も、実家の援助を得て、原告の監護のもと長女は順調に成長している。長女は、未だ○歳の幼児であり、その成長には母親の存在が必要である。他方、被告は、これまで育児に全く協力せず、長女の世話もほとんどしたことがない。したがって、長女の親権者を原告と指定するのが相当というべきである。

　　そして、原告は、現在、実家の世話になっているものの、無職・無収入であるが、他方、被告は、○○株式会社に勤務し、年間約○○○万円の所得がある（甲2）。そこで、長女の養育費としては、1か月当たり○○万円が相当である。

5　よって、原告は、被告に対し、長女の親権者を原告として離婚を求めるとともに、不法行為に基づく離婚そのものの慰謝料として○○○万円及びこれに対する判決確定の日の翌日から民法所定の年5分の割合による遅延損害金の支払を求め、長女の養育費として判決確定の日から成人に達するまで月額○○万円の支払を求める。

6　調停の経過

　　原告は、平成○年○月○日、御庁に夫婦関係調整調停事件を申し立て（御庁平成○年（家イ）第○○○○号）、調停では、被告も一度は離婚に合意したものの、親権者の指定及び慰謝料の支払を巡って対立し、合意は成立しなかったという経緯がある。

7　予想される争点

前記の調停の経過等を考えると、被告は、離婚そのものについては異存がないものと思われるが、親権者の指定および慰謝料の支払が争点になると予想される。

証　拠　方　法

1　甲第1号証　陳述書
2　甲第2号証　源泉徴収票の写し

添　付　書　類

1　戸籍謄本
2　住民票の写し
3　調停調書（不成立）

附　属　書　類

1　訴状副本　　　　　　　　　　　　1通
2　甲第1号証および第2号証の写し　各1通
3　訴訟委任状　　　　　　　　　　　1通

【参考書式2】訴　状（不貞相手に対する慰謝料請求）

訴　状

平成○年○月○日

東京家庭裁判所　御中

　　　　　原告訴訟代理人弁護士　　　　甲　野　太　郎　㊞

　　〒○○○－○○○○　東京都○○区○○町○丁目○番○号
　　　　　原　　　告　　　乙　川　花　子
　　〒○○○－○○○○　東京都○○区○○町○丁目○番○号○○ビル
　　　　　　　　　○○○法律事務所（送達場所）
　　　　　原告訴訟代理人弁護士　　　　甲　野　太　郎
　　　　　　　　　電話　０３－○○○○－○○○○
　　　　　　　　　ＦＡＸ　０３－○○○○－○○○○
　　〒○○○－○○○○　東京都○○区○○町○丁目○番○号
　　　　　被　　　告　　　丙　山　冬　子

損害賠償請求事件
　　訴訟物の価額　　　　○○○万円
　　ちょう用印紙額　　　○○○○円

第1　請求の趣旨
　被告は、原告に対し、○○○万円及びこれに対する訴状送達の日の翌日から支払済みまで年5分の割合による金員を支払え。
第2　請求の原因
1　原告と訴外乙川次郎の婚姻
　原告と訴外乙川次郎（平成○年（家ホ）第○○○号事件被告）は、平成○年○月○日婚姻し、平成○年○月○日長女春子が出生した。
2　不法行為
　原告と訴外乙川次郎との婚姻生活は、平成○年○月ころまでは何の問題もなく経過した。しかし、同月ころから、訴外乙川次郎の帰宅時間が遅くなり、休日にも毎日のように出勤するようになった。不審に思った原告が訴外乙川次郎の携帯電話に受信されたメールの内容を確認したところ、訴外乙川次郎と被告とが頻繁にメールのやりとりをしていることが判明した。そこで、原告が訴外乙川次郎に被告との関係を問い詰めたところ、平成○年○月ころから被告と継続的に不倫関係にあることを認めた（甲1）。

被告は、訴外乙川次郎の会社の部下であり、訴外乙川次郎が原告と婚姻していることを知りながら、不倫関係を継続したものである。そのため、原告と訴外乙川次郎との婚姻関係は破綻するに至った。
3　慰謝料請求
　　原告は、被告の不法行為により、訴外乙川次郎との婚姻生活を破壊され、多大な精神的苦痛を受けた。これを慰謝するには、少なくとも○○○万円の慰謝料の支払を相当とする。
4　よって、原告は、被告に対し、不法行為に基づく損害賠償として○○○万円及びこれに対する不法行為の後である訴状送達の日の翌日から支払済みまで民法所定の年5分の割合による遅延損害金の支払を求める。
5　調停の経過
　　原告は、平成○年○月○日、被告を相手方として、御庁に慰謝料請求調停事件を申し立てた（平成○年（家イ）第○○○号）が、被告は、訴外乙川次郎と不倫関係にあったことは認めたものの、自己に責任はなく、解決金として50万円の支払が限度であるという態度に終始したため、合意が成立しなかったという経過がある。
6　予想される争点
　　前記の調停の経過等から、被告は不倫関係そのものは認めるものと思われるが、慰謝料の額が争点となるものと思われる。
第3　離婚等請求事件の表示
　　原告と訴外乙川次郎との間の離婚等請求事件が御庁家事第○部○係に係属している（平成○年（家ホ）第○○○号）。よって、御庁には、本件請求に係る訴えについて管轄がある。

　　　　　　　　　　　証　拠　方　法
1　甲第1号証　「お詫び」と題する書面

　　　　　　　　　　　添　付　書　類
1　戸籍謄本
2　住民票の写し
3　調停調書（不成立）

　　　　　　　　　　　附　属　書　類
1　甲第1号証（写し）　　1通
2　訴訟委任状　　　　　　1通

2 受任契約

> (1) 委任契約書の作成・契約の締結
>   受任の範囲や報酬等を決めて依頼者とのトラブルを未然に防止します。
> (2) 弁護士費用の説明
>   費用に関し、依頼者の納得を得て、トラブルを未然に防ぎます。
> (3) 法テラスへの持込み
>   資力の乏しい人に裁判を受ける権利を保障します。

(1) 委任契約書の作成・契約の締結

　弁護士は、法律相談や簡易な書面作成または顧問契約等継続的な契約に基づく事件を受任する場合を除き、事件を受任する際は委任契約書を作成しなければなりません（弁護士職務基本規程30）。委任契約書を作成しておくと、後に受任の範囲や報酬の取決めを確認でき、依頼者とトラブルになることを未然に防止できます。

　委任契約書には、後に報酬を巡ってトラブルにならないように、「受任する法律事務の表示および範囲」、「弁護士の報酬の種類、金額、算定方法および支払時期ならびに委任契約が中途で終了した場合の清算方法」を具体的に明記します（弁護士の報酬に関する規程5④）。

　依頼者に委任契約書の内容を確認してもらい、双方が所定箇所に署名押印して委任契約を締結します。

　調停申立て、訴訟提起等をする場合は、訴訟委任状にも忘れず署名押印をしてもらいます。

【参考書式３】委任契約書

委任契約書

依頼者を甲、受任弁護士を乙として、次のとおり委任契約を締結する。

第１条（事件等の表示と受任の範囲）

甲は乙に対し下記事件または法律事務（以下、「本件事件等」という）の処理を委任し、乙はこれを受任した。

①事件等の表示

　事件名　　　離婚等請求事件　　　

　相手方　　　　　　　　　　　　　

　裁判所の手続機関名　　東京家庭裁判所　　　

②受任範囲

□示談折衝、□書類作成、□契約交渉

□訴訟（一審、控訴審、上告審、支払督促、少額訴訟、手形・小切手）

□調停、□審判、□倒産（破産、民事再生、任意整理、会社更生、特別清算）

□保全処分、□遺言執行、□行政不服申立

□その他（　　　　　　　　　　　　　　　　　　　）

第２条（弁護士報酬）

甲及び乙は、本事件等に関する弁護士報酬につき、乙の弁護士報酬基準に定めるもののうち☑を付したものを選択すること及びその金額（消費税を含む）又は算定方法を合意した。

□着手金

①着手金の金額を次のとおりにする。

　金　　　　　　　　　　円とする。

②着手金の支払時期・方法は、特約なき場合は本件事件等の委任のときに一括払いするものとする。

□報酬金

①報酬金の金額を次のとおりとする。ただし、本件事件等が上訴等により受任範囲とは異なる手続に移行し、引き続き乙がこれを受任する場合は、その新たな委任契約の協議の際に再度協議するものとする。

□金　　　　　　　　　　円とする。

□甲の得た経済的利益の額を基準として、乙の弁護士報酬基準第12条のとおり算定する。経済的利益の額は、乙の弁護士報酬基準第10、11条に定める方法によって算出する。

②報酬金の支払時期は、本件事件等の処理の終了したときとする。
　□手数料　第7条（特約）第2項のとおり
　　①手数料の金額を次のとおりとする。
　　　金＿＿＿＿＿＿＿＿＿＿円とする。
　　②手数料の支払時期・方法は、特約なき場合は本件事件等の委任のときに一括払いするものとする。
　□時間制（　事件処理全般の時間制、着手金に代わる時間制　）
　　①1時間当たりの金額を次のとおりとする。
　　　金＿＿＿＿＿＿＿＿＿＿円とする。
　　②甲は時間制料金の予納を（　する、しない　）ものとし、追加予納については特約に定める。予納を合意した金額は＿＿＿時間分である。
　　　金＿＿＿＿＿＿＿＿＿＿円
　　③予納金額との過不足は、特約なき場合は事件終了後に清算する。
　□出張日当
　　①出張日当を（　一日、半日　）金＿＿＿＿＿＿＿＿＿＿円とする。
　　②甲は出張日当の予納を（　する、しない　）ものとし、追加予納については特約に定める。予納を合意した金額は＿＿＿回分である。
　　　金＿＿＿＿＿＿＿＿＿＿円とする。
　　③予納金額と過不足は、特約なき場合は事件終了後に清算する。
第3条（実費・預り金）
　甲及び乙は、本件事件等に関する実費等につき、次のとおり合意する。
　□実費
　　①甲は費用概算として金＿＿＿＿＿＿＿＿＿＿円を予納する。
　　②乙は本件事件等の処理が終了したときに清算する。
　□預り金　第7条（特約）第1項のとおり
　　甲は＿＿＿＿＿＿＿＿＿＿＿＿＿＿＿＿＿＿＿＿＿＿＿の目的で
　　金＿＿＿＿＿＿＿＿＿＿円を乙に預託する。
第4条（事件処理の中止等）
　1　甲が弁護士報酬または実費等の支払いを遅滞したときは、乙は本件事件の処理に着手せず、又はその処理を中止することができる。
　2　前項の場合には、乙はすみやかに甲にその旨を通知しなければならない。
第5条（弁護士報酬の相殺等）
　1　甲が弁護士報酬又は実費等を支払わないときは、乙は甲に対する金銭債務と相殺し、又は本件事件に関して保管中の書類その他のものを引き渡さないことができる。

2　前項の場合には、乙はすみやかに甲にその旨を通知しなければならない。
第6条（中途解約の場合の弁護士報酬の処理）
　本委任契約に基づく事件等の処理が、解任、辞任又は継続不可能により中途で終了したときは、乙の処理の程度についての甲及び乙の協議結果に基づき、弁護士報酬の全部もしくは一部の返還又は支払をおこなうものとする。
第7条（特約）

　甲及び乙は、乙の弁護士報酬基準の説明に基づき本委任契約の合意内容を十分理解したことを相互に確認し、その成立を証するため本契約書を2通作成し、それぞれに保管するものとする。

　　　　　　　　　　　　　　　　　　　　　　　　　　　平成〇年〇月〇日

　　　　甲（依頼者）
　　　　　住　所＿＿＿＿＿＿＿＿＿＿＿＿＿＿＿＿＿＿＿＿＿＿＿

　　　　　氏　名＿＿＿＿＿＿＿＿＿＿＿＿＿＿＿＿㊞

　　　　乙（受任弁護士）
　　　　　氏　名＿＿＿＿＿＿＿＿＿＿＿＿＿＿＿＿＿

(2) 弁護士費用の説明

　弁護士法の改正により、2004年4月1日から弁護士会としての報酬規定が廃止され、弁護士各自が、報酬基準を定めなければならなくなりました。

　事件を受任する際は、各自の報酬基準に基づいて計算した弁護士費用を提示し、弁護士報酬には、弁護士が事件を受任するときに必ず受け取る着手金と、事件の成功の程度に応じて受け取る成功報酬があること、報酬の算定方法、支払時期、実費の使途など弁護士費用について説明して下さい。委任契約書には報酬額を含め報酬に関する事項が記載されているので、委任契約書を示して説明するとよいでしょう。

　依頼者が専業主婦の場合、離婚給付の請求額どおりに着手金を算定すると高額になって到底払えない事態になることがあります。このような場合は、委任契約書の特約欄に成功報酬で調整すると記載した上で、着手金は妥当な範囲に減額するとよいでしょう。

(3) 法テラスへの持込み

　依頼者の資力が乏しく、弁護士報酬基準に基づいて計算した弁護士費用は到底支払えないと言われた場合は、法テラスの民事法律扶助制度の利用を考えます。

　法テラスは、月収が一定以下であること、勝訴の見込みがないとはいえないこと、民事法律扶助の趣旨に適することの3つの要件をクリアした場合は、弁護士費用を立て替え、資力の乏しい人の裁判を受ける権利を保障しています。

　依頼者が民事法律扶助制度の利用を希望した場合は、事件を法テラスへの持込み事件として受任するとよいでしょう。法テラスに事件を持ち込む場合は、最寄りの法テラスに面接の予約をし、予約日に依頼者に同道して面接を受け、法テラスと契約をする必要があります。

　法テラスが立て替えてくれる弁護士費用（着手金および実費）は、離婚調停で約12万円、離婚訴訟で約19万円です。報酬は取得額の1割です。

第 2 章

離婚の際に検討すべき事項

30

第1 離婚原因を確認する

＜フローチャート～離婚原因の特定＞

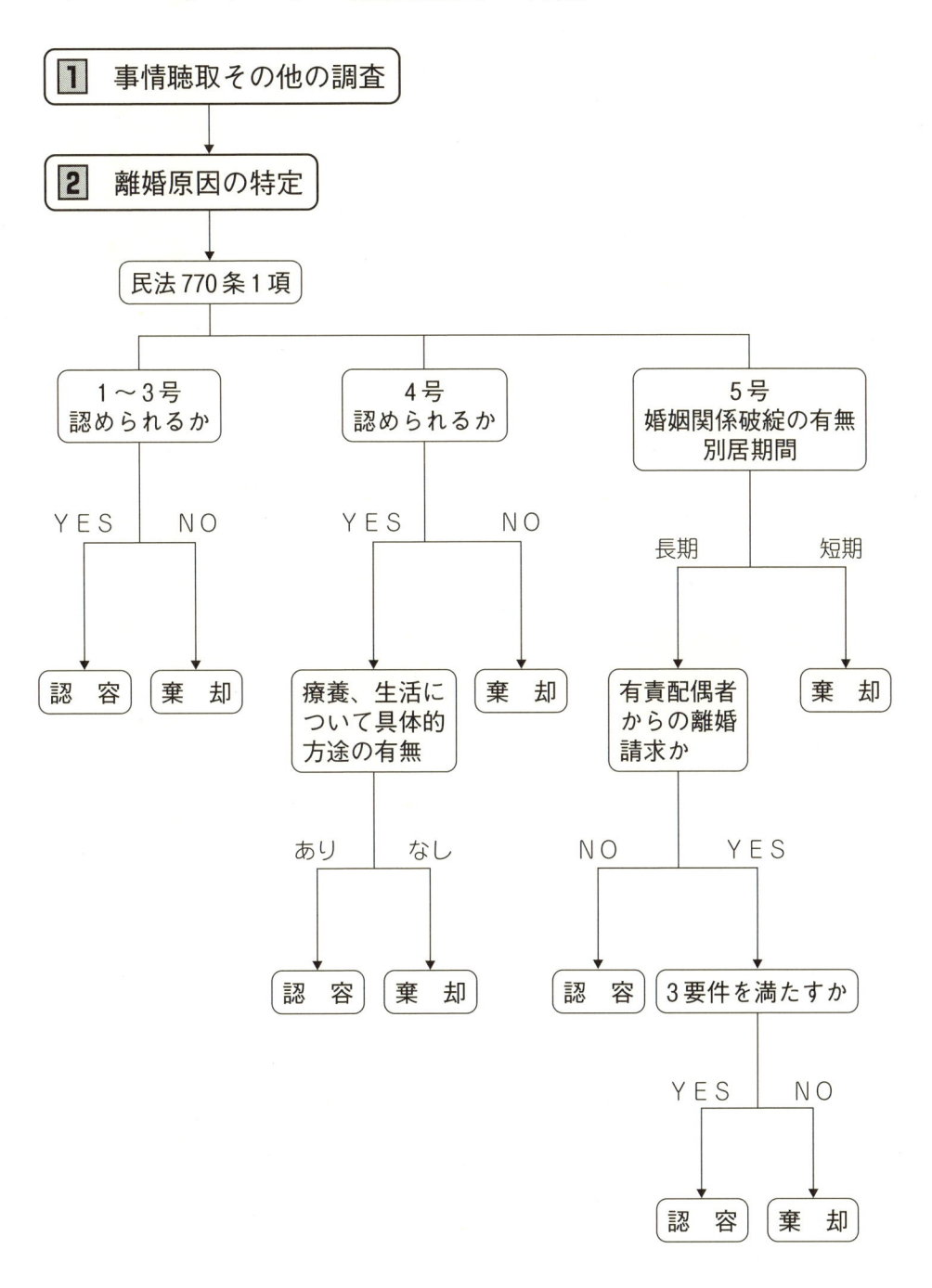

```
1  事情聴取その他の調査
        ↓
2  離婚原因の特定
        ↓
   民法770条1項
        │
  ┌─────┼─────────┐
1～3号       4号          5号
認められるか  認められるか  婚姻関係破綻の有無
                          別居期間
  │          │            │
YES NO     YES NO        長期    短期
 │   │     │   │          │      │
認容 棄却   │  棄却    有責配偶者  棄却
           │          からの離婚
       療養、生活に    請求か
       ついて具体的     │
       方途の有無    NO    YES
           │        │     │
         あり なし  認容  3要件を満たすか
          │   │              │
         認容 棄却         YES   NO
                           │    │
                          認容  棄却
```

1 事情聴取その他の調査

　裁判上の離婚原因には、不貞（民770①一）、悪意の遺棄（民770①二）、3年以上の生死不明（民770①三）、回復の見込みのない精神病（民770①四）、その他婚姻を継続し難い重大な事由（民770①五）があります。そこで、依頼された離婚事件はどの離婚理由に該当するのか確認します。そのためには、依頼者に詳しい夫婦の歴史の経過記録を作成してもらいます。詳しい経過記録があると訴状や保全申立書、陳述書を書く時に、依頼者にいちいち事実確認をする手間が省けます。また、依頼者にとっても経過記録を作成する中で気持ちの整理、論点の整理ができたり、記憶が薄れる前に記録しておける利点があります。

　そして、依頼者が経過記録に、単に配偶者のモラル・ハラスメント、ドメスティック・バイオレンス等と記載している場合は、そのように評価できる配偶者の具体的な言動は何かを辛抱強く聞き取り、記録に追加しておきます。

　また、依頼者が有責配偶者の場合は、別居後の婚姻費用の支払状況、有責事由は消滅したか、継続中か等、有責性の程度を確認します。

2 離婚原因の特定

> (1) 民法770条1項と2項
> 　　離婚理由があっても、裁判官が裁量で請求棄却している場合
> (2) 離婚請求の訴訟物
> 　　離婚訴訟の請求原因の主張方法
> (3) 裁判上の離婚原因
> 　　裁判上の離婚原因を検討する。

(1) 民法770条1項と2項 ■■■■■■■■■■■■■■■

　民法770条1項の1号から4号までの離婚原因が認められる場合でも、裁判所は、一切の事情を考慮して婚姻の継続を相当と認めるときは、離婚の請求を棄却することが

できます（民770②）。しかし、この規定は裁判官の裁量を広く認めるものと批判が多く、現在は、4号に該当する場合でも、離婚後の生活について、具体的な方途が講じられていない限り、民法770条2項によって離婚を認めないという形で適用されているだけなのが実情のようです。

(2) 離婚請求の訴訟物

最高裁昭和36年4月25日判決（民集15・4・891）は、民法770条1項4号の離婚原因を主張して離婚の訴えを提起したからといって、反対の事情がない限り同条1項5号の離婚原因があることをも主張するものと解することは許されないとして、原判決を破棄差し戻しました。つまり、実務上は、民法770条1項各号の離婚原因ごとに訴訟物が異なるものと扱われています。原告が民法770条1項の1号から4号に該当する事由のいずれかだけを主張し、同項5号に該当する事由を主張していない場合には、裁判所から、同項5号の事由を主張しないか確認されることがあります。弁護士としては、民法770条1項の1号から4号のいずれかの離婚原因が存在すると確認した場合であっても、請求原因としては、5号も併せて、「民法770条1項○号および5号」と主張しておき、法廷で釈明を受けることがないようにしましょう。

(3) 裁判上の離婚原因

① 不　貞（民770①一）

不貞とは、「配偶者のある者が自由な意思にもとづいて、配偶者以外の者と性的関係を結ぶこと」をいいます（最判昭48・11・15判時728・44）。

「性的関係」は性交関係に限らず、夫婦間の貞操義務に忠実でない一切の行為を含むと考えるのが通説ですが、判例に現れる「不貞」はほとんど性交関係がある場合なので、判例が「性的行為」を通説と同じように理解しているかは不明です。

性的関係が一時的か継続的か、風俗に通うような買春的行為か否か、売春的行為か否かを問いません。強姦も本号に該当します。前記の最高裁昭和48年11月15日判決の事案は、婦女を強姦した夫に対して妻が本号に該当すると主張して離婚を求めた事案です。

過去の古い不貞が本号に該当するか否かは議論のあるところです。今日まで婚姻関係が継続していたということは、不貞を宥恕したとも解されるからです。

実際の裁判では、不貞相手と同棲していたり、子どもができたり、不貞を認める書

面や写真がある場合はともかく、不貞の立証はかなり困難です。不貞の立証のために調査会社に配偶者の素行調査を依頼することが多いと思いますが、調査会社の調査報告書で、配偶者が不貞相手とホテルに入った事実や不貞相手の自宅に自由に出入りしているなどの事実が証明されない限り、不貞を立証することはできません。

② 悪意の遺棄（民770①二）

悪意の遺棄とは、正当な理由なく、夫婦の同居義務、協力義務、扶助義務（民752）に違反する行為です。

ここで悪意とは、単に遺棄の事実ないし結果の発生を認識しているだけでは足りず、夫婦関係の廃絶を企図し、またはこれを容認する意思と解されています。単に、同居協力義務違反だけで「悪意の遺棄」と認定されることはほとんどありません。

半身不随の身体障害者の妻を自宅に置き去りにし、長期間別居を続け、その間、妻に生活費を全く送金しなかった夫の行為は悪意の遺棄に当たります（浦和地判昭60・11・29判タ596・70）。

最高裁昭和39年9月17日判決（判時389・24）は、婚姻関係の破綻について主たる責任は妻が負い、妻が同居義務や扶養義務を拒否されたのは自ら招いたものであるとして、夫が妻との同居を拒み、扶助をしなくても悪意の遺棄に当たらないと判断し、妻の離婚請求を棄却しています。

③ 3年以上の生死不明（民770①三）

配偶者が、生存を最後に確認できたときから3年以上生死不明であることです。

互いに協力扶助すべき夫婦の一方が3年以上、生死不明の状態にある場合は、夫婦関係は既に破綻したものと認めて離婚請求を認めたのです。

配偶者が長期にわたって生死不明の場合、失踪宣告を得ることによっても婚姻を解消することができます（民30）。しかし、失踪期間7年を待たなくても、本号によって3年で離婚請求できます。また、失踪宣告の場合は、宣告後に配偶者が生存していることが判明して宣告が取り消されると、婚姻解消の効果はなくなってしまいますが、本号によって離婚した場合は、配偶者が後日現れても、離婚の効果は覆りません。

④ 配偶者が強度の精神病にかかり、回復の見込みがないこと（民770①四）

強度の精神病とは、民法752条の協力扶助義務を十分に果たすことができない程度の精神障害をいい、必ずしも禁治産宣告の理由になる精神障害ないし精神的死亡に達していることを要するものではありません（長崎地判昭42・9・5判時504・81）。

また、精神病の回復の見込みとは、病者が家庭に復帰した場合、夫または妻としてその任に堪えられるかということです。いずれも精神病医学を前提としますが、医学的判断そのものではなく、法的判断が必要です。

高齢化社会を迎え増加することが予想される老人性認知症について、長野地裁平成2年9月17日判決（判時1366・111）は、病気の性質上、本号に該当するか否かは疑問が残るとし、民法770条1項5号に基づく夫の離婚請求を認容しています。
　精神病者には療養看護が必要であり、かつ病者には責任がないので、精神病を理由に離婚を認めることについては抵抗があります。そこで、最高裁は、本号の離婚理由に該当する場合であっても、諸般の事情を考慮し、その病者の今後の療養、生活等についてできる限り具体的方途を講じ、ある程度において、前途にその方途の見込みがついた上でなければ、民法770条2項によって離婚請求を棄却し得ると判示し（最判昭33・7・25判時156・8）、精神病者を保護しました。
　したがって、本号を理由に離婚請求しようとする場合は、これまで誠実に療養と生活の面倒を看てきたこと、病者の今後の療養、生活に具体的な方途をもっていることが必要です。
⑤　その他婚姻を継続し難い重大な事由（民770①五）
　婚姻関係が破綻して回復の見込みがない場合です。
　婚姻破綻とは、夫婦が婚姻継続の意思を喪失しており（主観的要素）、婚姻共同生活を回復する見込みがないこと（客観的要素）をいいます。婚姻破綻の判断では客観的要素が重視され、特に別居の有無、期間が重視されます。
　具体的に、民法770条1項5号で問題となる事由は以下のとおりです。
a　暴行・虐待（ドメスティック・バイオレンス＝ＤＶ）
　夫のＤＶを理由に離婚請求する事案が増えています。平成13年にＤＶ防止法が施行され、同16年の改正で身体的暴力だけでなく、これに準ずる精神的暴力も、同法による保護の対象になり、身体的暴力ばかりでなく精神的暴力も許されないことが法律上も明らかになりました。ただ、離婚訴訟では、無視、暴言、支配などの精神的暴力・虐待は、これだけでは「婚姻を継続し難い重大な事由」と認められません。その精神的暴力によって婚姻関係が破綻したことが必要です。
　東京高裁平成13年1月18日判決（判タ1060・240）は、会社人間の夫の思いやりのない態度によって精神的暴力を受けたとして妻が離婚請求した事案ですが、裁判所は、夫が心遣いに欠ける面があったことは否定できないが、格別に婚姻関係を破綻させるような行為があったわけではないとして請求を棄却しています。
b　性格の不一致・価値観の相違
　性格の不一致や価値観の相違は、多かれ少なかれどの夫婦にも見られることですから、これだけでは「婚姻を継続し難い重大な事由」と認められません。性格の不一致や価値観の相違によって婚姻関係が破綻している場合でないと離婚請求は認められま

せん。したがって、同居中に性格の不一致や価値観の相違を理由に離婚請求をしても離婚請求は認められません。

　性格の不一致が婚姻破綻の原因であるとして離婚請求を認容した裁判例として、横浜地裁昭和59年7月30日判決(判時1141・114)、東京地裁昭和59年10月17日判決(判時1154・107)があります。

  c　宗教活動

　夫婦間でも個人の信教の自由は認められますから、夫婦はお互いの信仰、信仰に基づく宗教活動には寛容であるべきです。しかし、信仰に基づく宗教的活動が度を過ぎて、夫婦の協力義務(民752)が履行できなくなったり、子どもの教育上支障が生じた場合は、宗教活動は「婚姻を継続し難い重大な事由」に当たります。

　宗教活動を理由とする離婚請求については、エホバの証人の信者を被告とする裁判例が少なくありません。離婚を認めた裁判例として、東京高裁平成2年4月25日判決(判時1351・61)、大阪高裁平成2年12月14日判決(判時1384・55)、広島地裁平成5年6月28日判決(判タ873・240)、東京地裁平成9年10月23日判決(判タ995・234)、棄却した裁判例として名古屋高裁平成3年11月27日判決(判タ789・219)、東京地裁平成5年9月17日判決(判タ872・273)があります。

  d　性的不能・性交拒否・性的異常

　性生活は婚姻生活における重要な要因ですから、性的不能、性交拒否、性的異常は、「婚姻を継続し難い重大な事由」に当たります(浦和地判昭60・9・10判タ614・104、京都地判昭62・5・12判時1259・92)。福岡高裁平成5年3月18日判決(判タ827・270)は、妻との性交渉を拒否し、ポルノビデオを見ながら自慰行為に耽る夫の行為は「婚姻を継続し難い重大な事由」に当たるとして、妻の離婚請求を認容しました。

  e　配偶者の親族との不和

　親族との不和は「婚姻を継続し難い重大な事由」には、直ちには当たりません。しかし、配偶者がその不和を傍観し、親族に同調していた場合は、離婚請求が認められることもあります(山形地判昭45・11・10判時615・63)。

　親族がいわゆる嫁いびりで離婚に至らせた場合は、離婚請求とともに親族に対する慰謝料請求が考えられます。

  f　不貞に類する行為

　不貞とまではいえないが、配偶者以外の異性と親密な関係にあり、それを理由に婚姻関係が破綻した場合は、「婚姻を継続し難い重大な事由」に当たります。したがって、不貞が強く疑われるが、不貞の証拠がない場合、民法770条1項1号を理由とする離婚請求でなく、民法770条1項5号に基づく離婚請求をします。

g　民法770条1項4号に該当しない精神障害

　うつ病、アルコール中毒、薬物中毒、重度でない精神障害等、民法770条1項4号に該当しない精神障害はそれだけでは離婚理由になりませんが、それが原因で婚姻関係が破綻している場合は、「婚姻を継続し難い重大な事由」に当たり、離婚請求が認められます。

　前記のとおり、最高裁は、民法770条1項4号に該当する場合でも、精神病者の離婚後の生活について十分な保障（具体的な方途）が講じられていない限り離婚請求を認めていませんが、民法770条1項4号に該当しない精神病者の場合も、同様に考えられるかが問題になります。

　老人性認知症で夫を見分けることもできない妻に対する夫の離婚請求について、夫が従前妻の面倒をよく看たことや妻が特別養護老人ホームに入居していて離婚後の入院費用が全額公費負担になること等の事情を考慮して請求を認容した裁判例（長野地判平2・9・17判時1366・111）があり、この場合も具体的方途は必要と思われます。

h　難病・重度の身体障害

　精神病のように夫婦の精神的交流を阻害することがないので、原則として、それだけでは離婚理由になりませんが、それが原因で婚姻関係の破綻が生じた場合には「婚姻を継続し難い重大な事由」に当たります。

　横浜地裁横須賀支部平成5年12月21日判決（判時1501・129）は、脳腫瘍により植物状態とほぼ同じ状態になり、回復の見込みがない妻に対する夫の離婚請求を認め、名古屋高裁平成3年5月30日判決（判時1398・75）は、国の難病に指定されている脊髄小脳変性症で平衡感覚に失調をきたし、言語障害もあるが知能障害は見られない妻に対する離婚請求を棄却しています。

3 依頼者が有責配偶者の場合

(1) 有責配偶者の離婚請求に関する判例の動向

　最高裁判所は、最高裁昭和27年2月19日判決（判タ19・61）以降、婚姻が破綻している場合（民770①五）でも、破綻について責任のある者（有責配偶者）からの離婚請求は信義誠実の原則に反し、認めないという立場を取っています。

　しかし、その後、最高裁大法廷昭和62年9月2日判決（判時1243・3）は、有責配偶者の離婚請求は信義則上認めないという立場を前提に、①夫婦の別居が両当事者の年齢および同居期間との対比において相当の長期間に及んでいること、②当事者の間に未成熟子がいないこと、③相手方配偶者が離婚により精神的、社会的、経済的に極めて苛酷な状況におかれる等、離婚請求を認容することが著しく社会正義に反するといえるような特段の事情が認められないこと、という3つの要件を満たす場合は、有責配偶者からの離婚請求でも認められると判断しました。

　問題になるのは、①の「長期の別居」とは具体的に何年を指すのかということです。前記昭和62年9月2日の最高裁大法廷判決の事案では別居期間35年でしたが、その後少しずつ短縮されています。最高裁平成元年3月28日判決（判時1315・61）は同居期間22年、別居期間8年余のケースで「双方の年齢や同居期間を考慮すると、別居期間が相当の長期間に及んでいるものということはできない」と判断し、夫の離婚請求を棄却しましたが、最高裁平成2年11月8日判決（判時1370・55）は、同居期間23年、別居期間8年弱のケースで、離婚請求を棄却した原判決を破棄差し戻しました。このケースでは、有責配偶者である夫が、一時中断したものの別居後も婚姻費用を負担し、別居後間もなく不貞相手との関係を解消し、また、財産関係の清算について具体的で相応の誠意があると認められる提案をしていることが考慮されたと思われます。本判決は①の「長期間の別居」の要件を信義則適用上の要件と捕らえており、裁判所が信義則の判断において、財産給付を重視していることが分かります。

　東京高裁は、前記判例（最判平2・11・8）の原審では別居期間8年では「長期の別居」とはいえないと判断しましたが、東京高裁平成14年6月26日判決（判時1801・80）は、別居期間約6年で離婚請求を認めています。

(2) 不貞以外の有責配偶者の離婚請求

　昭和62年9月2日の最高裁大法廷判決が示した3要件は、もちろん、不貞以外の有責配偶者の離婚請求の場合も適用されます。すなわち、東京高裁平成元年5月11日判決（判タ739・197）は、姑の嫁いびり追い出し離婚に加担した夫を有責配偶者と断じ、①婚姻期間10年に比すれば別居期間10年は不相当に長期にわたっていると即断できず、②未成年子のうちに明らかな未成熟子が1人いる、③夫の現在までの婚姻費用の支払状況から察すると、今後妻に対する財産給付の可能性は極めて薄いと解さざるを得ず、妻は離婚によって一層酷な状態に追いやられるとして、夫の離婚請求を棄却しています。

(3) 離婚が認められる3要件をクリアしているか微妙な場合

　依頼者が有責配偶者で、信義則上、離婚が認められる3つの要件をクリアしているか微妙な場合は、信義則の判断で重要なのは財産給付であることを説明し、妻を兵糧責めにすることは絶対に避け、調停や訴訟において具体的で誠意の認められる財産分与案を提示することが必要です。

(4) 破綻主義

　双方が有責配偶者の場合は、婚姻関係が破綻していると認められれば、離婚請求は認容されます。

第2　親権者・監護権者を定める

＜フローチャート～親権者・監護権者の指定＞

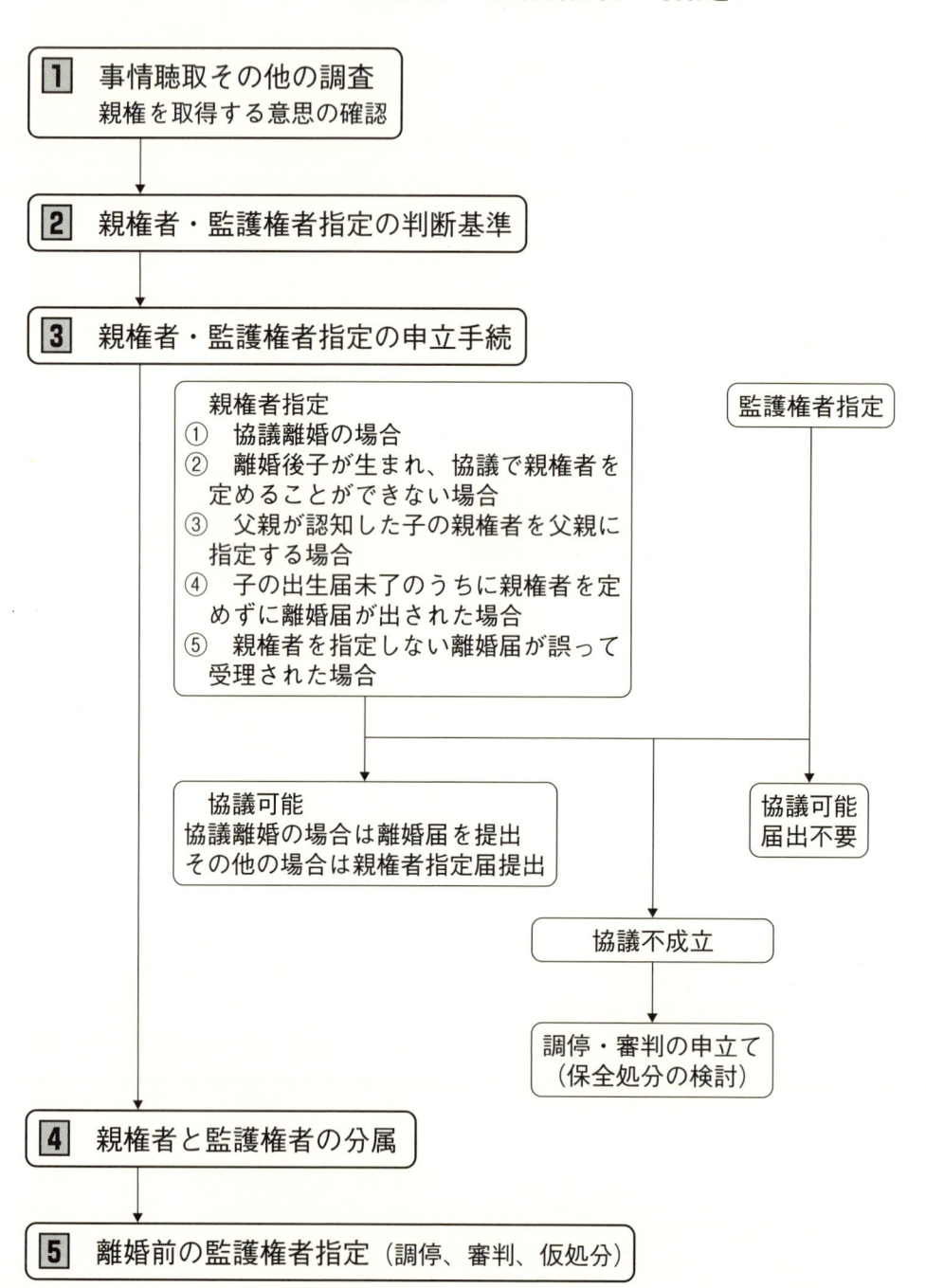

1 事情聴取その他の調査
親権を取得する意思の確認

2 親権者・監護権者指定の判断基準

3 親権者・監護権者指定の申立手続

親権者指定
① 協議離婚の場合
② 離婚後子が生まれ、協議で親権者を定めることができない場合
③ 父親が認知した子の親権者を父親に指定する場合
④ 子の出生届未了のうちに親権者を定めずに離婚届が出された場合
⑤ 親権者を指定しない離婚届が誤って受理された場合

監護権者指定

協議可能
協議離婚の場合は離婚届を提出
その他の場合は親権者指定届提出

協議可能
届出不要

協議不成立

調停・審判の申立て
（保全処分の検討）

4 親権者と監護権者の分属

5 離婚前の監護権者指定（調停、審判、仮処分）

親権概説

　夫婦に未成年の子がいる場合、夫婦のどちらが親権者になるかを明記しなければ離婚届は受理されません（民819②、戸77②一）。

　「親権者」とは、未成年の子を養育監護し、その財産を管理し、その子を代理して法律行為をする権利を有し、義務を負う者のことです。

　親権者が有する権利義務のうち、養育・監護に関する権利義務を「身上監護権」（民820）、財産に関する権利義務を「財産管理権・代理権」（民824）と呼んでいます。婚姻中の夫婦は、双方が親権者として権利と義務を負っており、共同親権者となります。しかし、離婚すれば、親権者をどちらか一方に定めなければなりません。

　監護権者については、離婚後（離婚の際）の監護権者の指定については「4　親権者と監護権者の分属」で、離婚前の監護権者の指定については「5　離婚前の監護権者指定」で後述します。

　親権の内容については、下記のものが挙げられます。

① 　身上監護権
 a 　居所指定権

　民法821条は、「子は、親権を行う者が指定した場所に、その居所を定めなければならない」と定めています。

 b 　懲戒権

　民法822条1項は、「親権を行う者は、必要な範囲内で自らその子を懲戒し、又は家庭裁判所の許可を得て、これを懲戒場に入れることができる」と定めています。ただし、現在のところ、懲戒場に相当する施設はありません。

 c 　職業許可権

　民法823条1項は、「子は、親権を行う者の許可を得なければ、職業を営むことができない」と定めています。

 d 　子の身分上の行為の代理

　親権者は、子の身分上の行為、15歳未満の子の氏の変更、子の養子縁組または離縁の代諾、離縁の訴え、相続の承認・放棄などを子に代わって行います。

② 　財産管理権

　民法824条本文は、「親権を行う者は、子の財産を管理」すると定めており、親権者が包括的に子の財産を管理するものとしています。

　ただし、子（未成年者）と親権者がともに相続人となる遺産分割事件など、親権者と子との間に利害が相反する場合は、民法826条において、「親権を行う者は、その子

のために特別代理人を選任することを家庭裁判所に請求しなければならない」とされています。

1 事情聴取その他の調査

　事情聴取する事項としては、後述する親権者・監護権者指定の判断基準を参考に、依頼人から話を聞くことになります。

　その際、親権を望むのであれば、子の養育環境の整備は必須ですので、養育環境の整備につき指導していく必要があります。

　また、これは同時に離婚後の生活設計でもあるので、離婚する前に十分準備する必要があります。

　子の養育環境については、依頼者自身では整えることに限界があっても、親兄弟等の支援により整備することが可能な場合もありますので、離婚後に親兄弟等からのバックアップが得られるかどうかも確認する必要があります。なお、裁判所は、依頼者だけでなく、実際に子の面倒をみる人についても、子の福祉にかなうかどうかの観点から判断します。

　ところで、代理人自身が子の福祉の観点に立ち、依頼者が親権者として適格ではないと判断すれば、その方向で説得することも考えなければなりません。

　これは、調停、裁判の見通しを説明する上でも必要な作業と考えます。

　なお、依頼人が真に親権を欲しているかどうかも見極めていく必要があります。別れ話や相手の浮気などで感情的になっているだけで、実はそれほど親権を望んでいなかったという場合もあります。

2 親権者・監護権者指定の判断基準

　裁判所は、夫婦双方の事情、子の事情等、あらゆる事情を考慮してどちらが良いかを判断します。一言でいえば、夫婦のどちらが親権者・監護権者になることが「子の利益のため」になり（民819⑥）、子の幸福に適するかです。そして、それは将来を見据えた監護の継続性と子の安定性が大前提です。

　しかし、何が子にとって幸福であるかは一概に判断できません。ましてや相手方を納得させることは容易ではありません。特に、価値観の違いから子の育て方や教育等に関して夫婦が対立している場合には、何が子の幸福であるかを判断することは困難を極めます。

(1) 裁判例に現れた具体的な事情

① 父母の事情

　監護に対する意欲（子に対する愛情の度合い）や監護に対する現在および将来の能力（親の年齢、心身の健康状態、時間的余裕、資産・収入などの経済力、実家の援助等）、生活環境（住宅事情、居住地域、学校関係）などがあります。

② 子の事情

　子の年齢、性別、子の意思、子の心身の発育状況、兄弟姉妹の関係、環境の変化による影響の度合い、親や親族との情緒的結びつきなどがあります。

(2) その他の事情

　その他に重視されてきた事情が類型化されているので、解説します。

① 継続性の原則

　これは、これまで実際に子を監護してきた者を優先させるという考え方です。現在の養育環境で安定している親子関係に変更を与えることは、子の情緒を不安定にし、子の人格形成上好ましくないという理由からです。

　この原則に従った裁判例が数多く出されたためか（東京高判昭56・5・26判時1009・67、大阪家審昭50・3・17家月28・3・83）、裁判で勝つために実力で子を奪う事件が度々起きています。

　しかし、子を奪った、勝手に連れ去ったという事実は、調停や裁判で不利な事情と

して扱われます。

　また、子を連れ去り、実際に未成年者略取罪（刑224）に問われた事案もあります。最高裁平成17年12月6日決定（判タ1207・147）は、「被告人は，離婚係争中の他方親権者であるBの下からCを奪取して自分の手元に置こうとしたものであって，そのような行動に出ることにつき，Cの養育監護上それが現に必要とされるような特段の事情は認められないから，その行為は，親権者によるものであるとしても，正当なものということはできない。また，本件の行為態様が粗暴で強引なものであること，Cが自分の生活環境についての判断・選択の能力が備わっていない2歳の幼児であること，その年齢上，常時養育監護が必要とされるのに，略取後の養育監護について確たる見通しがあったとも認め難いことなどに徴すると，家族間における行為として社会通念上許容され得る枠内にとどまるものと評することもできない。以上によれば，本件行為につき，違法性が阻却されるべき事情は認められないのであり，未成年者略取罪の成立を認めた原判断は，正当である」と判示しました。

　もし、依頼者が子どもを連れてきてしまった場合には、相手方と話し合い、どちらが子を監護するかを決める必要があります。話合いが付かなければ、離婚前の監護権を調停、審判、仮処分で求めることになります。

② 子の意思の尊重

　15歳以上の未成年の子に関しては、親権者の指定、子の監護に関する処分につき裁判をする場合には、その子の陳述を聴かなければなりません（人訴32④、審判について家審規72・70・54）。

　裁判所は、15歳未満の子であっても、子の意思を確認しているようです。子の監護状況、子の意思などは専門家である家庭裁判所調査官の調査により実施されますが、それを踏まえた上で裁判官自身が子に接し、子の意思を確認したり、子が実際に安定した状況にあるかを見ているようです。また、裁判官は、子の発言だけで親権を決するようなことはしません。子の態度、表情から子の気持ちをくみ取り、その上で子の意思を尊重して判断しています（東京高判昭31・9・21家月8・11・37）。

　ところで、子と面接する際、裁判官は子が傷つかないよう注意しています。代理人も、依頼者が子にプレッシャーをかけないよう配慮することが必要です。特に、子どもは自分が何かを言ったせいで父や母を傷つけたのではないかと大変心を痛めてしまうことがあるので、注意して下さい。

③ 兄弟姉妹不分離の原則

　兄弟姉妹を一緒に育てることを原則とする判例があります（京都地判昭30・9・12下民6・9・1976、仙台家審昭45・12・25判タ270・374）。親の都合で、一緒に育ってきた兄弟姉

妹を離ればなれにするのは好ましくないという理由からです。ただし、兄弟姉妹の年齢や関係、これまで一緒に育ってきたかなど、事案によって違うため、子の意思なども含め総合的に判断されます。

④　母親優先の基準

　乳幼児については、特別の事情が無い限り母親に監護させることが子の福祉にかなうとした裁判例があります（札幌高決昭40・11・27家月18・7・41、東京高判昭56・5・26判時1009・67他）。

　しかし、本来は真に親権者としての適格性を有する者を親権者にすべきであり、したがって、母親であるというだけでは適格性を認める理由にはなりません。

　そのため、近年の裁判では、事案ごとに具体的に親権者としての適格性を判断し、母親優先の基準にとらわれない方向にあります。

　重要なことは、実際に誰が子を養育するかという点です。たとえ母親が子を引き取ったとしても、その母親が働きに出てしまうのであれば、子の面倒を実際に見るのは子の祖父母、あるいは母親の兄弟姉妹であるかもしれません。裁判所としては、父親側、母親側それぞれにつき、実際に子の面倒を見ることになる者を比較します。

(3)　有責者の親権者適格性

　夫婦の問題と親権者の適格性とは別の問題です。そのため、裁判所は、現在子を養育する上で支障となる品行状況にない限り、あくまで「子の利益」、「子の福祉」にかなうのはどちらであるかを、父母の事情、子の事情を総合考慮して判断します。したがって、婚姻中に不貞行為があったという理由だけで親権者たり得ないという判断はされません。

　それよりも、養育環境の安定性、親子の情緒的結びつきなど、前述した事情が優先されます。

　横浜地裁川崎支部昭和46年6月7日判決（判時678・77）は、「原被告の子に対する愛情、生活教育環境等において特に甲乙をつけ難く、いずれも子の福祉上親権者として欠けるところはないから、結局離婚責任の大少によって決するのが最も公正、妥当な措置と思料される。そうして前認定の如く本件離婚責任は主として被告にあるのであるから、原告をして子の親権者たらしめるべきものとする」と判断していますが、これも、有責性に重きを置いているわけではありません。

3 親権者・監護権者指定の申立手続

(1) 親権者指定

協議離婚の場合は夫婦で協議し、離婚届に親権者を記載し、届け出ます。

協議が調わない場合、または協議ができない場合は、親権者指定の調停申立て（家審9①乙7）、親権者指定の審判申立てをすることができます。調停が不調で終わったときは、審判に移行します。

いきなり審判で申し立てても、裁判所は職権で、いつでも調停に付すことができます。また、離婚調停の中で、親権者指定について協議することもできます。裁判離婚では、裁判所が判決で親権者を定めます。

審判においては、満15歳以上の子については、その陳述を聴かなければなりません（家審規70・54）。また、調査命令が出されると、家庭裁判所調査官が養育環境等を調査します。

審判手続を申し立てた場合には、仮差押え、仮処分などの保全処分（家審規70・52の2）、親権者の職務執行停止と職務代行者選任、改任の保全処分（家審規70・74・32）などを行うこともできます。これらの保全処分命令に対しては、即時抗告をすることができます（家審規15の3）。

裁判所は、親権者指定の認容審判において、子の引渡しや扶養料その他の財産上の給付を命じることができます（家審規70・53）。

父または母は、審判に対して即時抗告をすることができます（家審規70・55）。

調停が成立した場合および審判が確定した場合は、裁判所書記官から戸籍事務取扱者にその旨の通知がなされます。

◆注意点

協議離婚の場合のほかに、親権者指定の調停、審判を申し立てる場合としては次の場合があります。

① 離婚後に子が生まれ、協議で親権者を定めることができない場合（民819③）
② 父親が認知した子の親権者を父親に指定する場合（民819④）
③ 子の出生届未了のうちに親権者を定めずに離婚届が出された場合
④ 親権者を指定しない離婚届が誤って受理された場合

【親権者指定申立手続】
① 申立人　父、母（民819）。父は法律上の父
② 管　轄　調　停　相手方の住所地の家庭裁判所、または当事者が合意で定める家庭裁判所（家審規129①）。
　　　　　審　判　子の住所地の家庭裁判所（家審規70・52②・60）。子が複数いる場合は、そのうちの1人の住所地の家庭裁判所。
③ 費　用　収入印紙　1,200円（子1名につき、民訴費3①・別表1 15の2 ）
　　　　　郵便切手　裁判所によって異なることもあるので、申立裁判所に要確認。
④ 添付資料　申立人、相手方の戸籍謄本各1通

(2) 監護権者指定

　監護権者指定の手続については、監護権者指定・変更の手続が親権者指定・変更の手続に準用されているため、ほぼ親権者と同じです。
　その手続としては、まず父母が協議して定めることができます（監護委託）。協議で決められない場合、協議ができない場合は、家庭裁判所に調停の申立て（家審9①乙4）、審判の申立てができます。
　監護権者の決定は離婚届の要件でないので、離婚後に監護権者決定の協議をしたり、家庭裁判所に調停の申立てをすることも可能です。
　審判においては、保全処分が可能で（家審規52の2）、その保全処分に対し、即時抗告ができます。審判に対しても即時抗告をすることができます（家審規15の3①②）。
　家庭裁判所は、親権者指定の際と同様、子の福祉にかなうかどうかを判断基準としますし、子が15歳以上であるときは、子の陳述を聴かなければなりません（家審規54）。
　なお、離婚前の監護権者指定の申立ても認められています。詳しくは後述します。

【監護権者指定申立て】
① 申立人　父、母、監護権者
② 管　轄　親権者指定と同様（家審規52②）。
③ 費　用　親権者指定と同様
④ 添付資料　親権者指定と同様

【参考書式4】審判前の保全処分申立書（未成年者の引渡し）

審判前の保全処分申立書

平成○年○月○日

○○家庭裁判所　御中

申立人代理人
弁護士　甲　山　一　郎　㊞

当事者の表示　別紙当事者目録記載のとおり
本案審判事件　平成○年第＊＊＊号　○○申立事件

求める保全処分

1　未成年者乙田夏子の本案の審判確定に至るまで、未成年者乙田夏子の監護権者を申立人と仮に定める。
2　相手方は、申立人に対し、未成年者乙田夏子を仮に引き渡せ。

保全処分を求める理由

第1　本案申立認容の蓋然性
　1　当事者
　　　申立人と相手方は、平成○年○月○日に婚姻し、平成○年○月○日、申立人と相手方との間に未成年者が生まれた。
　2　別居に至る経緯
　　　………。
　3　別居後相手方が未成年者を連れ去ったこと
　　　………。
　4　本案申立
　　　以上の事情から、監護権者を申立人と指定する必要が生じたため、本案を申し立てるに至った。………。
第2　保全処分の必要性
　　　………。

添付資料

1　委任状　　　　　　　　　　　　　　　　　　　　　1通

【参考書式5】監護権者指定審判申立書

監護権者指定審判申立書

平成○年○月○日

○○家庭裁判所　御中

申立人代理人
弁護士　甲　山　一　郎　㊞

当事者の表示　別紙当事者目録記載のとおり

申立ての趣旨

1　未成年者乙田夏子の監護権者を申立人と指定する。
2　相手方は、申立人に対し、未成年者乙田夏子を引き渡せ。

申立ての実情

第1　当事者
　　　申立人と相手方は、平成○年○月○日に婚姻し、平成○年○月○日、申立人と相手方との間に未成年者が生まれた。
　　　申立人と相手方は、平成○年○月○日、協議離婚した。
第2　これまでの経緯
　　　離婚のいきさつ、親権者指定の事情
第3　監護権者指定を必要とする理由
　　　……。
第4　結語
　　　以上のとおりであるので、相手方に未成年者の監護を任せておくことは、子の福祉上好ましくないため、本件申立てに及んだ次第である。

添付資料

1　申立人・相手方の戸籍謄本　　　　　　　　　各1通
2　委任状　　　　　　　　　　　　　　　　　　1通

4 親権者と監護権者の分属

親権者は、実際に子の面倒を見る身上監護権と子の法律行為を代理する財産管理権を有しています。

では、親権と監護権を分属させることはできるでしょうか。たとえば、親権者を指定して離婚したが、その後、親権者ではない親が子の面倒を見るために、その者を別途監護権者に決めることはできるでしょうか。

離婚後の子の養育監護につき、親権者のほかに監護者の規定(民766)があることから、親権と監護権とは分属できると考えられています（離婚後の監護者指定）。

しかし、子の養育監護に適している方を親権者と定めたわけですから、一般的には、分属させる必要はないはずです。そのため、審判例でも、親権と監護権を分属させることは、例外的な場合にのみ認められます。

なお、親権と監護権を分離する手続は、前述した監護者指定の手続です。

(1) 親権・監護権の分離の基準

① 父母の一方が子の養育監護には適しているが、財産管理については適任ではない場合（特に子が乳幼児の場合など）。
② 父母双方が親権者となることに固執していることから、親権・監護権の分属による解決が子の精神的安定のために効果がある場合（大阪高決昭36・7・14家月13・11・92）。
③ 父母のいずれが親権者になっても子の福祉にかなう場合に、できるだけ共同親権に近づけるという積極的な意義を認める場合（福島家白河支審昭42・6・29判タ228・237）。

(2) 親権者と監護権者を分離した場合の権限の範囲

監護権者の権限の範囲は、身上監護する権利、教育権、居所指定権、職業許可権、懲戒権であるとされています。

監護権なき親権者の権限は、子の財産管理権、その財産に関する法律行為について子を代表する権利、15歳未満の子の養子縁組、氏の変更などの身分行為についての法的代理権です。また、監護権者に対する助言、指導もできます。監護権者を指定したことで、子への面接、経済的援助は影響を受けません。

(3) 親権・監護権の分属の問題点

親権・監護権を分離した場合、前記のように権限が分属します。

したがって、普段、養育監護しているのは母であるけれど、各種手当の受給については親権者である父の協力が必要となったり、子の氏を母の氏にしたいと思っても、母に子の法定代理権はないので、親権者である父の協力がない限り子の氏を変更することはできないという不都合を生じます。

父母の間に信頼関係が維持されている場合には、親権と監護権が分属した状態でも格別の問題は生じないかもしれませんが、信頼関係が破壊されている場合には、親権・監護権の分属によって、父母の間の不信感が一層増大し、子に悪影響が及ぶのではないかが懸念されます。

弁護士としては、親権・監護権の分属による不都合を依頼者に指摘しておく必要があります。

5 離婚前の監護権者指定（調停、審判、仮処分）

　依頼者が子を連れて別居した場合でも、離婚前である以上は、父母はどちらも親権者です。したがって、相手方は子を返すように要求することができます。

　相手方から子を返すように要求された場合、離婚の協議が調うまで誰が子の面倒を見るかは、夫婦間の協議で任意に監護権者を定めることができます（監護委託）。

　しかし、話合いでは結論がでない場合があります。この場合には親権者が決定するまでの間、夫婦のうちのどちらかが子を養育監護することができるよう、夫婦のうちの一方を監護権者に指定してもらう手続を執ることが考えられます。

　実務上は、民法766条を類推適用し、離婚前の監護権者を指定することができるとされています。

　離婚前の監護権者指定についても、離婚後と同様、協議、調停、審判で決めることになります。

　なお、審判を申し立てても審判が出て確定するまでには間があるので、必要な場合は本案の申立てと同時に保全処分も検討します。

　例えば、相手方が子を連れ去ろうとしている場合には、審判前の保全処分により仮の監護者の決定を求める申立てをすることができます（家審15の3）。

　相手方が子を連れ去ってしまった場合には、審判前の保全処分で仮の監護権者の決定を求めると同時に、仮の子の引渡しを求めることができます。

　保全処分であっても、「子の利益」、「子の福祉」に適う者を監護権者に選任することに変わりはありません。

　離婚の協議が調うまで、子の監護につき、話合いで解決がつかないようであれば、夫婦の対立が激化する前に、法的手続によって監護権者を決め、子への影響を最小限に食い止めるよう努力すべきです。子は、「お父さんとお母さん、どっちと暮らしたい？」という問いに、心を痛めていることを忘れてはいけません。

第3　財産分与を決定する

＜フローチャート～財産分与の決定＞

1 財産分与の決定時期

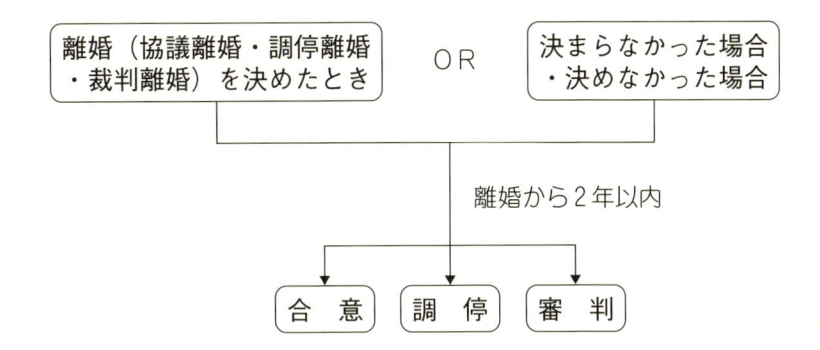

離婚（協議離婚・調停離婚・裁判離婚）を決めたとき　OR　決まらなかった場合・決めなかった場合

離婚から2年以内

合意　調停　審判

2 財産分与

① 清算的財産分与

対象財産の範囲の確定（特有財産の有無）
↓
対象財産の範囲の基準時（別居時・裁判時・離婚時）
↓
対象財産の評価
↓
財産分与割合
↓
分与方法（金銭・現物）

② 扶養的財産分与の検討

③ 慰謝料的財産分与の検討

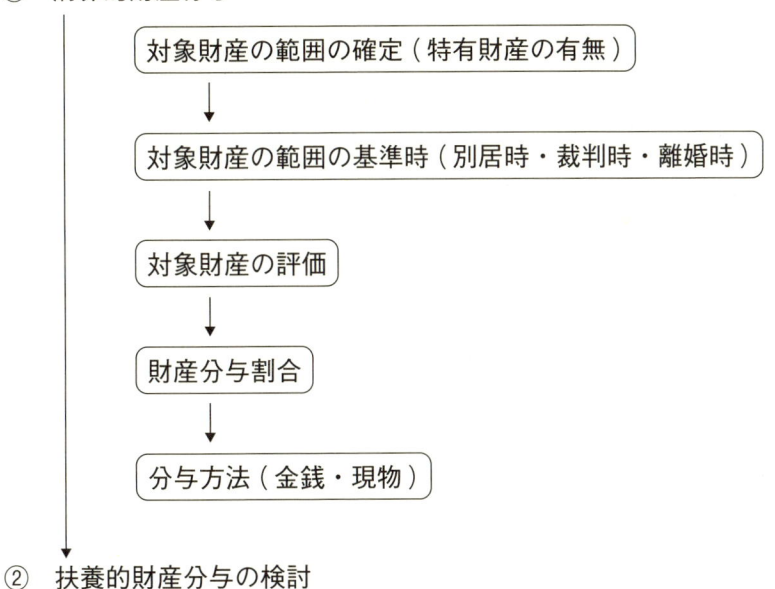

1 財産分与の決定時期

　財産分与請求権とは、離婚をした者の一方が相手方に対して財産の分与を求める権利です（民768①）。
　「離婚をした者」という点からも明らかなとおり、財産分与は以下のような場面で現実化します。

> (1) 離婚時
> 　財産分与を同時に決めます。
> (2) 離婚後
> 　決められなかった場合や決め忘れた場合があります。

(1) 離婚時 ■■■■■■■■■■■■■■■■■■■■■■■■■■■■■

　離婚時に財産分与を同時に決めるということはよくあります。
① 　協議離婚に当たって財産分与を決定する方法です。この場合、後日の紛争を避けるために、公正証書を作成することもあります。
② 　また、調停離婚に当たって財産分与を決めることもあります。この場合、「本日調停離婚する」という条項とともに、「本日の離婚を原因として」財産分与をすることを条項上に入れます。
　不動産や保険契約の名義変更では実際に手続をするに当たって、相手方の署名・捺印などが必要になることも多いので、調停成立の機会にその手続関係書類も準備しておくことが大切です。

アドバイス

○不動産について相手方の委任状が不要になる方法
　登記名義の移転についても、調停条項に記載しておく必要があります。
　この際には、不動産の登記事項証明書を直前に必ず確認し、相手方の住所などに変更がないかを確認した方が安全です。住所変更をする必要が生じる場合には、委任状が必要となることもあるからです。現在の住所と登記記録上の住所に違いがあった場

合に、調停調書に、「登記記録上の住所」を併記してもらうこともあります。

③　裁判離婚に当たって財産分与を決定する場合もあります。
a　裁判上の和解で離婚する場合
　この場合は和解調書に「離婚」とともに、「本日の離婚を原因として」財産分与することを記載してもらうことになります。登記名義の点は前述のとおりです。
b　判決になる場合
　離婚請求に附帯して財産分与を申し立てることができます。
　附帯請求分として、財産分与請求額の多寡にかかわらず1,200円の印紙代を追加することになります（民訴費3①・別表1 (15の2)）。

(2) 離婚後

　離婚時に合意にいたらず財産分与を決められなかった場合もあれば、決め忘れていた場合もあります。
　この点、財産分与は離婚のときから2年以内に行う必要があります（民768②ただし書）。この期間は除斥期間とされていますので、時効のように中断などもありません。必ず離婚から2年以内に裁判所に申立てをする必要があります。
　離婚後に合意にて財産分与を決める場合もあれば、家庭裁判所に財産分与請求のみを調停に申し立てて調停にて決めることもできます（家審規129①）。財産分与の申立てには財産分与の額および方法を特定することを要せず、金銭以外の財産をこれに当てても差し支えないとされています。
　調停が成立しない場合には、自動的に審判手続に移行するため（家審規26①）、審判によって決められます。

2　財産分与

(1) 財産分与の内容 ■■■■■■■■■■■■■■■■■■■■

財産分与の法的性質や要素については諸説ありますが、大きな要素は次の3つです。
① 清算的財産分与：婚姻中の夫婦共同財産の清算
② 扶養的財産分与：離婚後の扶養
③ 慰謝料的財産分与：離婚による慰謝料
その中心的な要素は、①清算的財産分与です。

◆過去の婚姻費用

財産分与を判断するに当たり、過去の婚姻費用の分担を斟酌しうるかにつき、最高裁判所は、財産分与の額を決定するについては、当事者双方の一切の事情を考慮すべきであることは民法771条、768条3項の規定上からも明らかであるから、過去の婚姻費用の分担の態様も事情のひとつとして含めることができるとしています（最判昭53・11・14判時913・85）。しかし、「事情のひとつ」に過ぎないわけですから、婚姻費用が不足した場合には婚姻費用分担請求（調停・審判）の申立てを行い、債務名義を取っていた方が権利者に有利なことが多いと思われます。

(2) 清算的財産分与 ■■■■■■■■■■■■■■■■■■■■

① 清算的財産分与とは

夫婦が婚姻中に協力して形成・維持してきた共同財産を、離婚を機に、清算・分配するものです。

「共同財産」が清算の対象となるため、その確定が重要な作業となります。

② 対象財産の範囲の確定

A　まず、第一に特有財産を除外する必要があります。

特有財産とは、ⓐ一方が婚姻前から所有していた財産や、ⓑ婚姻中であっても相手方とは無関係に取得した財産（例えば相続など）のことです（民762①）。

特有財産は、「夫婦が婚姻中に協力して形成維持してきた」とは通常いえないことか

ら、原則として清算の対象とはなりません（高松高決昭63・10・28家月41・1・115）。

　特に、ⓐが預貯金であった場合、婚姻前から所有していたか否かを特定するのが難しい場合も多々あります。結婚当時の財産状況がわかるものを用意したり、取引明細を銀行に要求したりしながら確定していくことになります。

　また、ⓑであっても特有財産の取得時期や経緯がはっきりしないと、多額の財産があるのは、「へそくり」を貯めたからであると言われてしまう場合などもあります。特有財産の取得時期や取得経緯については、正確に思い出し、証拠固めをしていく必要があるでしょう。例えば、相続であれば遺産分割協議書や、贈与であれば、贈与税の申告書や振込明細書を証拠として提出するなども有用でしょう。

　ただし、夫婦の一方の特有財産であっても、その財産の形成・維持や散逸の防止に他方が積極的に協力した場合には、財産分与が認められることがありますので、注意が必要です。

　参考となる事例として、次のようなものがあります。

・婚姻から約2年後に夫が夫の父から贈与を受けた借地権につき、「その維持のために被控訴人（妻）が寄与したことは明らか」であるとして、借地権価格の1割が財産分与対象財産であるとされました（東京高判昭55・12・16判タ437・151）。

・夫が夫婦共通の養母の遺産分割協議に際して円満な夫婦関係を維持するために妻に取得させた土地につき、実質的に夫が持分権を妻に贈与することにより妻の財産形成に寄与したとみることができるとして、夫の法定相続分を限度として、財産分与対象財産とされました（東京高決平5・9・28判タ845・300）。

B　次に、所有名義、共有持分の名目上の割合にかかわらず、夫婦の共有財産となるものは何かを確定していきます。

　婚姻中に取得された財産は、清算の対象たる財産であるとの事実上の推定が働きます。したがって、夫婦が協力して形成・維持してきたことを否定するような、財産の内容、取得経緯、夫婦の生活実態等が重要な事情となってきます（渡邊雅道「財産分与の対象財産の範囲と判断の基準時」（判タ1100・50、2002年））。

　この点、婚姻前からそれぞれに活動（作家・画家）をして金銭を得て、婚姻後も各自において収入や預貯金を管理しており、生活費はそれぞれが必要な時に支出していたに過ぎないというケースでは、婚姻中からそれぞれの財産はその名義人に帰属する旨の合意があると解し、婚姻中に形成された財産（預貯金、著作権）であっても、財産分与の対象にならないとの事実認定をした例があります（東京家審平6・5・31家月47・5・52）。参考になる審判例です。

ケーススタディ

【ケース1】

Q 夫婦のどちらの名義でもない対象財産の財産分与の方法は。

A 子供名義で預金を貯蓄していた場合など、夫婦共有財産として認定されることは問題がありません。

しかし、夫が経営する会社の資産などはどうでしょうか。

原則として、会社は夫とは別人格なので、会社の資産は財産分与の対象にはなりません（東京高判昭57・2・16判時1041・73）。しかし、会社の営業実態が夫個人の営業と同視できる場合には、会社財産も財産分与の対象財産となります（長野地判昭38・7・5判タ166・226）。

もっとも、この場合、実際には名義が異なるため、強制執行が必要となる場合には問題が生じるでしょう。この点、会社の株式や出資金を財産分与の対象としたり、請求方法として現物分与ではなく金銭請求をするなどの工夫が必要になります。

【ケース2】

Q 退職金は財産分与の対象となるか。

A これはいわゆる熟年離婚で問題になることが多いところです。

退職金には、賃金の後払的な性格が強いことから、夫婦が婚姻中協力して形成した財産といえます。したがって、離婚の時点で既に支払われている退職金が清算の対象となることは問題ありません（福岡家小倉支審昭46・8・25判タ289・394）。もっとも、あくまでも、夫婦が婚姻中協力して形成した財産であることが必要ですから、原則として実質的な婚姻期間（同居期間）に相応する部分に限られます。

問題は、将来受領する退職金です。

将来受領する退職金は、雇用主や本人側の事情、経済情勢、退職時期、退職理由等不確定な要素によって左右されます。退職に至ると思われる年まで年数が長ければ長いほど不確定さは強まることになります。

この点、裁判例も分かれていますが、退職金が賃金の後払的な性格が強いことから、将来支給されることがほぼ確実である場合には、財産分与の対象財産とし

て認めている傾向が強くなっています。「将来支給されることがほぼ確実」か否かの立証のためにも、会社の退職金規程や退職金の計算書などを証拠として入手しておきたいところです。

ただし、近時の裁判例における将来の退職金の財産分与の認められ方はさまざまです。

すなわち、離婚時点で任意に（自己都合）退職すれば支給されるであろう退職金の額を基礎としながら相当に増額する関係も考慮して支払を命じたもの（名古屋高判平12・12・20判タ1095・233）や、将来の退職金額自体を現時点での清算の対象とし、中間利息を控除して現時点での支払を命ずるもの（東京地判平11・9・3判時1700・79）、将来支給されたときに支払うことを命ずるもの（横浜地判平9・1・22判時1618・109）まであります。これらの主文を参考に、財産分与を請求をしていくことになります。

【ケース3】

Q 消極財産である債務は財産分与の対象か。

A この点、夫婦別産制を採る以上、各自がその名義で負担した債務はそれぞれの債務であって、清算の対象とはならないと考えられてきました。

しかし、財産分与が婚姻中の財産関係の清算であるという面からすれば、消極財産であっても、債務負担に関して寄与がある場合には、同様に財産分与の対象として把握し、清算すべきであるともいえます。もっとも、本来、財産分与における財産の清算は積極財産の清算を予定しており、せいぜい積極財産を分与するに当たって債務の存在を考慮して、清算の割合や方法を形成するというのが財産分与ではないかという指摘もあります（惣脇美奈子「離婚と債務の清算」（判タ1100・54以下、2002年））。

裁判例においても、夫婦共同財産に資産と債務がある場合には、積極財産の総額から消極財産を差し引いた残額に分与割合を乗じて清算額を決定するのが一般的です（名古屋家審平10・6・26判タ1009・241）。

もっとも、東京地裁平成11年9月3日判決（判時1700・79）では、居住用マンションのみならず、投資用マンション、ゴルフ会員権などが財産分与の対象となる事例において、このマンションやゴルフ会員権を購入するために生じた銀行ローンも財産分与の対象とした上、「債務についても夫婦共同生活の中で生じたものについては、財産分与に当たり、その債務発生に対する寄与の程度（受けた利益の程

度）に応じてこれを負担させることができる」と判示し、各自が取得すべき財産額から各自の負担すべき債務額を差し引いて財産分与額を検討しています。なお、実際、その負担割合については「財産形成に対する寄与の場合と同様、特段の事情のない限り、平等と解すべきである」としています。

　これに対し、債務のみの場合（または債務が資産を上回る場合）に、債務のみの財産分与は可能なのでしょうか。前述平成11年東京地裁判決の論理からは、夫婦共同生活の中で生じた債務であれば、夫婦それぞれの債務の発生に対する寄与の程度に応じて債務の内部的負担割合を定めることはできそうです。しかし、内部的負担割合を定めたとしても、債権者は財産分与の当事者ではない以上、これに拘束されるわけではなく、負担割合に応じた債務引受が当然になされるわけではありません。実効性の観点から、債務のみの場合には、財産分与の対象となることは消極的に考えられています。

【ケース4】

Q　住宅ローン付き自宅がある場合は。

A　実際上、住宅ローンにつき財産分与の判決・審判が出されないことになると、困った事態が生じます。そのため、この問題だけは、協議（調停・和解を含む）において解決しようとする動きも見られます。特に、対金融機関（住宅ローンの債権者等）との調整は注意を要します。

　a　住宅の価値が住宅ローンを下回る場合

　売却しても債務が発生するだけなので、夫婦のうちどちらかが住宅に住むという選択をすることが多いように思われます。

　判決・審判では解決されないことを前提に、ローンの支払についての内部分担を決め、財産分与契約をし、また、住宅ローンの支払終了後（または資産価値と住宅ローンの額が一致した後）に協力して売却することを約束するケースもあります。

　特に、子どもがいるケースでは通学する学校の問題などもあり、子どもの親権者が当該住宅に住む場合が多いように思います。この場合、養育費などの支払として住宅ローンの支払の継続をするというケースもあります。

　しかし、住宅ローンの完済まで、長期間に及ぶ場合もあり、将来に処理を残すことは非常に不安定な法律関係を生んでしまうことになるのは間違いありません。

b　住宅の価値が住宅ローンを上回る場合でも次のような場合には解決に苦慮します。

例）

結婚後に自宅を3,000万円で購入し、全額ローンを組んだが、不動産名義も住宅ローン債務者もすべて夫であり、現在の不動産価値は2,000万円、ローン残高は1,000万円であるという事例を仮定しましょう（財産分与割合は1：1とします。）。

売却して分割する場合には簡単な話です。

売却残の1,000万円（ただし諸費用が引かれます）を財産分与の対象とすればいいからです。

また、夫が当該マンションに住み続け、ローンも支払っていくというのであれば、妻に対して500万円（売却したら残ったであろう1,000万円の半額）を支払うことで解決することができます。もっとも、この場合でも、妻が連帯保証人になっているような場合には注意が必要です。

離婚を進めるに当たっては対金融機関との関係で保証人を降りることを了解してもらう必要があります。この点、金融機関からは同程度の信用力を持った保証人の交替を要求したり、保証協会の利用を進められたり、一部前倒しで入金することを要求されることなどがあります。したがって、財産分与を決める前に保証人の問題をどのように解決するか十分に検討する必要があります。まずは、住宅ローンの契約書などで（ない場合には、金融機関に写しを請求し）、保証債務の有無を確認し、保証債務が存在するのであれば保証人を降りる条件を金融機関との間で詰めるべきです。

もっとも問題なのは、妻が当該マンションに住み続け、その名義を取得したいという場合です。妻が当該マンションを取得するためには、①夫に対して500万円を支払い、かつ、②残ローンを支払い続けることが必要です。

しかし、妻に不動産名義を変え、妻が住宅ローンを負担するということになると、金融機関との関係で認めてもらえるかどうかわかりません。妻に信用力があり、借換えができればよいですが、それができない場合には金融機関との調整が不可欠です。このような選択肢を考えている場合には、事前に金融機関とよく話をした上で、現実的な方法を模索する必要があります。

例えば、子供の養育費、扶養的な財産分与の支払の代わりに、夫にそのまま住宅ローンの支払を委ね、住宅ローンの支払が終了した時点で所有名義を移転するという方法を行う場合もあります。もっとも、この際には登記請求権の消滅時効の問題などにも注意を要します。

◆**相手方配偶者の財産がわからない場合**

　実務では、相手方配偶者の財産の範囲がわからず、範囲の確定に苦慮することが少なくありません。

　本来であれば、家庭裁判所で調査嘱託をしてもらうのがよいのですが、むやみやたらに調査嘱託をかけてもらうことはできません。同居期間中から相手方配偶者の財産がどこにあるのかを観察し、できる限り調査しておく必要があります。

　通帳などのほか、金融機関などからの通知書、特に、年末に近くなれば、控除証明書などが届くことによって、相手方配偶者の財産が判明することもあります。

アドバイス

○年金分割

　以前は、年金が財産分与の対象財産となるかが議論されていました。

　平成16年6月に年金改革法が成立し、年金分割については立法的に解決されるところとなりました。すなわち、平成19年4月以後の離婚からは、離婚時に妻が請求すれば、対象期間（婚姻期間中等で厚生年金に加入していた期間）の報酬比例部分につき、あらかじめ夫婦間の合意により定められた（または夫婦一方の申立てにより家庭裁判所が定めた）分割割合に従って分割されることとなりました。また、平成20年4月以降の、いわゆる第三号被保険者期間については、第三号被保険者の申請により、配偶者の報酬比例部分の2分の1について当然に分割が認められることになりました。

　年金分割制度が始まる前は、財産分与として年金分割が認められていても年金が一度夫に支給された後に、夫が妻に支払うという方式などが採られていたため、夫からの支払がなされない場合のリスクが心配されましたが、年金分割制度により、比例部分が社会保険庁から直接妻に支払われることになるため、この点はクリアされました。**詳しくは「第2章 第7　離婚時年金分割制度を利用する」を参照してください。**

　もっとも、以上の立法によっても、改正施行前の平成19年3月までの離婚時における年金分割や、平成20年4月以前の第三号被保険者期間についての分割割合等は問題として残っています。

---

③　対象財産の範囲の基準時・・・・・別居時か、調停・口頭弁論終結時か

　財産分与の範囲を決めるに当たっての基準時については、別居時なのか、裁判時（口頭弁論終結時）なのか、あるいは、離婚時とするのかという点で裁判例も分かれています。

　この点、実務上、清算的財産分与については、夫婦の協力によって得られた財産で

あることを要することから、特段の事情がない限りは、夫婦の協力関係が終了する別居時を基準時とすることが多いように思われます。特に、別居後裁判までに財産が隠匿・費消された場合には、裁判時を基準にすると妥当性を欠きます。

公平の見地から、別居後の財産の変動等も考慮して妥当な解決を図る必要があるような事情がある場合には、口頭弁論終結時とする例もありますので、いずれにしても、弁護士としては、依頼者の利益を考え、対象財産の推移を見極めて主張・立証する必要があります。

④　対象財産の評価とその基準時

対象財産の評価方法については、特段の決まりはありません。

客観的にみて、合理的な方法により判定されることになります。

不動産については、鑑定評価がもっとも正確ですが、費用もかかりますので、当事者間で簡易な方法による評価によると合意している場合も少なくありません。

評価の基準時についても、③と同様の議論があります。

⑤　財産分与割合

最後に、分与割合を主張・立証することになります。

清算の対象となる財産の範囲・評価額が決定した上で、次に財産形成に夫婦双方がどの程度寄与したか、すなわち、共同財産をどのような割合で分割するかが問題となります。

この点、当然に、法的に同じ評価をすべきであるとする見解もありますが、実務では、具体的事案ごとに夫婦が共同財産の形成に寄与した内容を検討し、その具体的寄与度を評価しています。昭和55年から平成元年までの東京地裁離婚判決を検討した報告書（鈴木眞次「東京地裁離婚判決（昭和55年から平成元年まで）にみる離婚給付の額・方法と決定基準」判タ788・6）によると、清算の対象となる財産の形成に対する妻の寄与度はおおむね5～3割の間で認定されているとしています。

また、従来は、専業主婦の寄与の割合は5割を下回っていたことが多いようですが（橋本和男「財産分与・慰謝料に関する諸問題」東京弁護士会弁護士研修センター運営委員会編『離婚を中心とした家族法』12頁（商事法務研究会、2002）、最近では、専業主婦の場合でも、妻に2分の1の寄与度を認める裁判例が増えてきており、また、実務的にも、まずは、夫婦の財産形成に対する寄与度を原則として2分の1とした上で、個別事情を考慮して、修正するという方法をとっています。例えば、個別事情としては、夫婦の一方の特殊な努力や能力によって高額の資産形成がなされた場合等には修正されています。

平成8年の民法改正案要綱でも、民法768条3項につき、「当事者双方がその協力により財産を取得し、又は維持するについての各当事者の寄与の程度は、その異なるこ

とが明らかでないときは、相等しいものとする」とされており、実務的にもこのような２分の１ルールが定着していることを表しています。

なお、２分の１ルールが修正される事情としては、次のようなものがあります。
a　夫が医療法人の理事長として医療施設を経営し、多額の資産を有する事案で、夫が多額の資産を有するに至ったのは、妻の協力もさることながら、夫の医師ないし病院経営者としての手腕・能力によるところが大きいこと、別居後に取得された財産もかなりの額に上っていることを理由に、２分の１を基準としなかった例（福岡高判昭44・12・24判時595・69）
b　妻が婚姻後家計を助けるためにプロパンガスの販売を始めたところ、営業は順調に伸びていき、支店を設けるまでに発展させたのに対し、夫は勤めをやめ、この営業に加わったが、やがて酒色におぼれ、妻子に暴力を振るうようになり、妻は長女・長男を連れて夫と別居し、子どもたちを独力で養育した事例で、営業財産を含む共有財産の７割を妻に分与した例（松山地西条支判昭50・6・30判時808・93）
c　婚姻生活の実態によれば、妻と夫は芸術家としてそれぞれの活動に従事するとともに、妻は家庭内別居の約９年間を除き約18年間もっぱら家事に従事してきたこと、および当事者双方の共同生活についての費用の負担割合、収入等を総合考慮して、６割を妻に分与した例（東京家審平6・5・31家月47・5・52）
d　夫が一級海技師の資格を持ち、１年の大半を海上勤務していた場合で、夫がその努力により取得した資格を活用した結果および海上での不自由な生活を耐えた上での高収入であったとして、夫の寄与度を７割と評価した例（大阪高判平12・3・8判時1744・91）

⑥　分与方法

財産分与の方法については、協議や調停の場合は当事者の合意により自由に定められますが、裁判所が決定する場合（審判・訴訟）には裁判所の裁量にまかされています（民768③）。

もっとも、請求の趣旨を検討するに当たっては、どの財産をどのように分与を受けることが望ましいかを考えて、請求をすることになります。
a　金銭による分与

原則的には、一括払による支払を請求します。
相手方の支払能力などにより分割払となる場合もあります。また、財産分与対象財産の性質（年金払式の生命保険など）によっては、定期金払となる場合もあります。
b　現物による分与

不動産などが典型ですが、預貯金などの分与も可能です。

c 分与額との差額が生じるような場合には、差額の支払をすることもあります。

アドバイス

○財産分与と税金

　財産分与をする側に譲渡所得税が課せられるかが問題です。

　この点、財産分与の対象財産が、金銭または預貯金などの金銭債権の場合には、課税されません。しかし、キャピタルゲインが生ずる財産については、譲渡所得税が課される「資産の譲渡」（所税33①）に当たります（最判昭50・5・27判時780・37）ので、注意が必要です。

　もっとも、居住用不動産については、離婚後の財産分与につき譲渡所得税の特例や、離婚前であれば贈与税の配偶者控除の適用が考えられます。キャピタルゲインが生ずる財産、特に不動産については事前に税務相談を行っておくことも必要です。

　分与を受ける側には、原則として贈与税や所得税は課税されません。

---

(3) 扶養的財産分与

　扶養的財産分与は、分与を求める配偶者にその必要性があり、求められる配偶者にその能力があることが必要です。

　扶養的財産分与は、補充的なものと考えられており、まずは夫婦財産の清算と慰謝料とを請求し、このような請求をなし得ないか、またはそれを取得しただけでは生計を維持するに足りないときに、これらを補うものとして請求が認められるに過ぎません（大阪地堺支判昭37・10・30判タ148・93）。

　請求する側に財産や収入があり、自活できる場合には、必要性がないものとして、扶養的財産分与は認められません。逆に、請求する例が専業主婦や高齢・病気の場合には、認められやすいといえましょう。

　扶養の額や扶養の期間の算定に際しては、夫婦の資力、婚姻期間、夫婦の年齢、離婚後の妻の生活の不安、夫婦の病気、破綻の責任、子の養育費などが考慮されます。

　裁判例の中には、要扶養者が死亡するまでとするものもありますが（横浜地相模原支判平11・7・30判時1708・142）、要扶養者が自活能力を得るまでの一定の期間までとするなど限定する場合も多くあります。

　扶養的財産分与は、金銭による分与がほとんどです。一定額を終期まで定期的に支

払わせる方法が一般的です。

(4) 慰謝料的財産分与

実際には、離婚慰謝料は、財産分与とは別に請求することが多いでしょう。

しかし、離婚慰謝料についても財産分与に含めることができるとし、また、逆に、財産分与とは別に請求することもできるとされています（後掲「**第4　慰謝料を算定する**」参照）。もっとも、財産分与の中で慰謝料を請求した場合には、必ずしも補填されない部分が生じ得ることも予想されますので、慰謝料請求を別に請求する方が金額的には高額なものを期待できると思われます。

第4　慰謝料を算定する

＜フローチャート～慰謝料の算定＞

1 慰謝料に算定される要素
　　① 離婚原因に基づく慰謝料
　　② 離婚自体による慰謝料
　　③ ①②双方

2 離婚原因（婚姻関係が破綻するに至った原因）の検討
　　① 不貞行為
　　② 暴力行為
　　③ その他

3 離婚原因別の分析（加害行為・因果関係・損害）
　　① 不貞行為
　　② 暴力行為

4 慰謝料の減額・請求棄却の要素の検討
　　① 双方に責任があるような場合
　　② 既に損害が填補されている場合

5 慰謝料の請求
　　① 地方裁判所か、家庭裁判所（附帯請求）か
　　② 配偶者のみか、不貞の相手方もか

6 請求金額の検討

1 慰謝料に算定される要素

相手方の有責行為によって、やむを得ず離婚に至った場合、これによって被る精神的苦痛を慰謝する損害賠償＝慰謝料の請求が認められています（最判昭31・2・21判時73・18）。

この慰謝料請求には、
① 離婚原因となった有責行為（個別）から生じる精神的苦痛に対する慰謝料（離婚原因に基づく慰謝料）

と、
② 離婚によって配偶者としての地位を喪失する精神的苦痛に対する慰謝料（離婚自体による慰謝料）

とに分類されます。

裁判例の多くは、必ずしもこの分類を明確に区別して扱っていません。

実際の裁判の現場においても、裁判官より釈明を求められ、①②双方の慰謝料を請求している趣旨かを確認されることも多いですが、実務上では両者を一括して処理していることが少なくありません。また、離婚自体から生じる慰謝料は、理論的には離婚が成立をした時点から発生するため、両者一括請求の場合には遅延損害金の起算日を、離婚成立時すなわち離婚判決確定時とするように釈明を受けることもあります。

したがって、両者を包含して請求する場合の、請求の趣旨は次のようになります。

『原告は被告に対して、金○○○万円および離婚判決確定の日の翌日から年5分の割合による金員を支払え。』

◆慰謝料請求の消滅時効の起算点

慰謝料は不法行為にも基づく損害賠償ですから、消滅時効の時効期間は「損害及び加害者を知った時」から3年となります（民724）。

離婚自体の慰謝料は離婚成立時（訴訟であれば離婚判決確定時）となりますが、離婚原因に基づく慰謝料については、離婚原因＝不法行為の時点から3年が経過してしまうと、もはや慰謝料を請求できないようにも思われます。実務上は、遅延損害金と同様に考え、両者をあわせて「本裁判確定の日から」として扱われることが多いようですが、厳密に捉えられる場合もありますので、注意が必要です。

2　離婚原因（婚姻関係が破綻するに至った原因）の検討

　慰謝料請求が発生する代表的な原因は、①不貞行為、②暴力行為、③その他です。①、②については、下記の 3 で詳しく説明します。なお、③については、ほかの要素と抱き合わせで認定されている事案も多くあります。
　どのような内容であれば離婚原因として主張していくことができるかを検討する必要があります。
　③の事例としては、次のようなものがあります。
 a　悪意の遺棄
 b　性交渉の不存在
　例えば、次のような事例で慰謝料請求が認められています。
 ⓐ　夫がポルノ雑誌に異常な関心を持ち、妻との性交渉を拒否した事例（浦和地判昭60・9・10判タ614・104）
 ⓑ　新婚初夜以来、夫が理由なく性交渉を拒否した事例（横浜地判昭61・10・6判時1238・116）
 ⓒ　夫が性的不能を告知せず結婚した事例（京都地判昭62・5・12判時1259・92）
 ⓓ　夫が婚姻後性的交渉を全く持とうとせず、解決に向けて努力をしなかった事例（京都地判平2・6・14判時1372・123）
 ⓔ　妻が結婚後一度も性交渉に応じなかった事例（岡山地津山支判平3・3・29判時1410・100）
 ⓕ　夫は、妻との性交渉を拒否し、ポルノビデオを見ながら自慰行為にふけっていた事例（福岡高判平5・3・18判タ827・270）
 c　その他
 ⓐ　夫の生活費の不払などにも離婚原因として主張され、慰謝料請求が認められている事例（東京地判昭59・12・26判タ554・229）。
 ⓑ　夫が結婚前に、妻がキリスト教徒であることを知りながら、創価学会会員であることを秘匿して結婚した事例で慰謝料請求が認められている事例（東京高判昭58・9・20判時1088・78）。

3 離婚原因別の分析

(1) 一般的な課題 ■■■■■■■■■■■■■■■■■■■■■■

慰謝料請求も不法行為に基づく損害賠償請求の1つですから、不法行為の要件事実を検討することになります。

したがって、

① 加害行為＝有責行為＝破綻原因の特定

不貞や暴力などの有責行為を特定し、また、有責行為の態様などを検討する必要があります。

当然、違法性のある行為でなければなりません。この点、破綻の原因は妻の情緒不安定で衝動的な行動を繰り返したことにあることを認めつつ、このような行動は妻の精神病質もしくは未成熟性の性格によるもので、倫理上道義上非難の対象たり得ないとして、加害行為を否定している裁判例もあります（東京高判昭51・8・23判時834・59）。

② 因果関係＝破綻に至る経緯

円満な夫婦関係が、当該有責行為によって、どのように破綻に至ったかについても綿密に主張・立証する必要があります。

③ 損害＝精神的苦痛等の存在

離婚原因に基づく精神的苦痛のみならず、離婚そのものに基づく精神的苦痛も損害と捉えられるので、どのような婚姻関係が、どのように破綻したために、精神的苦痛を生じたのかという点も主張・立証する必要があります。

この点、婚姻期間（同居期間・別居期間）や、結婚生活の実情、家族関係、当事者の社会的地位、子の有無・数なども重要な要素となってきます。

慰謝料が発生するのは、あくまでもその有責行為により婚姻関係が破綻したからなので、離婚原因発生時までの婚姻関係が良好であったならば、慰謝料が認められるし、そうでなければ、認められないか、減額されます。

◆証拠の収集と子ども

家庭内がどのような状況であったのかということは、外からはうかがいしれない事実です。この点、当事者を除けば、一番状況をわかっているのは、同居している子どもかもしれません。しかし、子どもに証言させるということは、子どもに父と母どちらかの味方になることを迫ることにもなりかねません。その点を考慮に入れながら、

子どもを証人申請したり、陳述書を作成するなどについては、慎重に検討する必要があるでしょう。

(2) 不貞行為（配偶者以外の者との肉体関係）について ■■■■■■

次のような検討をする必要があります。
① 不貞行為（配偶者以外の者との肉体関係）の特定
　いつからか、いつまでか、どのように続けられたのか、など
　不貞行為が行われるのも、密室であることが多く、立証には多くの困難が伴います。
　既に不貞行為の相手方と同居している場合や、子どもができている場合には、住民票の写しや、不貞行為の相手方の戸籍謄本を取得することで立証することができます。
　また、不貞行為の相手方との旅行写真や不貞行為を認めた録音テープなどがある場合は、立証に役立ちます。
　実際に、一番多く用いられる証拠は、興信所の素行調査報告書でしょう。しかし、これには多額の費用がかかることもあり、また、違法な手段を用いる興信所もあるため、当事者にはその旨をよく説明する必要があると思われます。また、弁護士会照会や裁判所の調査嘱託などを利用し、不貞の相手方の携帯電話番号を特定したり、宿泊記録などを調査することもあり得るでしょう。
　もっとも、証拠が有機的につながらないと、いくら証拠を集めても単発の不貞行為を立証したに過ぎないことになります。次の点に考慮する必要があります。
・不貞行為の開始時期はいつからか
　婚姻関係がどのような状況のときに不貞行為が行われたかは、慰謝料の算定にあたって大きな要素となります。
　したがって、不貞行為の開始時期が重要です。
　とかく、不貞行為の証拠は、「怪しいな」と感じた後に（すなわち一度目の不貞行為以後の配偶者の行動を怪しいと思ったことをきっかけに）しか収集できないことも多く、証拠を収集して不貞行為を問いつめる段階ではすでに夫婦仲が円満であるとはいえなくなっている場合もあります。不貞行為の初期と思われるころの証拠についても、集めることは有益です。
　例）ホテルの領収書やクレジットカードの明細書
　　　「誰と」とは書いていなくても、ダブルベッド、2人分の食事などがわかることにより、ある程度立証に利用できる場合もあります。
・不貞の期間は

いつまで続いたかという点は重要です。

ただし、この点も立証が困難な部分です。

不貞行為を行っていた配偶者に対して興信所の調査報告書などをつきつけても、証拠が存在した時だけの一過性の不貞関係であるとの反論がよくなされます。したがって、継続的に不貞行為が続いていることを示す証拠をこまめに集めていくしかありません。

・どのように続けられたか

頻繁に逢っていたのか、子どもを作るまでに至っていたのかなどは重要な点です。また、配偶者が留守のときを狙って、自宅にて不貞行為を繰り返していたケースなどは、悪質性が高いとして慰謝料額に反映したと思われたケースもあります。こうした点についても、できる限り証拠化して裁判所に提出することが必要でしょう。

② 因果関係

不貞行為の前後でどのように夫婦関係に変化があったかを立証していく必要があります。すなわち、不貞行為が始まる前は夫婦関係が円満であったが、不貞行為が始まった後には、夫婦関係が破綻したということを主張・立証するということです。

具体的には、突然離婚を切り出されるというケースばかりではなく、不貞行為が始まる前には性生活があったのに、不貞行為後には性生活を拒否されるようになった、不貞行為が始まる前には家族を大事にしていたのに、不貞行為後には外泊が増え、家に帰らなくなったということなども破綻の経過を示すものになります。

実際に、裁判になると不貞行為以前から夫婦関係は円満ではなかったと反論されるケースも多くあります。この点、不貞行為前の夫婦関係が円満な様子を表す証拠（逆の立場であれば、円満でなかった証拠）を提出することが重要です。

この点、不貞行為の直前の家族写真などを提出することが多いようです。裁判でも、家族写真で笑って写っていたこと、夫婦が寄り添って写真に写っている姿などを、夫婦関係が円満だったことの表れととらえて事実認定したケースもあります。もっとも、既に子どもが成長している夫婦の場合には写真を撮る機会も少なくなり、写真を探すことが困難なことも少なくありません。必ずしも写真だけにこだわらずに、そのような趣旨での証拠がないかを一緒に検討する姿勢が大切です。夫婦間で毎日のように帰宅時間や夕食を家で食べるか否かなどをやりとりしていた携帯メールの記録を提出し、円満な夫婦関係であったことを立証することもあります。

また、前述のとおり、不貞行為は開始以後発覚が遅れる場合が多いので、①不貞行為が行われたであろう時期以後の婚姻関係の状況とともに、②不貞行為が発覚した時期以後の状況も大事です。不貞行為発覚後に夫婦関係がどのような状況となったかに

ついても詳細に聞き取り、それに応じた証拠の収集が大事です。

　また、もうひとつ問題となるのは、不貞行為はあったが、それは婚姻関係に影響していない、またはその行為はすでに宥恕されているという反論です。この点、実際に不貞行為を気に留めなかった、または宥恕したにもかかわらず、他の理由で仲が悪くなった後に、以前の不貞行為を持ち出しても因果関係は認められないことは明らかです。あくまでも婚姻関係破綻の原因となった不貞行為が問題となるに過ぎないのです。もっとも、不貞行為について宥恕しようとしたが、やはりよく考えると宥恕仕切れなかったという例もあります。その場合には、当該不貞行為が原因で婚姻関係が破綻したということになるでしょう。

③　損　害＝精神的苦痛

　どのようにつらい思いをしているかを陳述書・尋問にて述べることが立証の第一となるでしょう。

　さらに、配偶者の不貞行為が原因で心因性の症状（鬱、胃痛など）が出たような場合には、病院に通院して診断書をとることも有効な手段です。

　また、精神的苦痛が高いほど慰謝料額は高くなります。精神的苦痛が大きかったことが想定される、自殺未遂や流産をしたという事実や、性病を感染させられたなどの事実があれば、積極的に主張・立証していくことになります。もっとも、これらは公にしたくない情報であることも多く、依頼者と十分に相談した上で主張・立証すべき事実であることが多いでしょう。

(3)　暴力行為について

　前記を前提にすると、次のように考えられます。

①　暴力行為の特定

　簡単なようで、これがなかなか難しい問題です。

　暴力が一過性であり、その段階で病院に行っていれば、暴力行為の特定は容易でしょう。しかし、暴力が継続的に振るわれているケースの場合、有責配偶者への恐怖などから、病院にも通院していないケースも多いのです。このような場合、病院に通院していないから暴力行為はなかったと断定することはできません。

　なぜ病院に行くことができなかったのかの理由を丹念に聞き取り、暴力行為を特定していくことになります。

②　因果関係

　暴力が一過性であり、暴力行為直後に別居しているようなケースでは、因果関係も

わかりやすいところとなります。

　しかし、暴力が継続的に振るわれているケースの場合には、どの段階で婚姻関係が破綻したのかがわかりにくいことがあります。当事者より丹念に聞き取りをし、婚姻関係回復の可能性がない時点が客観的にいつだったのかを特定した上で、主張・立証していくことになります。

③　損　害

　暴力行為は、精神的な苦痛を生じさせるだけではなく、身体的な苦痛（傷害、流産など）を伴うことも多いのが特徴です。

　特に、継続的に暴力をふるわれているようなケースの場合では注意が必要です。

　通常の暴行事件であれば当然病院にいって診断書を取っているだろうと思われるようなケースでも、むしろ病院にも行くことを許されず（もしくは自粛してしまい）、診断書などが全く取れないケースもあります。この点も、「病院に行ってないのはおかしい」と即断せず、それまでの暴力の経緯を聞きながら、どのような結果が生じているのかを検討する必要があります（後からレントゲンで頭蓋骨骨折などの痕を確認できるケースもあります。また、本人が書いた日記や遺書などにより、いかに大きな精神的苦痛を受けたかを立証することもあります）。

　また、暴力により傷害が生じているケースでは、その暴力行為による損害を積算することも重要な作業の１つです。この点、夫のたびたびの暴力により妻が右鎖骨骨折、腰椎椎間板ヘルニアの傷害を負い、運動障害の後遺症が残った事案で、離婚による慰謝料350万円のほかに、入通院慰謝料、後遺障慰謝料、逸失利益として合計1,714万円の損害賠償金を認めた事例があります（大阪高判平12・3・8判時1744・91）。

ケーススタディ

Q　診断書が取れない場合には、どうしたらよいでしょうか

A　一般的には前記のとおりです。
　病院に通院した場合でも、裁判所に提出することを前提に診断書を書くとなると、トラブルに巻き込まれることをおそれて、はっきりとした診断書を記載しない医師がいることも事実です。診断書からでは夫からの暴力を特定できないケースでも、併せてカルテ開示を求めてカルテの記載を証拠にすることにより、夫からの暴力を特定できるケースもあります。カルテの記載により、どのような状況

で運びこまれたか(または通院するに至ったか)がわかるため、有益な証拠となるのです。

また、110番通報をして、警察が出動したようなケースでは、警察の調書が残っている場合もありますので、警察に調書の開示を請求することも考えます。

また、直接的に暴力の相談をしていなくても、子どものことを保健所に相談しに行った際に配偶者からの暴力について話しをしていたり、あざなどがあったことを調査員が記載しているなどのケースもありますので、本人が相談に行った場所を聞き、その機関が保存している情報の開示を求められないかを検討するのも重要な証拠収集の手段でしょう。

4 慰謝料の減額・請求棄却の要素の検討

(1) 双方に責任があるような場合

このようなケースでは事実上減額・請求棄却されている裁判例もあります。

妻には宗教活動の行き過ぎがあったが、夫も暴力をふるっていたという事例(仙台地判昭54・9・26判タ401・149)や、夫は暴力をふるい、妻には不貞行為があったという事例(東京地判昭55・6・27判タ423・132)では、慰謝料請求が棄却されています。

(2) 既に損害が塡補されているような場合

既に損害が塡補されている場合には、請求は棄却されます。

したがって、既に損害賠償が一部なされている場合には、更に損害賠償請求をするか否か、請求金額をいくらにするかを検討する必要があります。

裁判例では、妻の不貞行為により婚姻は破綻したが、夫は妻の不貞の相手方から既に1,000万円の慰謝料を得ており、破綻による精神的苦痛は慰謝されているとして、慰謝料請求が棄却された例があります(東京地判昭61・12・22判時1249・86)。

5 慰謝料の請求

(1) 地方裁判所または家庭裁判所（附帯請求）

慰謝料請求は訴訟事項です。

したがって、調停が成立しない場合には、訴訟を提起することになります。

離婚慰謝料は損害賠償請求ですから、通常の民事訴訟として、地方裁判所に訴訟を提起することができます。もっとも、2003年（平成15年）に制定された人事訴訟法により、人事訴訟の請求原因たる事実に基づいて生じた損害を請求する場合には、離婚訴訟と併合して請求することもできます（人訴8・17）。不貞行為の相手方に対する請求も併合して請求できる（後述）ため、この方法が一括解決にはもっとも資する方法です。

◆慰謝料と財産分与

慰謝料と財産分与との関係について、最高裁判所は、財産分与は夫婦財産の清算と離婚後の扶養を目的とするから、「分与の請求するにあたり、その相手方たる当事者が離婚につき有責の者であることを必要とはしないから…慰謝料の請求権とはその性質を必ずしも同じくするものではない」とし、財産分与後に、別途慰謝料請求をすることを妨げないし、財産分与に損害賠償の要素を含めることもできるが、それを含めた趣旨と解せられないとき、または含めたとしてもその額および方法において精神的苦痛を慰謝するには足りないと認められるときには、財産分与を得ていても、別個に慰謝料の請求をすることができるとしています（最判昭46・7・23民集25・5・805）。

この裁判例からは、慰謝料については、地方裁判所への提訴も可能であるし、財産分与審判事件で財産分与に慰謝料を含めて申し立て、財産分与審判の中で検討することもできることになります。もっとも、当事者が有責性を争っている場合には、訴訟手続による方が適切であると考えられるでしょう（二宮周平・榊原富士子『離婚判例ガイド第2版』155頁（有斐閣、2005年））。

(2) 請求の相手方

不貞行為を行った配偶者に慰謝料請求できるのはもちろんですが、不貞行為の相手方に請求できるかが問題になります。

◆請求の可否

　不貞行為の相手方に対する慰謝料請求について、最高裁は「夫婦の一方の配偶者と肉体関係を持った第三者は、故意又は過失がある限り、右配偶者を誘惑するなどして肉体関係を持つに至らせたかどうか、両者の関係が自然の愛情によって生じたかどうかにかかわらず、他方の配偶者の夫又は妻としての権利を侵害し、その行為は違法性を帯び、右他方配偶者の被った精神的苦痛を慰謝すべき義務があるというべきである」として不法行為責任を肯定しています（最判昭54・3・30判時422・3）。

　そして、当該不法行為責任は、離婚原因と同様の基礎に基づく事実から成り立つものであることから、離婚訴訟と併合請求することが可能です（人訴17①）。

　もっとも、破綻と不貞行為の関係につき、配偶者の一方と肉体関係を持った第三者は「婚姻関係がその当時既に破綻していたときは、特段の事情がない限り、（配偶者の他方に対して）不法行為責任を負わないものと解するのが相当である」と判断されています。不貞行為が他方の配偶者に対する不法行為となるのは、それが「婚姻共同生活の平和の維持という権利ないし法的保護に値する利益を侵害する」からであって、すでに破綻していた場合には、原則として、このような権利または法的保護に値する利益があるといえないからであるからとしています（最判平8・3・26判時1563・72）。

　したがって、不貞行為の相手方に対する慰謝料請求では不貞行為と破綻の前後が、よりシビアに問われることは覚悟する必要があるでしょう。

　辻朗「不貞慰謝料請求事件をめぐる裁判例の軌跡」『家事事件の現況と課題』（判タ1041・29）によると、昭和54年から平成11年までの下級審の裁判例を通観したところからは、①認容理由として直接に「夫権の侵害」や「貞操請求権の侵害」を持ち出さず、「婚姻関係を破綻させたこと」や「婚姻生活における幸福を追求し保持する履歴の侵害」をあげていること、②認められる慰謝料額が少額になる傾向を示していること、③500万円の慰謝料が認められている浦和地判昭和60年1月30日判決（判タ556・170）の事例では、夫が精神的損害のほかに多大な財産的損害を受けており、同じく、浦和地裁昭和60年12月25日判決（判タ617・104）では、婚姻当事者の一方が、自分と妻との情交関係の存在を夫の勤務先に葉書でしつこく知らせるなど夫の社会的名誉を著しく毀損しているという特殊事情が見られ、大阪地裁平成11年3月31日判決（判タ1035・187）では、不貞行為の期間が約20年間という長期にわたっていることが影響していると考えられること、と分析されています。このような分析も参考にし、不貞行為の相手方に対する慰謝料の請求の仕方を検討する必要があるでしょう。

　また、不貞行為は第三者と配偶者による共同不法行為を構成するところから、それ

それの債務が不真正連帯債務の関係になるとされています（横浜地判昭61・12・25判タ637・159、横浜地判平3・9・25判時1414・95）。したがって、不貞行為の相手方と配偶者のどちらかから十分な慰謝料を取得した後には、損害は填補されたことになることも忘れてはなりません。

　もっとも、夫が妻の不倫行為を宥恕し貞操義務違反による不法行為責任を免除したとしても、それは夫が不貞の相手方に対して明示的に責任を免除（宥恕）するとか、損害賠償請求権放棄の意思表示をしない限り、夫の不貞の相手方に対する損害賠償請求権の免除とはいえず、不貞の相手方は夫に対して不法行為の責任を免れないとする裁判例がありますので（熊本地山鹿支判昭39・11・10判時399・41）、注意が必要です。

◆請求方法

　前述のとおり、不貞行為の相手方に対する請求も併合して請求できるメリットより、他方配偶者に対する離婚請求訴訟に併合して請求することもあります。

　しかし、不貞行為をされながらも離婚には必ずしも踏み切れない配偶者の場合、離婚調停や訴訟などと併合するのではなく、不法行為責任の追及として地方裁判所に訴訟提起するケースもあります。この点、他方配偶者と不貞の相手方を共同被告として訴訟提起するケースもあれば、一方のみ（不貞の相手方）に訴訟提起するケースもあります（未だ離婚していない場合なので、離婚したこと自体の慰謝料請求は算定されません）。

アドバイス

○男性に妻があることを知りながら継続的情交関係を持った女性の慰謝料

　大審院の時代には、不貞行為の相手方が、男性に妻のあることを知りながら長期間にわたり継続的に情交関係を持つ行為は、男には女と婚姻する意思がないにもかかわらず、これがあるように装って不貞の相手方を欺もうした場合であっても、民法708条の類推適用によって許されないとしていました。しかし、最高裁では、女性が男性に妻があることを知りながら情交関係を結んだとしても、情交の動機が主として男性の詐害を信じたことに原因している場合で、男性側の情交関係を結んだ動機、詐害の内容・程度およびその内容についての女性の認識など諸般の事情を斟酌し、女性側における動機に内在する不法の程度に比し、男性側における違法性が著しく大きいものと評価できるときは、貞操などの侵害を理由とする、女性の男性に対する慰謝料請求は許されるとしています（最判昭44・9・26判時573・60）。不貞行為の相手方の慰謝料請求額を検討するにあたっても、重要な意味を持つ裁判例といえるでしょう。

○子の慰謝料請求権

　家を出て不貞の相手方と同居するようになった場合に、他方配偶者だけではなく、子も精神的苦痛を与えられているのではないか、とも考えられます。

　この点、裁判例では、妻および未成年の子のある男性と肉体関係を持った女性が、妻子のもとを去った男性と同棲するに至った結果、その男性の子が日常生活において父親から愛情を注がれ、その監護、教育を受けることができなくなったとしても、その女性が害意をもって父親の子に対する監護等を積極的に阻止するなど特段の事情がない限り、女性の行為は、未成年の子が被った不利益との間に因果関係がないから、未成年の子に対して不法行為を構成するものではないとしています（最判昭54・3・30判時922・3）。

　不貞をした夫婦の一方がその未成年の子に対して愛情を注ぎ、監護、教育を行うことは、異性と同棲するかどうかにかかわりなく、その親自らの意思によって行うことができるのですから、異性と同棲の結果、未成年の子が事実上、親の愛情、監護、教育を受けることができず、そのために不利益を被ったとしても、そのことと第三者である異性の行為との間には相当因果関係がないということが理由です。

　したがって、子からの請求も考えている場合には、特段の事情にあたるか否かをよく検討する必要があります。

6　請求金額の検討

(1) 予備知識

　慰謝料額の動向について、1980（昭和55）年から1989（平成元）年までの東京地方裁判所の対席判決301件の慰謝料の認容額は190万円で、最も件数が多いのは200万円を超え300万円までであると報告されています。また、財産分与が認められた事案を除いた場合には、慰謝料認容額（認められた事案117件の場合）の平均額は270万円とされています。また、通常の例での慰謝料の最高額は500万円とされています（鈴木眞次「東京地裁離婚判決（昭和55年から平成元年まで）にみる離婚給付の額・方法と決定基準」（判タ788・7～8））。
　したがって、請求額を決める際には、上記の予備知識を参考にする必要があります。

(2) 算定要因と金額の傾向について

　慰謝料の額の算定要因については、一般には、①有責性、②婚姻期間、③相手方の資力が三要素といわれています。
　すなわち、①有責性が高いほど、金額は高くなる、②婚姻期間が長い（年齢が高い）ほど、金額は高くなる、③有責配偶者に資力があり、社会的地位が高いほど、金額は高くなる、つまり、請求する側の充足感や有責配偶者への慰謝料の制裁的意味などが考慮され、資力が多いほど慰謝料は高くなるといわれています（二宮周平・榊原富士子前掲書156頁）。
　もっとも、これによって、金額が一律的に決まるものではないことは当然ですが、請求額および立証の際には検討すべき事項となります。

第5　養育費を算定する

＜フローチャート～養育費の算定＞

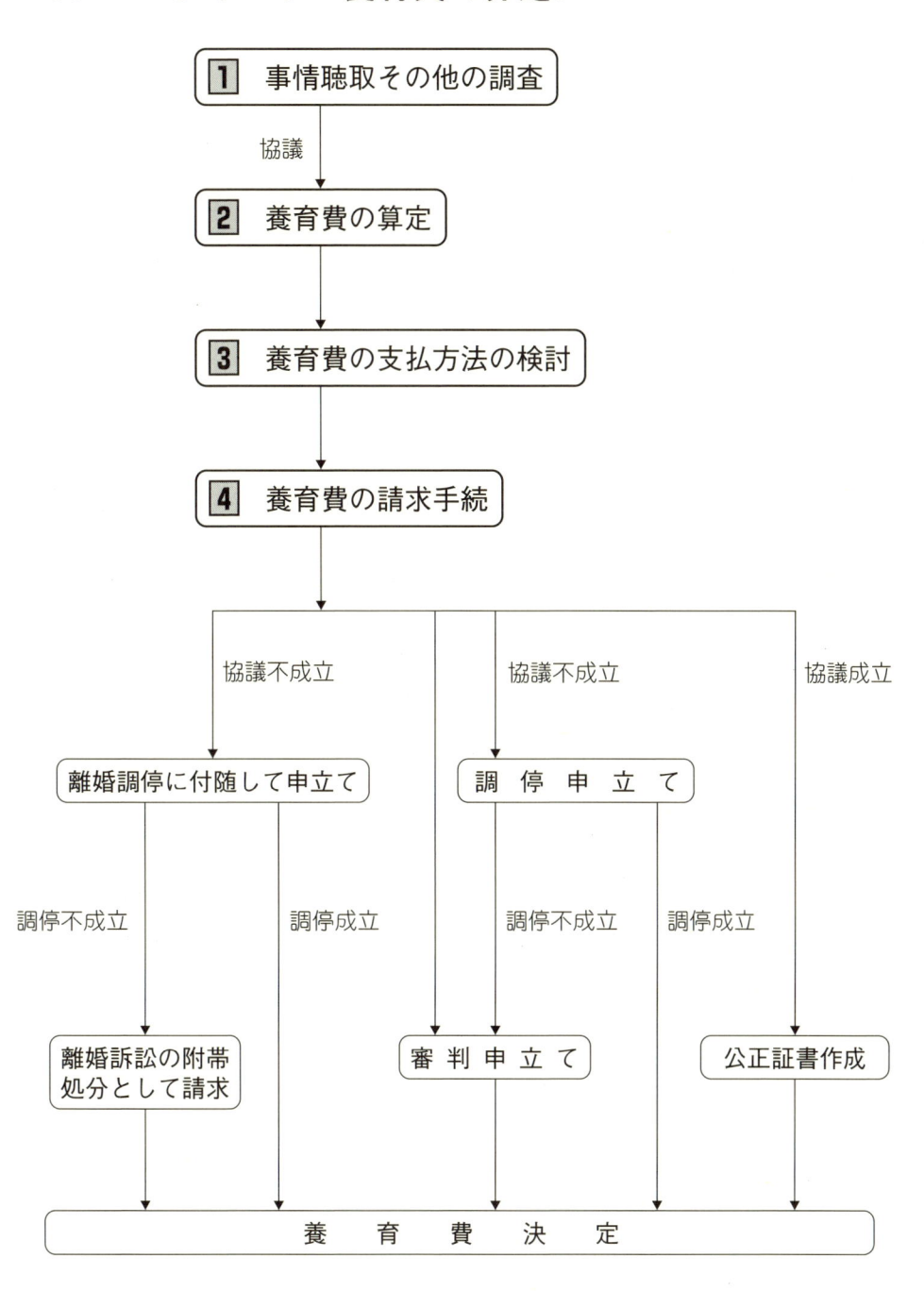

```
┌─────────────────────┐
│ 1  事情聴取その他の調査 │
└─────────────────────┘
           │ 協議
           ▼
┌─────────────────────┐
│ 2  養育費の算定         │
└─────────────────────┘
           │
           ▼
┌─────────────────────┐
│ 3  養育費の支払方法の検討 │
└─────────────────────┘
           │
           ▼
┌─────────────────────┐
│ 4  養育費の請求手続     │
└─────────────────────┘
```

- 協議不成立 → 離婚調停に付随して申立て
  - 調停不成立 → 離婚訴訟の附帯処分として請求
  - 調停成立
- 協議不成立 → 調停申立て
  - 調停不成立 → 審判申立て
  - 調停成立
- 協議成立 → 公正証書作成

→ 養育費決定

1 事情聴取その他の調査

> (1) 養育費の検討
>   養育費についての説明をします。
> (2) 生活状況等の事情聴取
>   養育費算定の基礎となる事情を聴取します。

(1) 養育費の検討 ■■■■■■■■■■■■■■■■■■■■■■■■■

　養育費とは、未成熟子が社会人として自活するまでに必要な費用をいいます。

　別居や離婚に伴って一方の親が未成熟な子どもを引き取って養育することになった場合には、もう一方の親に対して養育費を請求することが出来ます。

　そこで、離婚に当たって、子どもをどちらが引き取るかを決める際には、どちらがどれだけ養育費を支払うのかを決めておく必要があります。

　「養育費」という言葉は法文上にはありませんが、婚姻中は婚姻費用分担（民760）、夫婦間の扶助義務（民752）、離婚後は監護費用（民766①）に法律上の根拠があるといわれています。

　なお、子どもに対する扶養義務（民877～881）を根拠にして、子どもから親に対して養育費を請求するという構成も可能です。この場合は、一方の親が子どもの法定代理人になってもう一方の親に請求するという形をとります。

(2) 生活状況等の事情聴取 ■■■■■■■■■■■■■■■■■■■■■■■

　養育費の算定基準については、規定があるわけではないので、まずは当事者間での合意により決定されます。

　養育費は、子どもが自活するまでに必要な費用ですから、それまでの生活水準、子どもの養育方針、両親の学歴等によって、その額は様々と考えられます。そこで、依頼者から、それまでの養育費が実際いくらかかっていたか、将来的にいくらかかる見込みか、父母の収入はいくらか、別居・離婚に当たって養育費について既に話し合っ

ていたならば具体的にいくらという案が出ているのか、等を詳しく聴取する必要があります。

養育費の算定については、実務上、後述の算定表による算定方式が定着してきており、調停や審判になったときには、この算定方式によることになります。当事者間で協議を進める上でも、調停や審判に持ち込まれたときの金額を認識しておくことは重要です。

そこで、事情聴取の際には、前記算定方式での算定の基礎となる事項、すなわち、両当事者の収入と、子どもの人数・年齢について、聴取しておくことが必要です。収入の資料としては、給与所得者の場合は源泉徴収票、自営業者の場合は確定申告書を入手するようにします。

2 養育費の算定

> (1) 算定表による算定
>   算定表を使って養育費を算定します。
> (2) 特別な事情の考慮
>   算定表の幅を超える事情がないか検討します。

(1) 算定表による算定 ■■■■■■■■■■■■■■■■■■■■■■■■■

従来、裁判所は、諸事情を総合考慮して裁量で養育費を定めていました。

しかし、平成15年、「東京・大阪養育費等研究会」がまとめた「簡易迅速な養育費等の算定を目指して―養育費・婚姻費用の算定方式と算定表の提案―」（判タ1111・285）が発表されて以来、この算定表に基づく算定が実務上定着してきています。

算定表とその使い方は、東京家庭裁判所のホームページで公表されています（裁判所トップページ→各地の裁判所→東京地方裁判所・東京家庭裁判所→裁判手続きを利用する方へ→手続案内→養育費算定表の使い方）。

この算定表は、①権利者（子どもを監護している親）・義務者（子どもを監護していない親）の基礎収入を認定し、②子の生活費を認定し、③子の生活費を権利者と義務

者の収入の割合で按分するという計算に基づいており、従来の実務上の算定方式を基礎にしながら、これまで実額計算していた部分を指数に直して迅速に算定できるようになっています。

　そのため、各事案の個別的事情は、通常の範囲のものは算定表の額の幅の中で既に考慮がされており、この幅を超える算定は、算定表によることが著しく不公平となるような特別な事情がある場合に限られることになります。

具体的算定方法

①　権利者・義務者の基礎収入を認定します。

　基礎収入とは、税込収入から公租公課、職業費（給与所得者の被服費・交通費等）、特別経費（住居費・医療費等）を控除した金額です。算定表は、一定の控除率を定めて、基礎収入を算定するとしています。

　　基礎収入＝総収入×0.34〜0.42（給与所得者の場合）
　　　　　　　総収入×0.47〜0.52（自営業者の場合）

給与所得者…源泉徴収票の「支払金額」が総収入。

自営業者…確定申告書の「課税される所得金額」が総収入。ただし、現実に支出されていない費用である青色申告控除・支払がされていない専従者給与等を「課税される所得金額」に加算して総収入を算定します。

総収入の実額が不明の場合
　→厚生労働省統計情報部の賃金センサス等を利用して適宜推計します。この推計をする場合、給与所得者として扱います。

権利者が十分稼動できる環境にあるのに稼動していない場合
　→統計資料によって潜在的稼動能力の推計を行うこともあります。

権利者が児童扶養手当や児童手当を受給している場合
　→権利者の基礎収入には加算しない

負債がある場合
　→特別経費には含めず基本的には考慮しない

②　子の生活費を認定します。

　算定表では、子の標準的な生活費の指数は、親を「100」とした場合、年齢0歳から14歳までの子について「55」、年齢15歳から19歳までの子について「90」としています。

$$子の生活費＝義務者の基礎収入\times\frac{55or90（子の指数）}{100＋55or90（義務者の指数＋子の指数）}$$

　子が複数の場合
　　15歳未満の子が2人の場合

$$=義務者の基礎収入 \times \frac{55+55}{100+55+55}$$

15歳以上の子が1人と15歳未満の子が2人の場合

$$=義務者の基礎収入 \times \frac{90+55+55}{100+90+55+55}$$

③ 子の生活費を権利者と義務者の収入の割合で按分して養育費を算定します。

$$義務者の養育費分担額=子の生活費 \times \frac{義務者の基礎収入}{義務者の基礎収入+権利者の基礎収入}$$

例外的に、権利者のほうが高収入である場合には、権利者と義務者の収入額が同一の場合に義務者が支払うべき額とします。

また、収入が最低生活費を下回る場合でも、養育義務は生活扶助義務（自分の生活を犠牲にしない程度で、被扶養者の最低限の生活扶助を行う義務）ではなく生活保持義務（自分の生活を保持するのと同程度の生活を被扶養者にも保持させる義務）であることから、養育費算定で特別な考慮はしません。

(2) **特別な事情の考慮** ■■■■■■■■■■■■■■■■■■■■■■■■

算定表では、通常の範囲の個別的事情は表の額の幅の中で既に考慮がされていますので、算定表によることが著しく不公平となるような特別な場合にしか個別的事情は考慮されません。

① 子どもが私立学校や塾に通う費用について

算定表では、公立中学・高校に通う場合を算定しており、私立学校等に通う場合は念頭に置いていません。そこで、これを個別的な事情として主張することが考えられます。父母の経済的・教育的水準等から、私立学校に通わせることが相当で、義務者もこれを了承しているような場合であれば、私立学校の費用を加算して算定することが考えられるでしょう。

なお、審判例としては、父親に無断で入学させた私立高校の入学費用につき、父親が公立高校に入学させる意向を持っていたこと等から、公立高校の入学費用を基礎として父親の分担額を定めてその支払を命じた事例があります（神戸家審平元・11・14家月42・3・94）。

また、ピアノのレッスン費用については個人的興味によるものとして養育費に含まれないが、大学受験予備校の費用については含まれるとした例があります（広島地判平5・8・27判時1529・121）。

② 住宅ローンについて

　婚姻中に購入した不動産の住宅ローンは、離婚に伴う清算で解決されるため、やはり原則として特別な考慮はされず、算定表の幅の範囲内でしか考慮されません。

　もっとも、その不動産が離婚時にオーバーローン状態で、義務者がローンを支払い続け、清算が予定されていない場合、権利者にも住宅ローンの一部を負担させるほうが相当といえる場合もあり得ます（大阪弁護士協同組合「養育費・婚姻費用の算定方式と算定表（平成18年6月）」14頁参照）。

3 養育費の支払方法の検討

> **(1) 支払方法の決定**
> 　養育費の支払は、分割払が原則です。
> **(2) 支払の始期・終期の決定**
> 　分割で支払ってもらう場合、始期と終期を決定します。

(1) 支払方法の決定 ■■■■■■■■■■■■■■■■■■■■■■■■■■

　養育費は、子どもが自立するまでという長期間を支える費用であるため、毎月の分割支払を選択するのが通常です。

　もっとも、養育費としてまとまった金額を一括に支払ってもらうことを希望する依頼者もいます。確かに、将来において、毎月の支払が受けられるかどうか不安がある場合には、将来分も一括支払を受けられれば安心です。しかし、将来分の養育費を一括して受領する場合には、これを費消してしまった後の生活に支障を来してしまうという弊害が生じますので、お勧めできる支払方法ではありません。

　また、この場合には、贈与税がかかってくるので注意が必要です。養育費は毎月発生するもので、その都度支払われる分は非課税ですが、将来分の養育費を一括払することには贈与税がかかります。なお、離婚の際の財産分与であれば原則として贈与税はかかりません。

(2) 支払の始期・終期の決定

① 支払の始期について

養育費は、婚姻中は婚姻費用（民760）に含まれていますので、別居中でも婚姻費用が支払われていた場合には、離婚が確定した日から養育費を支払うことになるのが一般です。

養育費の支払の始期は、原則として養育費を請求したときからです。過去の養育費請求は、原則として認められません。もっとも、一定の条件でこれを認めた審判例もあります（宮崎家審平4・9・1家月45・8・53）。

② 支払の終期について

養育費は、未成熟子が社会人として自活するまでに必要な費用ですが、ここにいう「未成熟子」とは、未成年者とは異なります。

そこで、大学に通う子どもの場合は、大学を卒業して初めて社会人となるため、大学卒業時まで養育費を請求できるかが問題となります。

これに関しては、親の学歴や経済的・教育的水準等より相当な場合に、大学卒業時までの養育費の支払義務を認める判例もあります（大阪高決平2・8・7家月43・1・119）。

もっとも、審判・判決では、算定表のとおり20歳までとされるのが通常のケースです。そのため、子どもを大学まで通わせようとする場合、当事者間の協議・和解の場面で、柔軟に解決することが必要になってきます。

アドバイス

○「大学卒業まで」とは

「大学卒業まで」とするにあたっては、その意味をはっきりさせておくことが、後のトラブル防止のために重要です。

例えば、大学に行かなかった場合はいつまで支払うことにするのか、浪人や留年した場合にはどうするのか、専門学校に進学した場合はどうか等につき、当事者間できちんと詰めておく必要があります。

（和解条項の例文）

「甲は、乙に対し、長女○○の養育費として、平成○年○月から同人が大学又はこれに準ずる高等教育機関を卒業する月（ただし、大学等に進学しない場合は、同人が満20歳に達する月）まで、1か月金○○円を、毎月○日限り、乙の指定する口座に送金して支払う。」

4 養育費の請求手続

> **(1) 協　議**
> 　まずは、当事者間で協議をして、合意に達した場合は公正証書を作成します。
> **(2) 離婚手続と並行して請求する場合**
> 　離婚調停・訴訟に付随して養育費の請求をします。
> **(3) 離婚後に請求する場合**
> 　離婚後に、養育費の請求だけのために、調停・審判を申し立てることができます。
> **(4) 増減額請求**
> 　養育費について取決めをした時と比べて事情が変わった場合には、増減額の請求ができます。

(1) 協　議

　養育費についても、離婚そのものと同様に、まずは当事者間で協議を試みます。

　もし、離婚も養育費も協議で合意に至った場合には、強制執行認諾文言付きの公正証書を作成することをお勧めします。将来養育費の支払が滞ったときに、強制執行が可能となります。

　公正証書の費用等の詳細は、最寄りの公証人役場に問い合わせて下さい（日本公証人連合会のホームページで詳細を確認することができます）。あらかじめ和解条項案を作成して公証人と打合せをしておくと、作成手続がスムースです。

(2) 離婚手続と並行して請求する場合

　離婚調停・訴訟の際に、養育費もこれに付随して請求することができます。なお、訴訟で附帯処分として養育費を請求する場合、子ども1人につき1,200円（人訴32）の印紙代が加算されます。

また、離婚の合意ができているが、養育費については合意ができなかった場合は、養育費の請求だけのために調停・審判を申し立てることもできます。調停が成立しなければ自動的に審判に移行しますので、まずは調停を申し立てることになります。
（調停申立ての手続～養育費請求のためだけに調停を申し立てる場合～）
申立人：父または母
申立先：相手方の住所地の家庭裁判所、または当事者が合意で定める家庭裁判所
申立てに必要な費用：子ども１人につき1,200円（収入印紙）と郵券（郵券額は各裁判所に問い合わせて下さい）
　なお、離婚手続中の養育費は、婚姻費用に含まれますので、婚姻費用の分担として請求していくことになります（「**第３章 第４　婚姻費用を請求する**」参照）。具体的には、当事者間の協議、協議が調わなければ調停を申し立てます。調停が成立しなければ審判となります。

(3) 離婚後に請求する場合

　子どもが成人する前であれば、いつでも請求できます。当事者間の協議が調わなければ、調停・審判を申し立てることになります。

【参考書式6】養育費請求調停申立書

養育費請求調停申立書

平成○年○月○日

○○家庭裁判所　御中

　　本　籍　〒123-4567　○○県○○市○○1丁目2番
　　住　所　〒987-6543　○○県○○市○○3丁目4番地5
　　　　　　　　申　立　人　　　乙　川　春　子

　　　　　　　　〒000-0000　○○県○○市○○1-2-3
　　　　　　　　○○ビル○階　○○法律事務所（送達場所）
　　　　　　　　電話　　03-1234-5678
　　　　　　　　ＦＡＸ　03-9876-5432
　　　　上記申立人代理人弁護士　　　甲　野　太　郎

　　本　籍　〒765-4321　○○県○○市○○5丁目4番
　　住　所　〒345-6789　○○県○○市○○3丁目2番地1
　　　　　　　　相　手　方　　　乙　川　次　郎

　　本　籍　申立人の本籍と同じ
　　住　所　申立人の住所と同じ
　　　　　　　　未　成　年　者　　　乙　川　春　男

養育費請求調停申立事件
ちょう用印紙額　金1,200円
第1　申立ての趣旨
　相手方は、申立人に対し、未成年者乙川春男の養育費として、未成年者乙川春男が成年に達するまで毎月金○○円を支払うとの調停を求める。
第2　申立ての実情
1　申立人（昭和○年○月○日生）と相手方（昭和○年○月○日生）は、平成○年○月○日に協議離婚した。その際、未成年者乙川春男（平成○年○月○日生）の親権者を申立人と定め、今日まで申立人が未成年者を養育・監護している。
2　相手方は、離婚の際、未成年者の養育費を支払うと約したが、金額や支払方法は

定めておらず、申立人が催促しても相手方は現在まで一度も養育費を支払っていない。
3　申立人は、現在、月々〇〇円程度の収入しかなく、未成年者の養育・監護について経済的に支障がある。
4　よって、申立人は、相手方に対し、養育費として、毎月金〇〇円の支払を求めて本調停を申し立てた次第である。

証拠資料

1　甲第1号証　　　　　〇〇
2　…

添付書類

1　申立人・未成年者、相手方の戸籍謄本　　各1通
2　甲号証（写）　　　　　　　　　　　　　各1通
3　委任状　　　　　　　　　　　　　　　　1通

> ケーススタディ

Q 養育費を請求しないと約束して離婚したが、後になって養育費を請求することができるか。

A 養育費を請求しないという合意も、子の福祉を害する特段の事情がなければ有効です。ただし、合意後に事情変更が生じた場合には、養育費を請求することも可能です（大阪家審平元・9・21家月42・2・188）。

(4) 増減額請求

　養育費について取決めをした後に、事情が変わった場合には、養育費の増減額の請求をすることができます。手続としては調停・審判を申し立てることになります。

　もっとも、事情の変更として認められるのは、最初の取決め時から一定期間が経過し、相当程度事情が変わった場合です。例えば、子どもが大きな病気をしたり、進学したりすることで、特別の費用が必要になった場合や、義務者の収入が失業等で減少した場合、権利者の収入が増加した場合等が考えられます。

第6 面接交渉について取決めをする

＜フローチャート～面接交渉＞

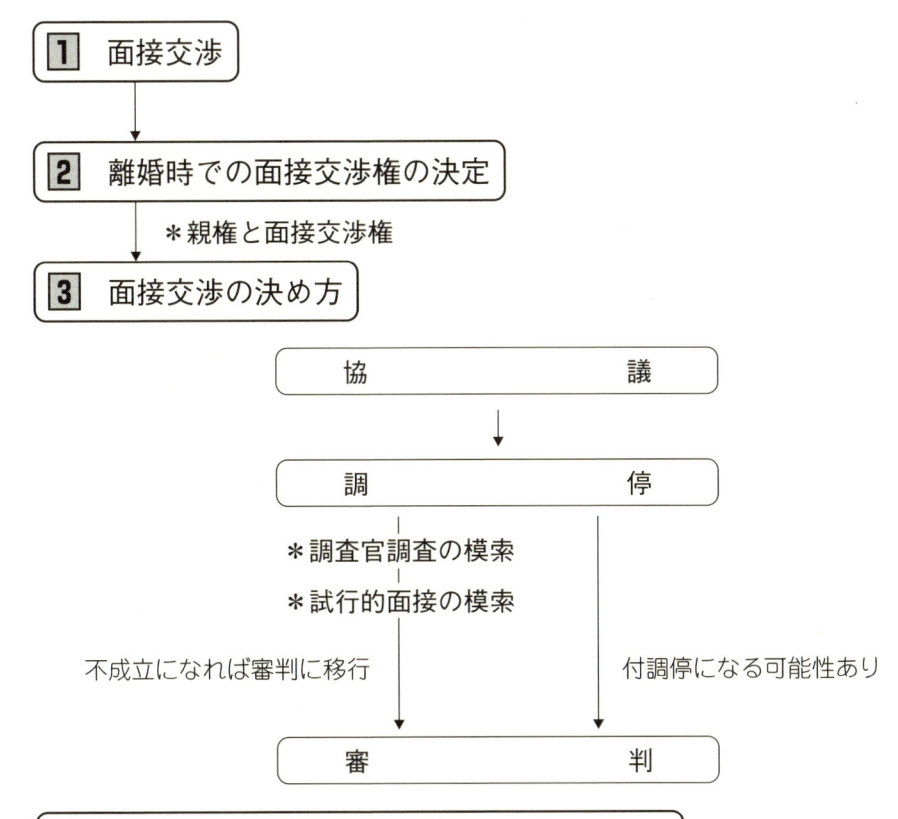

```
┌─────────────┐
│ 1  面接交渉  │
└─────────────┘
       ↓
┌──────────────────────────┐
│ 2  離婚時での面接交渉権の決定 │
└──────────────────────────┘
       ＊親権と面接交渉権
       ↓
┌──────────────────────┐
│ 3  面接交渉の決め方    │
└──────────────────────┘
```

```
           ┌────────────┐
           │  協    議   │
           └────────────┘
                 ↓
           ┌────────────┐
           │  調    停   │
           └────────────┘
         ＊調査官調査の模索
         ＊試行的面接の模索

不成立になれば審判に移行      付調停になる可能性あり
           ↓                          ↓
           ┌────────────┐
           │  審    判   │
           └────────────┘
```

┌──────────────────────────────────────┐
│ 4 主張・立証内容の具体的検討（特に審判） │
└──────────────────────────────────────┘

「子の福祉」に合致するか否か
↓

「子の福祉」に関係する要素の検討

① 子に関する要素の検討
② 監護親に関する要素の検討
③ 非監護親に関する要素の検討
④ 両親の関係に関する要素の検討
⑤ 子と非監護親の関係に関する要素の検討

1　面接交渉

　面接交渉権とは、父または母が子と面接し、もしくはそれ以外の方法で親子として交渉する権利をいいます。

　民法上明確に規定している条文はありませんが、面接交渉の要求は民法766条1項または2項によって取り上げられる正当な権利であり、審判事項（家審9①乙四）であることが認められています（最決昭59・7・6判時1131・79）。

　面接交渉権の法的性質については、諸説わかれますが、通説は、親権・監護権の一部であると考えています。もっとも、後記のとおり、面接交渉は「子の福祉」に合致しない場合には認められません。

2　離婚時での面接交渉権の決定

　離婚時に親権者は必ず決める必要がありますが（民819）、面接交渉については、必ずしも決める必要はありません。

　しかし、非親権者となる親（親権を相手に譲る親）においては、今後、親権者となる親と面接交渉について話し合う機会があるとは限らないので、離婚時に面接交渉についても決めておいた方がスムーズであると思われます。

　もっとも、日本では離婚後は単独親権となるため、親権をどちらに指定するかについての争いが激しくなる場合があり、面接交渉権がその条件闘争の中で決まってしまうこともあります。

　このような場合、子にとって有意義な面接交渉ができるとは限りませんし、また、現実的な履行の点も見落としがちになります。

　離婚時においては、条件面に目が行きがちではありますが、子の希望や現実的な履行が可能か否か等を十分に検討しておかないと、面接交渉がスムーズにいかないので、注意が必要です。

3 面接交渉の決め方

(1) 協議

まずは話合いで面接交渉の方法等について協議します。

(2) 調停

協議が調わない場合には、調停の利用が考えられます。

非監護親は、監護親（子）の住所地を管轄する家庭裁判所に、子の監護に関する処分（面接交渉）の家事調停を申し立てることになります（家審9①乙四）。

申立ての趣旨については、具体的な方法が決まらなくても、次の程度の記載で受け付けてもらうことができます。

『未成年者○○○○の養育監護に関し、申立人と未成年者が面接交渉する時期、方法などにつき調停を求めます。』

調停を成立させるにあたっては、面接交渉の方法が現実的に履行可能かどうかをよく検討する必要があります。

特に、間接的な面接交渉については、写真の送付だけではなく、手紙やプレゼントを受け取ることや、通知表の送付などを決める場合もあります。

【調停条項】（間接的面接交渉の例）
・写真の送付
　監護親は非監護親に対し、平成○年○月○日以後、毎月月末限り、未成年者の写真2葉（上半身が写っているもの1葉及び全身が写っているもの1葉）を送付する。
・通知表の送付
　監護親は非監護親に対し、年1回、4月末日限り、未成年者の通う学校の通知表の写し（当該送付の日から1年前までのもの）を送付する。
・手紙・贈り物の受領
　監護親は、非監護親が、1か月に1回、未成年者宛てに手紙を出すこと、未成年者の誕生日、クリスマス及び正月に未成年者に贈り物をすることを許し、非監護親からきた手紙、贈り物を未成年者に渡さなければならない。

アドバイス

○債務名義性が争われた事例

【調停条項－その1－】

「AはBに対し、Bが子Cと毎月2回面接することを認め、その方法、場所等については、Bにおいて良識にかなった面接方法を選択することができることとし、特に制限をしない。」

→間接強制の申立ては却下（高松高決平14・6・25家月55・4・66）

＊「認める」という文言によっては、給付条項と解せないというのが理由です。

一般的には、面接交渉の調停条項において、「面接することを認める」とすることが多いと思われます。しかし、債務名義を意識した場合には、望ましい記載ではないように思われます。

【調停条項－その2－】

「Aは、Bが子Cと毎月少なくとも2回面接することを認める。具体的な面接方法については以下のとおりとする。

(1) 面接は、毎月第2土曜日からその翌日の日曜日、及び第4土曜日からその翌日の日曜日に行うこと。

(2) Bは第2土曜日、第4土曜日の午前9時頃から午前10時頃までの間にAの住所において、AからCを引き取り、Bは、翌日の日曜日の午後5時台（大阪発の時間）の特急（スーパー白兎号）に乗ることができる時間帯に、AからCを引き取ることとする。

(3) 省略

(4) Bと子Cが面接交渉するにつき、その日時、場所、方法等で都合が悪いときには、子Cの意思を尊重し、かつ、その福祉を慎重に配慮して、その都度、当事者双方が事前に協議のうえ、前項の日時等を変更することとする。

→義務内容の特定はなされていると判断されています（大阪高決平14・1・15家月56・2・142）。

＊面接交渉の義務内容の特定を検討するにあたり、参考になる裁判例です。

◆調査官調査・試行的面接

① 調査官調査

審判に移行した後には調査官調査が行われることが多くありますが、調停の段階で調査官調査が行われるとは限りません。

しかし、子は面接交渉についてどのような意見を本当はもっているのか、子にとって悪影響を及ぼさない面接交渉はどのような形なのかについて、監護親・非監護親も

自信が持てないまま、話合いを続けている場合があります。

　このような場合、裁判所に対して、調停段階から家裁調査官の関与を積極的に求めることも有効だと思われます。

② 試行的面接

　面接交渉を決める前に、子がどのように非監護親と接するか、非監護親が子とどのように接するかを見極めるために、裁判所内において、試行として面接交渉を行うことがあります。

　監護親にとっては、実際の面接交渉において非監護親や子がどのような態度を取るかを確認できるので、うまくいった場合にはその後の面接交渉に対する安心となり、スムーズな面接交渉の調停の成立・履行が期待できるかもしれません。

　しかし、多くのケースでは、試行的面接は1度しか行われないため、一度の面接ではうまくいかなかった場合（例えば、子が非監護親に対して心を開くことができなかった場合など）に、その様子を見た監護親が、かえってその後の面接交渉に不安をもってしまうといったリスクもあります。

　試行的面接を行うか否かについては、十分に検討する必要があると思われます。

(3) 審　判

　調停が成立しない場合には、調停の申立ての時に審判の申立てがあったものとみなされます（家審26①）。

　審判においては、特に、面接交渉が認められるか否かという場面で判断の要素とされる内容（後述）につき、積極的に主張・立証していく必要があります。

　なお、最初から審判申立てを行うことも可能ですが、面接交渉の性質上、職権で調停に付されることも少なくありません（家審11）。

　したがって、特段の事情がない場合には、最初から調停を申し立てた方がよいと思われます。

4 主張・立証内容の具体的検討

(1) 面接交渉の基本的な考え方 ■■■■■■■■■■■■■■■

　面接交渉は非監護親の権利である以上、面接交渉が求められた際には、監護親はこれに協力しなければならないことになります。

　しかし、どの程度、どのように面接交渉に対して協力をしなければならないかについて、明文の規定はありません。最近、家庭裁判所の調停において家事調停委員が「1か月に1度は会わせなければならない」と発言することが多いように思いますが、このような明文の規定はありません。

(2) 「子の福祉」に合致するか否か ■■■■■■■■■■■■■

　裁判所においては「子の福祉に合致するか否か」という観点から、どの程度面接交渉が認められるかを決めています。

　もっとも、「子の福祉に合致するか否か」を基準としたとしても、これでは極めて抽象的な概念で基準が漠然としています。

(3) 「子の福祉」に関係する要素の検討 ■■■■■■■■■■■

　この点、裁判例では、「子の福祉」を判断する具体的な判断要素として、「子の意思、子の生活環境に及ぼす影響、親権者の意思、親権者の養育監護への影響」を考慮すべきである（長野家上田支審平11・11・11家月52・4・30、岐阜家大垣支審平8・3・18家月48・9・57）、「事実上の離婚状態に至った経緯、別居期間、別居後の相互の関係、子の年齢等」を考慮すべきである（東京高決平2・2・19家月42・8・57）、「未成年者の年齢、非監護親の離婚歴や監護親との別居・離婚に至った経緯、非監護親と監護親との間で離婚無効訴訟が係属中であることその他諸般の事情」を考慮すべきである（大阪家審平5・12・22家月47・4・45）等としています。

　過去の裁判例を参考にすると、以下の要素について十分な主張・立証が必要なところとなります。
① 子に関する要素
a　子は面接交渉に対してどのような意見を持っているか（子の意思）

子が15歳以上の場合には、子の意見は重要視されると思われます（家審規54参照）。しかし、子が15歳未満であっても、監護親の意見に影響を受けていることを考慮しても、自らの意見を述べていると判断される場合には、子の意見は重要視されているようです。

b　子が何歳か（子の年齢）

乳幼児の場合には親権者の積極的な関与（たとえば、子を連れて面接交渉に同伴するなど）が必要となったり、低年齢の子の場合、面接交渉によって出現した子の心身への影響をコントロールできない場合もあります。したがって、子が何歳かは重要な要素です。もっとも、後述のとおり、面接交渉は必ずしも直接的面接交渉に限られるわけではないので、子が慣れるまでの間、面接交渉の方法等を検討することで足りる場合もあると思われます。

逆に、年齢が高くなるほど、監護親の協力がなくとも単独で非監護親との面接交渉は可能となり、また、心身の成長により両親の離婚等に対する理解も可能となり、面接交渉によって子の心身に予想外の悪影響を与えるということも少なくなると考えられます。

したがって、年齢とともに心身も成長していると判断できる事例では、面接交渉は積極的に認められる方向にあると思われます（参照：横浜家審平8・4・30家月49・3・75。父母間の対立が激しい事例でしたが、小学校4年生の長女については面接交渉を認めず、中学校2年生の長男については面接交渉が認められました）。

面接交渉により、子の心身にどのような影響を及ぼすか（子の心身に及ぼす影響）
「子の福祉」が基準となっている以上、この要素は重要です。

ⓐ　子が3歳の事例

平成7年3月に協議離婚後、監護親（母）は非監護親（父）との面接交渉を実施してきたが、面接交渉をすると、その後、子がわがままになったり、泣きやすくなったという事例について、「本人（子）は未だ3歳と幼年であり、これまで母親である相手方から一時も離れることなく成育されてきたものであって、相手方（母）の手から離れ、異なった環境の中で、申立人（父）と時間を過ごすということは事件本人に少なからぬ不安感を与える」（下線筆者）として、面接交渉は認められませんでした（岐阜家大垣支審平8・3・18家月48・9・57）。

ⓑ　子が14歳の事例

子が両親の離婚離縁問題の影響で家庭内暴力・施設入所となった経過があり、現在でも不登校・精神科にて治療中である事例で、非監護親は養父母の監護方針に納得せず、面接交渉を通じてこれを是正しようとする意向が強い事例において、「面接交渉を

認容した場合、申立人（父）は相手方ら（養父母）の監護方針に干渉するおそれがあり、これによって、入院治療中の事件本人（子）が、申立人と相手方らとの間にあって、精神的に傷つけられて混乱するとともに、…」（下線筆者）などと判断して、面接交渉が認められませんでした（長野家上田支審平11・11・11家月52・4・30）。
　c　面接交渉は、子の生活環境にどのような影響を及ぼすか（子の生活環境に及ぼす影響）

　非監護親と子の居住地が遠方の場合など、面接交渉の方法いかんによっては（例えば、非監護親の居住地で面接を頻繁に実施する場合など）、子の生活環境自体に大きな影響を及ぼすことになるので、こうした影響も十分に検討する必要があります。
② 監護親に関する要素
　a　監護親は面接交渉に対してどのような意見を持っているか（監護親の意思）

　面接交渉が円滑に行われるためには、監護親が面接交渉にどのような意見を持ち、どのような態度で臨むかが重要です。

　特に、子が乳幼児の場合には、監護親の協力が不可欠であるため、十分に留意する必要があります。
・子が4歳の事例

　別居前後の経緯などにより、監護親が面接交渉に消極的である事例について、「幼齢の子（判決文では実名。以下同じ）を相手方（父）と面接させるには、現に子を監護している抗告人（母）が協力することが不可欠であるが、〔中略〕それを期待することは困難である。したがって〔中略〕その面接は子の精神的安定に多大の悪影響を及ぼすものとみるべきであり、〔中略〕現時点での面接は、〔中略〕許さないことを相当とする余地があ」（下線筆者）ると判断されています（東京高決平2・2・19家月42・8・57）。
　b　面接交渉をすることにより、監護親の子の養育監護にどのような影響を及ぼすか（監護親の養育監護への影響）

　面接交渉をすることにより、子の養育監護に悪影響が出ることになると、「子の福祉」に反することは明らかです。この要素についても十分検討する必要があるでしょう。
・子が14歳の事例

　子が両親の離婚離縁問題の影響で家庭内暴力・施設入所となった経過があり、現在でも不登校・精神科にて治療中である事例で、非監護親は養父母の監護方針に納得せず、面接交渉を通じてこれを是正しようとする意向が強い事例において、「面接交渉を認容した場合、申立人（父）は相手方ら（養父母）の監護方針に干渉するおそれがあり、これによって、入院治療中の事件本人（子）が申立人と相手方らとの間にあって、精神的に傷つけられて混乱するとともに、相手方らと事件本人の信頼関係に影響を及

ぼし、事件本人に対する適切な監護ができなくなるおそれがあるなど、事件本人の生活関係及び相手方らの養育監護に及ぼす悪影響は軽視しがたい」（下線筆者）ことなどを理由として、面接交渉が認められませんでした（前出の長野家上田支審平11・11・11家月52・4・30）。

c 監護親の生活状況はどのようか（監護親の生活状況）

③ 非監護親に関する要素

a 非監護親の生活状況はどのようか（非監護親の生活状況）

b 非監護親に、面接交渉をさせない方がよいと判断されるような問題点が存在するか（非監護親に問題がある場合）

　この点、非監護親に暴力（子に対する暴力・監護親に対する暴力）・酒乱・薬物使用や、ルール違反があった場合などが問題となります。

　実務では、非監護親に暴力その他重大な問題がある場合（しかも改善していない場合）には、直接的な面接交渉を認めない傾向にあると思われます。もっとも、面接交渉の方法を工夫すること（間接的面接交渉）などにより、限定的ながら認められている例もあります。

ⓐ　ＤＶの事例

　ＤＶ事例であるという理由だけで、面接交渉が認められないということではありません。しかし、当面の期間、間接的面接交渉にとどめる審判がなされることも多いように思います。

　もっとも、下記ⓒの事例においては、直接的な面接ばかりでなく、「間接的にも父との接触の機会を強いることは、母に大きな心理的負担を与え」るとして、間接的面接も認めなかったことは注目に値するでしょう。

ⓑ　子が2歳の事例

　非監護親の監護親に対する暴力により保護命令も発令されている事例ですが（ただし、非監護親は子の嫡出否認の申立ても行っている）、離婚訴訟中に申し立てられた面接交渉は認められませんでした（東京家審平14・10・31家月55・5・165）。

ⓒ　子が3歳の事例

　非監護親が監護親にふるった暴力をきっかけにして、監護親は家を出てカウンセラーの治療を受けているという事例ですが、監護親はＰＴＳＤと診断され、心理的にも手当てが必要な状況にあり、母子の生活を立て直すために努力している一方で、未だ非監護親において加害者としての自覚が乏しいことなどを挙げ、現時点での面接交渉を認めると、監護親に大きな心理的負担を与え、その結果、子の福祉を害するとして、面接交渉が認められませんでした（長野家上田支審平11・11・11家月52・4・30）。

ⓓ 子が7歳の事例

　同居中非監護親が監護親に対して骨折を伴うようなひどい暴力をふるっていた事例ですが、監護親は非監護親に強い恐怖心をいだき（なお、子は強い恐怖心ではないが、怖いという感情を抱いている）、非監護親はその恐怖心を和らげるような行動も取っておらず、面接交渉を認めると、子が再び両親の抗争に巻き込まれるなどと認定し、面接交渉が認められませんでした（横浜家審平14・1・16家月54・8・48）。

④ 両親の関係に関する要素

a　どのような経緯で、両親は別居・離婚に至ったのか（別居・離婚に至った経緯）

　別居・離婚の経緯が、現在の両親の関係や面接交渉に対する考え方などにも尾を引いている場合が少なくありません。面接交渉について、両親の意見の対立や反目が激しい理由を探るうえでも、そうした経緯は役に立つ情報です。

　特に、非監護親から監護親に対する暴力が別居・離婚の原因である場合など（いわゆるＤＶ事例）においては、別居・離婚後も、監護親が非監護親に対して強い恐怖感を抱いていることも多いので、注意すべきです。

b　別居または離婚後の現在、両親はどのような関係か（現在の両親の関係）

　別居・離婚の経緯が現在にまで尾を引いている場合もありますが、別居または離婚後に、意見の対立や反目が起こる場合もあります（例：面接交渉について決めたルールを守らなかったなどの場合）。

　そこで、過去の経緯だけでなく、現在の両親の心情等についても、検討をする必要があります。

⑤ 子と非監護親の関係に関する要素

a　同居中や離婚前に、子と非監護親はどのような関係であったか（同居中・離婚前の子と非監護親との関係）

　子と非監護親との従前の関係が良好な場合には、面接交渉をすることは「子の福祉」に合致すると判断される場合が多いと思われます。

b　別居または離婚後の現在、子と非監護親はどのような関係か（現在の子と非監護親との関係）

　子と非監護親との現在の関係が良好な場合には、面接交渉をすることは「子の福祉」に合致すると判断される場合が多いと思われます。

・子が8歳の事例

　イギリス在住の非監護親（父）と日本在住の子との間において、現在、手紙や贈り物など他の方法による接触が円滑に行われるようになっていることを踏まえて、「その様子をみるに、申立人（父）が事件本人（子）と直接面接するについては、〔中略〕こ

れが事件本人の心身の健全な成育に悪影響を及ぼすような不安定要素の存在は窺えない」として面接交渉が認められています（東京家審昭62・3・31家月39・6・58）。

◆離婚前の面接交渉

　離婚前においても、夫婦が別居中であれば、離婚後と同様の問題が生じます。

　実務では、離婚前の非監護親からの面接交渉の調停・審判申立てが認められています。最高裁判所においても「父母の婚姻中は、父母が共同して親権を行い、親権者は、子の監護及び教育をする権利を有し、義務を負うものであり（民818③・820）、婚姻関係が破綻して父母が別居状態にある場合であっても、子と同居していない親が子と面接交渉することは、子の監護の一内容であるということができる。そして、別居状態にある父母の間で右面接交渉につき協議が調わないとき、又は協議することができないときは、家庭裁判所は、民法766条を類推適用し、家事審判法9条1項乙類4号により、右面接交渉について相当な処分を命ずることができると解するのが相当である。（下線筆者）」（最決平12・5・1判タ1035・103）と判断しています。

　もっとも、離婚後と異なり、未だ夫婦関係に決着がついていないため、夫婦（父母）間の精神的葛藤や、それを慮る子らの心情に対する配慮は十分に考慮する必要があるでしょう。

◆親以外による面接交渉

　面接交渉権が行使される際には、親よりも祖父母が熱心なこともあります。

　上記のとおり面接交渉権を親権・監護権の一部と考えると、親以外には面接交渉権が認められないと考えられるでしょう。しかし、子の引渡し請求と関連して経過措置としてではありますが、子を養育してきた祖父母に面接交渉権が認められた裁判例もあります（東京高決昭52・12・9家月30・8・42）。

アドバイス

○面接交渉の実現

　調停または審判で認められた面接交渉が行われない場合、非監護親は、家事審判法15条の5の履行勧告により、面接交渉の実現を勧告してもらうことができます。

　また、調停または審判で認められた面接交渉の内容が現実にそぐわず、実現が難しくなってしまった場合には、子の監護に関する処分として、面接交渉に関し、再度調停を行うという方法もあります。

しかし、上記手段によっても、調停または審判で認められた面接交渉が行われない場合には、強制執行を検討せざるを得ないことになります。
　もっとも、面接交渉の履行は義務者（非監護親）自らが行わなければならないことから、その性質上、直接強制や代替執行になじむものではありません。したがって、強制執行をするとなれば、間接強制を試みることになります。
　判例・学説上でも、面接交渉の審判または調停が成立した場合、債務名義としての要件を備えていれば間接強制の方法によって強制できるとしています（田中実「面接交渉権」『現代家族法体系(2)』261頁以下（有斐閣、1980年））。間接強制における不履行の額については、公刊されている裁判例からは、不履行１回につき５万円程度であることが読み取れます（前掲高松高決平14・6・25原審）。もっとも、債務者が医師で資力があることが考慮されている事例では、不履行１回につき20万円の支払を認めているものもあります（神戸家裁平成14年８月12日決定）。
　審判の場合には、債務名義の観点で問題となることは少ないと思われますが、調停の場合には、条項の表現が債務名義としての要件を備えているかどうかを注意して確認することが必要です。
　また、ＤＶ事例など、監護親が非監護親に対する協力をすることが難しい場合などに、面接交渉の実現の援助を行う団体などもあります。
　たとえば、ＦＰＩＣ（正式名称：社団法人家庭問題情報センター）は、元家庭裁判所調査官を中心としたグループで、有料で面接交渉の援助を行っています。面接交渉の援助を求めるにあたっては、両親と子どもは原則各１回の面接による事前カウンセリングを受けます。そして、交流の際に守る基本ルールを確認して面接交渉への援助を申し込みます。面接交渉の援助としては、①面接交渉の日時、場所の連絡調整だけにとどめる場合のほか、②出会いの場所の提供や子の受け渡し、③面接交渉の際の付添があります。
　なお、監護親・非監護親ともに申し込む場合にのみ利用することができます。

第7 離婚時年金分割制度を利用する

＜フローチャート～離婚時年金分割＞

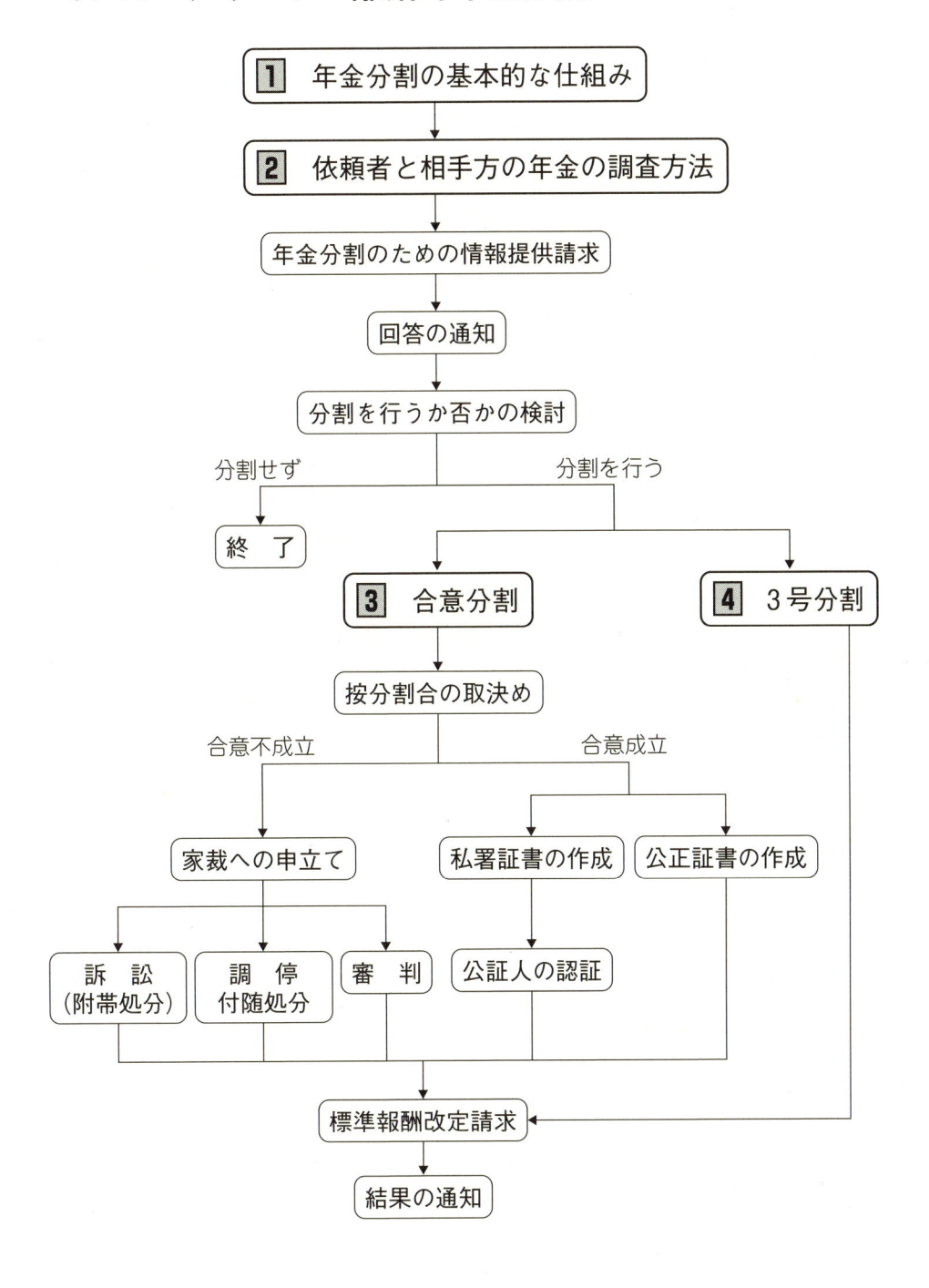

```
┌─────────────────────────────┐
│ 1  年金分割の基本的な仕組み │
└─────────────────────────────┘
             ↓
┌─────────────────────────────────┐
│ 2  依頼者と相手方の年金の調査方法 │
└─────────────────────────────────┘
             ↓
    ┌─────────────────────┐
    │ 年金分割のための情報提供請求 │
    └─────────────────────┘
             ↓
         ┌────────┐
         │ 回答の通知 │
         └────────┘
             ↓
      ┌──────────────┐
      │ 分割を行うか否かの検討 │
      └──────────────┘
     分割せず ↓      ↓ 分割を行う
      ┌────┐    ┌──────────┐    ┌──────────┐
      │ 終 了 │    │ 3  合意分割 │    │ 4  3号分割 │
      └────┘    └──────────┘    └──────────┘
                     ↓
              ┌──────────┐
              │ 按分割合の取決め │
              └──────────┘
           合意不成立 ↓     ↓ 合意成立
       ┌──────────┐    ┌──────────┐ ┌──────────┐
       │ 家裁への申立て │   │ 私署証書の作成 │ │ 公正証書の作成 │
       └──────────┘    └──────────┘ └──────────┘
         ↓    ↓   ↓           ↓
      ┌────┐┌────┐┌──┐    ┌────────┐
      │ 訴 訟 ││ 調 停 ││審 判│    │ 公証人の認証 │
      │(附帯処分)││付随処分││  │    └────────┘
      └────┘└────┘└──┘
                ↓
         ┌──────────┐
         │ 標準報酬改定請求 │←────
         └──────────┘
                ↓
            ┌────────┐
            │ 結果の通知 │
            └────────┘
```

1 年金分割の基本的な仕組み

> (1) 公的年金
> 　公的年金は３階建ての構造になっています。
> (2) 年金分割制度
> 　年金分割とは、公的年金のうち２階部分にあたる厚生年金あるいは共済年金の給付算定根拠となっている保険料納付実績を分割する制度です。
> (3) 年金分割制度の種類
> 　年金分割制度には、合意分割と３号分割の２つがあります。
> (4) 離婚時みなし被保険者期間
> 　年金分割を受けるためには、分割を受ける者自身が国民年金の受給資格を有していなければなりませんが、離婚時みなし被保険者期間は受給資格期間に算入されません。

(1) 公的年金

政府が保険者となり、国民が被保険者として実施している年金を公的年金といい、以下に述べる国民年金・厚生年金・共済年金などからなっています。

① 国民年金

日本国内に住所を有する20歳以上60歳未満の人を被保険者とし、基礎年金としてすべての国民が加入する年金です。**図表**（後掲参照）の１階部分にあたります。

② 厚生年金

厚生年金保険法６条から８条の３までに規定される「適用事業所」に使用される70歳未満の者を被保険者とする年金です。**図表**の２階部分にあたり、被保険者は国民年金と厚生年金保険の２つの年金制度に加入することになります。

③ 共済年金

国家公務員、地方公務員および私立学校教職員については、それぞれの共済組合によって厚生年金と同様の年金給付を行っています。共済年金も**図表**の２階部分にあたり、被保険者が国民年金と共済年金の２つの年金制度に加入することも厚生年金と同様です。

◆国民年金基金・厚生年金基金

国民年金や厚生年金に上乗せする年金であり、**図表**の3階部分にあたります。

① 国民年金基金

国民年金基金は、国民年金法の規定に基づく年金で、政府が保険者となって運営しています。国民年金にしか加入できない自営業者などが、年金額を増加させたい場合に任意で加入します。

② 厚生年金基金

厚生年金基金は、厚生年金の適用事業所が集まって、あるいは単独で従業員の年金を増加させるために設立されたものです。厚生年金保険法の規定に基づき、国が、老齢厚生年金給付の一部の掛金徴収、積立、給付の代行を行っています。

◆その他の年金制度

上記以外の年金制度としては確定給付企業年金、適格退職年金、確定拠出年金（企業型・個人型）等があり、いずれも**図表**の3階部分に当たります。

◆被保険者の種類

公的年金の被保険者は、国民年金法7条1項の規定に基づき以下のように分類されています。

① 第1号被保険者

20歳以上60歳未満の人であって、厚生年金または共済年金に加入しておらず、かつ厚生年金または共済年金の加入者に扶養されていない人が該当します。

② 第2号被保険者

厚生年金保険の被保険者、国家公務員共済組合・地方公務員共済組合の組合員、および日本私立学校振興・共済事業団年金の加入者が該当します。

③ 第3号被保険者

第2号被保険者の被扶養配偶者であって、20歳以上60歳未満の者をいいます。第2号被保険者の配偶者であっても、配偶者自身が自営業者として年間130万円以上の収入がある場合など被扶養配偶者ではない場合は、その配偶者は第3号被保険者ではなく、第1号被保険者になります。

図表　年金制度の体系

(数値は、注釈のない限り平成19年3月末)

［確定拠出年金 (企業型)］加入者数 264万人 H19.12.31　（職域加算部分）

共済年金　［加入員数 457万人］

［確定給付企業年金］加入者数 498万人 H20.1.1

適格退職年金　［加入者数 506万人］

厚生年金保険　加入員数 3,379万人（旧三共済、旧農林共済を含む）

厚生年金基金（代行部分）　［加入員数 525万人 H19.7.1］

確定拠出年金 (個人型)　［加入者数 9.0万人 H19.12.31］

国民年金基金　［加入員数 69万人］

国 民 年 金 （ 基 礎 年 金 ）

第3号被保険者　1,079万人　第2号被保険者の被扶養配偶者

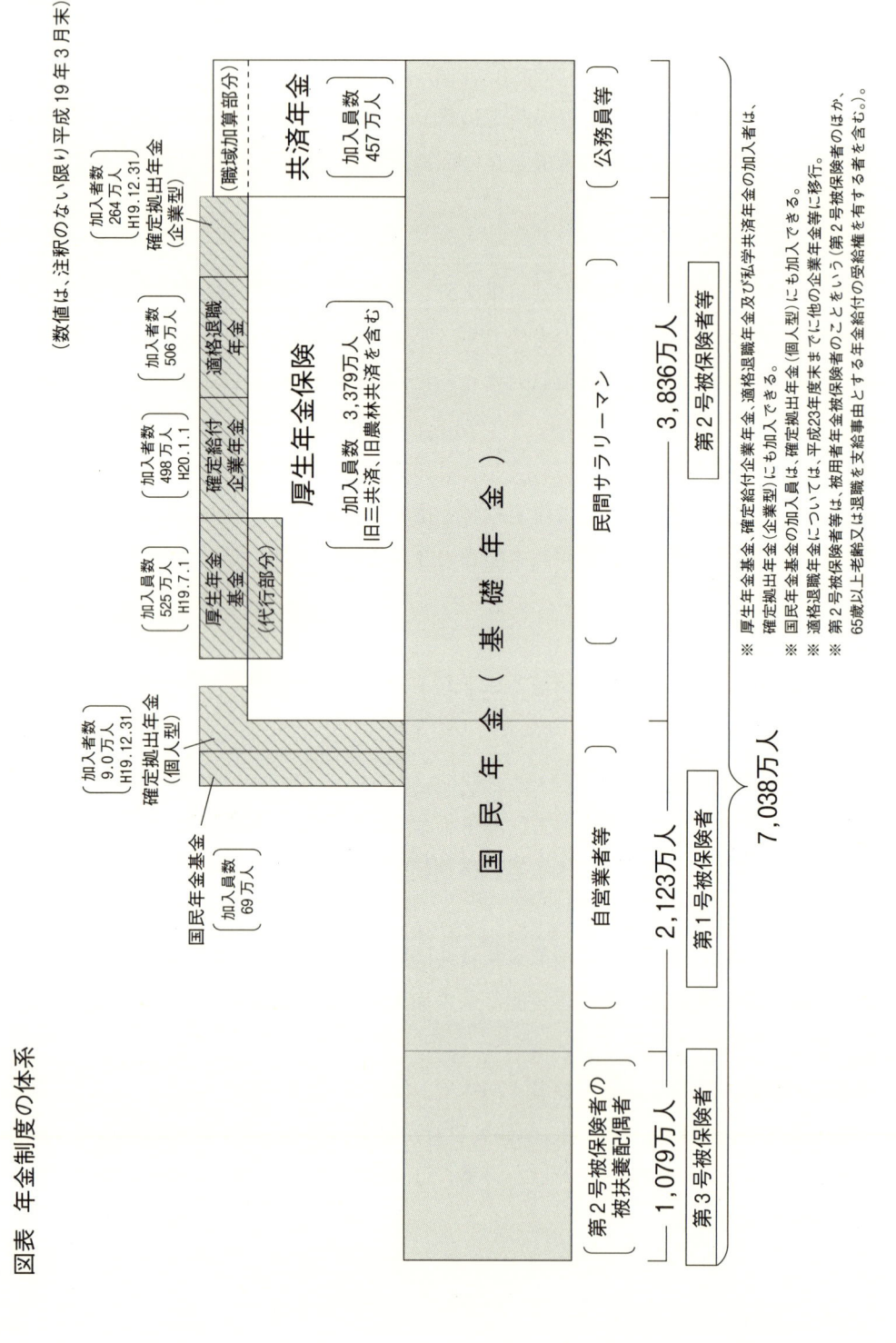

自営業者等　2,123万人　第1号被保険者

民間サラリーマン　3,836万人　第2号被保険者等

公務員等

7,038万人

※ 厚生年金基金、確定給付企業年金、適格退職年金及び私学共済年金の加入者は、確定拠出年金（企業型）にも加入できる。
※ 国民年金基金の加入員は、確定拠出年金（個人型）にも加入できる。
※ 適格退職年金については、平成23年度末までに他の企業年金等に移行。
※ 第2号被保険者等は、被用者年金被保険者のことをいう（第2号被保険者のほか、65歳以上老齢又は退職を支給事由とする年金給付の受給権を有する者を含む）。

(出典：厚生労働省年金局年金財政ＨＰより)

(2) 年金分割制度

◆年金分割制度創設の経緯

　中高年者の離婚件数の増加に伴って、夫婦双方の年金受給額に大きな格差が生じることがあります。すなわち、厚生年金保険の場合、老齢厚生年金等の保険給付（報酬比例部分）の額は、被保険者の標準報酬を基礎として算定されるため、夫婦が離婚した場合、就労期間がない、あるいは短期間である、賃金が低いなどの事情がある一方配偶者は、高齢期に十分な年金給付を受けられないという問題が生じました。

　他方、婚姻期間中における一方配偶者の労働に対する報酬の一部には他方配偶者の貢献が認められるため、その報酬の一部が保険料として納付される以上、納付額の一部にも他方配偶者の貢献を認めることができます。

　そこで、婚姻期間中に会社員である一方配偶者を支えた他方配偶者の貢献度を年金額に反映させるなどの趣旨から、平成16年、国民年金法等の一部を改正する法律の成立により、離婚時年金分割の制度が導入されました。

◆年金分割の意義

　年金分割は、公的年金のうち２階部分にあたる厚生年金保険および共済年金について、年金額を算出する基礎となっている保険料納付実績を分割し、分割を受けた者に保険事故が発生した場合（年金受給年齢に達した場合など）、分割後の保険料納付実績に基づいて算定された額の年金受給権が、当該分割を受けた者自身に発生するというものです。

　手続上は、離婚等がなされた場合に、夫婦であった者の一方の請求により、社会保険庁長官が当該離婚等について婚姻期間その他の厚生労働省令で定める対象期間に係る被保険者期間の標準報酬の改定等の処分を行う方法によってなされます。

◆分割対象となる年金

　離婚時年金分割制度で分割の対象となる年金は、厚生年金保険および共済年金（２階部分）であり、国民すべての基礎年金である国民年金（１階部分）は分割の対象とはなりません。

　また、厚生年金基金や国民年金基金等の３階部分も分割の対象とはなりません。これらについては財産分与の対象として処理することになります。

◆注意点

年金分割は、例えば専業主婦だった妻が離婚した場合、夫が受給する年金のうち最大で2分の1を受け取ることができる、すなわち夫が年間120万円の年金を受給している場合、妻は最大で60万円を現金で受け取ることができる制度であると誤解されていることもあるようです。

しかし、前述したように、年金分割とは保険料納付実績を分割する制度です。対象期間（婚姻期間等）に納付された保険料の一定割合を、分割を受ける者が納付したものとして記録を付け替え、付け替えが行われた後の納付記録を基にして分割を受けた者の給付金額が算定されるというものですから、上記のような単純な現金による分割ではないことに注意が必要です。

◆標準報酬

厚生年金保険や共済年金では、毎月の給与および賞与を基に保険料や年金額を計算しますが、各人の給与体系は様々であり、かつ変動するため、そのまま使用すると事務的に煩雑です。そこで、報酬月額・賞与額を一定の幅で区分して仮の報酬月額・賞与額を決めて計算の基礎としています。これを厚生年金保険法上、「標準報酬（標準報酬月額および標準賞与額）」といっています。

(3) 年金分割制度の種類

年金分割制度には、合意分割と3号分割の2種類があります。合意分割は平成19年4月から、3号分割は平成20年4月から始まりました。

◆合意分割

夫と妻が、分割することとその分割割合（これを「按分割合」といいます）について合意していれば、離婚時に限り、婚姻期間の保険料納付実績を按分割合の限度を最大2分の1として分割できるという制度です。夫婦の間で合意ができない場合は、夫婦の一方が裁判所に申立てをして、裁判所で按分割合を決定することもできます。

なお、合意分割は「2号分割」や「離婚分割」と呼ばれることもあります。

第7 離婚時年金分割制度を利用する 111

> ケーススタディ

Q いわゆる事実婚関係にあった者についても合意分割をすることができるか。

A 厚生年金保険法では、いわゆる事実婚について年金分割を一般に認めるのではなく、認められる場合を厚生労働省令で規定することとしています（厚年78の2①）。
　これを受けて厚生年金保険法施行規則第78条において、事実婚の関係にある者の一方が他方の配偶者として国民年金法7条1項3号に規定する第3号被保険者であった期間については離婚時年金分割の対象とする旨が定められています。

◆3号分割

　3号分割は、平成20年4月以降に、配偶者の一方が第3号被保険者であった期間（これを「特定期間」といいます）について、他方配偶者（第2号被保険者）の保険料納付実績の2分の1を自動的に分割できる制度です。
　合意分割と異なり、夫婦間で分割することや分割割合について合意する必要はなく、請求すれば当然に2分の1の割合で分割されます。

◆分割の当事者

　合意分割の当事者は、離婚時年金分割により対象期間に係る標準報酬月額および標準賞与額が増額改定される人（分割を受ける側の人）を「第2号改定者」、分割により標準報酬月額および標準賞与額が減額改定される人（分割する側の人）を「第1号改定者」といいます。
　他方、3号分割の場合、分割を受ける側の人を「被扶養配偶者」、分割する側の人を「特定被保険者」といいます。

(4) 離婚時みなし被保険者期間　■■■■■■■■■■■■■■■■■■

　離婚時年金分割制度に基づき標準報酬改定請求がなされた場合に、対象期間のうち第1号改定者の被保険者期間であっても、第2号改定者の被保険者期間でない期間がある場合、その期間については、第2号改定者についても「被保険者期間であった」ものとみなされます（厚年78の6③）。この期間を厚生年金保険法上、「離婚時みなし被保険者期間」といいます。

ただし、この期間は年金額の計算をする際、その計算の基礎となる期間には算入されますが、厚生年金保険の「被保険者であった期間」とみなされるわけではありません（後述のとおり、受給資格を判断するための期間には算入されません。）。

◆年金の受給資格期間

年金を受給するためには、原則として保険料納付済期間、保険料免除期間および合算対象期間の合計（受給資格期間）が25年以上であることを要します。

離婚時みなし保険者期間は、この受給資格期間には算入されないため、第2号改定者自身の受給資格期間が25年以上ない場合は受給資格が発生せず、離婚時に年金分割を行ったとしても年金はもらえません。

2 依頼者と相手方の年金の調査方法

離婚を検討するに際しては、離婚時年金分割を行うのか、行うとして按分割合をどのように定めるのかを判断するため、依頼者はもちろん、相手方の年金額がいくらであるのか、年金の加入状況はどのようになっているのか等の情報を収集することが重要です。

そこで、厚生年金保険法においては、夫婦であった者の双方または一方の請求により、社会保険庁長官が標準報酬改定請求を行うために必要な情報を提供する制度が設けられています（厚年78の4①）。同様に、国家公務員共済組合法および地方公務員等共済組合法においては各々の組合が、私立学校教職員共済法においては事業団が情報提供する制度が設けられています（国家公務員共済組合法93の7①、地方公務員等共済組合法107①、私立学校教職員共済法25）。

以下では、厚生年金保険の場合を例として、情報提供制度を説明します。

◆情報提供の請求ができる者

当事者の双方または一方から請求できます（厚年78の4①）。また、現に離婚しているか否かにかかわらず請求を行うことができます。

◆回答が通知される相手
① 当事者双方が共同で情報提供の請求を行った場合
　各当事者に回答が通知されます。
② 当事者の一方が単独で情報提供の請求を行った場合

・離婚前の請求

　情報提供の請求を行った者のみに回答が通知されます。
・婚姻関係が解消しているものと認められる場合

　当事者双方に回答が通知されます。

◆**提供される情報**

　情報提供請求を行った者に対しては、以下のような情報が提供されます（厚年78の4②、厚年規78の8）。

① 当事者（第1号改定者および第2号改定者）の氏名
② 各当事者の対象期間標準報酬総額
③ 按分割合の範囲
④ これらの算定の基礎となる期間（対象期間）
⑤ いわゆる事実婚が解消したと認められることをもって「離婚等」に該当する場合にあっては、いわゆる事実婚が解消したと認められる日
⑥ 50歳以上の人には、希望によって、年金分割を行わない場合、および50パーセントまたは希望する按分割割合で分割したときの年金額と年金を受けられる年齢

◆**情報提供時に提出する書類**

　情報提供請求は、以下の①の書類に、②以下の書類を添付して社会保険事務所等に提出することにより行います。

① 年金分割のための情報提供請求書【参考書式7】
② 情報提供請求当事者の年金手帳または国民年金手帳その他の基礎年金番号を明らかにすることができる書類
③ 当事者間の身分関係を明らかにすることができる市町村長の証明書または戸籍の謄本もしくは抄本

───── アドバイス ─────

○**事実婚関係にある場合**

　事実婚関係にある者であって、事実婚関係にある当事者の一方が当該当事者の他方の被扶養配偶者である第3号被保険者であった期間（以下「事実婚第3号被保険者期間」といいます）を有する者が情報提供請求を行う場合、上記の書類に加えて事実婚関係にあることを明らかにする書類、具体的には以下の書類を添付する必要があります。

住民票上同一世帯に属しているとき		世帯全員の住民票の写し
住民票上世帯を異にしているが、住所が住民票上同一であるとき		当事者双方の世帯全員の住民票の写し
		別世帯となっていることについての理由書
住民票上住所を異にしているとき	現に起居を共にし、かつ、消費生活上の家計を1つにしていると認められるとき	当事者双方の世帯全員の住民票の写し
		同居に関する申立書
		事実婚関係についての民生委員等第三者の証明書等
		別世帯となっていることについての理由書
	やむを得ない事情により住所が異なっているが、その事情が消滅したときは、起居を共にし、消費生活上の家計を1つにすると認められるとき	当事者双方の世帯全員の住民票の写し事実婚関係についての民生委員等第三者の証明書等
		別世帯となっていることについての理由書

　なお、事実婚関係をすでに解消している場合の添付する書類については別途通知されることとされており、また、平成19年3月31日までに事実婚関係を解消している場合には、情報提供請求できないことに留意する必要があります。

◆情報提供の請求期限

　以下に該当する場合、情報提供請求はできません（厚年78の4①、厚年規78の7）。
① すでに分割請求が行われた離婚等に係る情報提供の請求であるとき
② 以下の日から起算して2年を経過する日
・離婚が成立した日
・婚姻が取り消された日
・事実婚関係が解消したと認められた日
③ 情報提供を受けた日の翌日から起算して3か月を経過していない日
　ただし、按分割合に関する審判または調停の申立てをするのに必要な場合や付帯処分の申立てをするのに必要な場合等は除きます。

◆按分割合の有効期間

　「年金分割のための情報通知書」に記載される按分割合の範囲は、情報提供を受けた日から離婚が成立した日までの間が1年を超えない場合、分割請求時における按分割合の範囲として扱うことができます（厚年78の3②）。

　情報提供を受けた日が離婚成立時よりも後の場合は、原則として有効期間はありません。

3　合意分割

(1)　合意分割を行う手続

◆按分割合の取決め

　合意分割を行うためには、夫と妻の合意により按分割合の取決めを行い、公正証書等の按分割合を定めた書類を作成しなければなりません。

　書類の作成を要するのは、分割の請求を行う場合に添付することが要求されているためです（厚年78の2④）。具体的には、当事者が標準報酬の改定または決定の請求をすることおよび当該請求すべき按分割合について合意している旨が記載された公正証書の謄本もしくは抄録謄本または公証人の認証を受けた私署証書を添付します。

> **アドバイス**
>
> ○公正証書の作成
> 　公正証書を作成する場合、証書の内容にしようとする契約文書のほかに、その当事者を確認する資料が必要です。年金分割を定める場合の契約文書の文例や必要となる書類の詳細について各公証役場に事前に相談することにより、手続を円滑に進めることができます。

① 年金分割合意に関する条項の文例

・離婚合意と同時に年金分割合意をする場合

　「甲（第1号改定者）と乙（第2号改定者）は、本日、社会保険庁長官に対し対象期間に係る被保険者期間の標準報酬の改定又は決定の請求をすること及び請求すべき按分割合を0.5とする旨合意する。」

・離婚後に年金分割合意をする場合

「甲（第1号改定者）と乙（第2号改定者）は、本日、社会保険庁長官に対し婚姻期間に係る被保険者期間の標準報酬の改定又は決定の請求をすること及び請求すべき按分割合を0.5とする旨合意し、乙（または甲）は、速やかに、社会保険庁長官に対し、前記の請求をするものとする。」

② 手続に際して必要となる書類等

当事者本人が公証役場に行く場合

・当事者が個人の場合

下記aからdのいずれか

a　運転免許証と認印

b　パスポートと認印

c　住民基本台帳カード（顔写真付き）と認印

d　印鑑証明書と実印

・当事者が法人の場合

下記aまたはbのいずれか

a　代表者の資格証明書と代表者印およびその印鑑証明書

b　法人の登記事項証明書と代表者印およびその印鑑

・代理人が公証役場に行く場合

下記aからcのすべて

a　本人作成の委任状

委任状には本人の実印（法人の場合は代表者印）を押印し、契約内容が記載されていることが必要です。委任内容が別の書面に記載されているときは、その書面を添付して契印して下さい。白紙委任状は認められません。

b　本人の印鑑証明書

法人の場合は、代表者の資格証明書か法人の登記事項証明書を添えます。

c　代理人自身に関する下記の資料のうちのいずれか

　ⅰ　運転免許証と認印

　ⅱ　パスポートと認印

　ⅲ　住民基本台帳カード（顔写真付き）と認印

　ⅳ　印鑑証明書と実印

なお、印鑑証明書または商業登記簿謄本もしくは資格証明書が必要な場合には、これらの書類の作成後3か月以内のものに限ります。

◆当事者間の話合いができなかった場合

　当事者間の話合いによっては合意ができなかった場合や、話合い自体ができない場合は、家庭裁判所は、当事者の一方の申立てにより、対象期間における保険料納付に対する当事者の寄与の程度その他一切の事情を考慮して、その割合を定めることができるとされています（厚年78の2②）。

　家庭裁判所における手続としては、調停、審判、離婚訴訟があります。

① 調　停

　離婚が成立していない場合、夫婦関係調整（離婚）調停の付随申立てとして、同調停の中で按分割合を定めます。

　離婚が成立している場合は、按分割合を定める調停の申立てを行います【参考書式8】。

② 審　判

　離婚が成立したが年金分割についての合意ができていない場合に申し立てます【参考書式8】。また、按分割合の取決めは乙類審判事項であるため、調停を前置している場合は、調停不成立により審判手続に移行します。

	調　停	審　判
申立人	夫または妻であった者	同左
管轄	相手方の住所地の家庭裁判所または当事者が合意で定める裁判所（家審規129①）	相手方の住所地の家庭裁判所（特家審規17の6）
手数料	１件ごとに 収入印紙1,200円 郵便切手800円（80円×10） ※按分割合を定める年金種類ごとに１件となる。	左のほか 審判書の特別送達費用として郵便切手 　1,040円分×2 確定証明書送付費用として郵便切手500円
添付書類	年金分割のための情報通知書当事者が離婚したことが分かる戸籍謄本	同左

　※　上表の記載は東京家庭裁判所における運用を前提とした場合です。

> **アドバイス**
>
> ○按分割合の事後的な変更
> 　法令上、当事者の合意または家庭裁判所によって定められた分割の割合を事後的に変更することは予定されておらず、いったん分割された保険料納付実績を年金分割制度に基づいて再度分割することも予定されていません。これは、分割後に事情の変更があった場合や2年の請求期限の経過前である場合、あるいは詐欺や錯誤によって分割合意をした場合も同様です。
> 　したがって、按分割合を合意する場合には慎重に検討する必要があります。

③　離婚請求事件

離婚請求事件の附帯処分となり、独立の申立てとはなりません。

◆社会保険庁長官に対する標準報酬改定請求

　夫婦であった者の一方は、請求すべき按分割合を定める合意または裁判に基づき、社会保険庁長官に対して標準報酬改定請求を行います。実際には、所定の請求書【参考書式9】に必要事項を記載し、請求する側の現住所を管轄する社会保険事務所を経由して社会保険庁に提出します。

　また、この請求書には以下の書類を添付します。

①　年金手帳、国民年金手帳または基礎年金番号通知書
②　戸籍謄本もしくは抄本または住民票
③　按分割合を定めた以下の書類のいずれか

・公正証書等
・按分割合を定めた確定した審判の謄本または抄本
・按分割合を定めた調停についての調停調書の謄本または抄本
・按分割合を定めた確定した判決の謄本または抄本
・按分割合を定めた和解についての和解調書の謄本または抄本

> **アドバイス**
>
> ○請求書等の入手方法
> 　標準報酬改定の請求書や情報提供の請求書は、社会保険事務所において配布していますが、社会保険庁のホームページからダウンロードすることもできます。

◆請求期限

　標準報酬改定請求は、原則として、離婚等をした日の翌日から起算して2年以内に行わなければなりません（厚年78の2①）。

　ただし、以下の例外があり、これらの場合には、審判確定日等の翌日から起算して1か月を経過した日に至ったときが請求の期限となります（厚年規78の3②）。

① 離婚成立日等の翌日から起算して2年を経過した日前に分割割合に関する審判の申立てをした場合であって、本来の請求期限が経過した日以後に、または本来の請求期限を経過した日前1か月以内に、分割割合を定めた審判が確定したとき。

② 離婚成立日等の翌日から起算して2年を経過した日前に分割割合に関する調停の申立てをした場合であって、本来の請求期限が経過した日以後に、または本来の請求期限を経過した日前1か月以内に、分割割合を定めた調停が成立したとき。

③ 分割割合に関する附帯処分を求める申立てをした場合であって、本来の請求期限が経過した日以後に、または本来の請求期限を経過した日前1か月以内に、分割割合を定めた判決が確定したとき。

④ 分割割合に関する附帯処分を求める申立てをした場合であって、本来の請求期限が経過した日以後に、または本来の請求期限を経過した日前1か月以内に、分割割合を定めた和解が成立したとき。

◆結果の通知

　請求に基づいて社会保険庁長官が行った改定または決定した結果が、改定後の保険料納付記録として通知されます（厚年78の8）。

(2) 合意分割の按分割合

　按分割合は一定の範囲で自由に決めることができますが、上限は2分の1とされています（厚年78の3①・78の14③）。

　他方、下限は、分割前の第2号改定者の対象期間標準報酬総額を分割前の当事者双方の対象期間標準報酬総額の合計額で除した値となります。たとえば、分割前の第1号改定者の標準報酬総額が7,000万円、第2号改定者の標準報酬総額が3,000万円である場合、按分名割合の下限は3,000万÷（7,000万+3,000万）=0.3です。

　なお、この按分割合の上限および下限は「年金分割のための情報通知書」に記載されています。

4　3号分割

(1)　3号分割を行う手続

　3号分割を行う場合、当事者間の按分割合に関する合意は不要です。
　したがって、直ちに標準報酬額改定の請求を行う（厚年78の14）ことになりますが、この手続については厚生年金保険法78条の17において厚生労働省令で定めるとされています。平成20年4月1日施行の「厚生年金保険法施行規則等の一部を改正する省令」（平成20年3月26日厚生労働省令48号）により、次のような請求手続となりました。

◆請求書の提出
　必要事項を記載した所定の請求書を社会保険庁長官に提出します（厚年規78の19①）。書式は合意分割の請求書【参考書式9】と共通です。

◆請求書に添付する書類
　上記の請求をする際には、以下の書類の添付が必要です（厚年規78の19②）。
① 請求者の年金手帳または国民年金手帳その他の基礎年金番号を明らかにすることができる書類
② 離婚または婚姻の取消しの場合にあっては、特定被保険者および被扶養配偶者の身分関係を明らかにすることができる市町村長の証明または戸籍の謄本もしくは抄本
③ 事実上婚姻関係と同様の事情が解消した場合にあっては、当該事情にあった初日から当該事情が解消したと認められるときまでの間における当該事情にあったことを明らかにすることができる書類
④ 特定被保険者が行方不明となって3年が経過していると認められる場合（離婚の届出をしていない場合に限る）にあっては、3号分割標準報酬請求のあった日に特定被保険者が行方不明となって3年が経過していることを明らかにすることができる書類
⑤ 離婚の届出をしていないが、夫婦としての共同生活が営まれておらず、事実上離婚したと同様の事情にあると認められる場合であって、かつ、3号分割標準報酬改定請求をするにつき特定被保険者および被扶養配偶者がともに当該事情にあると認めている場合にあっては、3号分割標準報酬改定請求のあった日に、離婚の届出を

していないが、夫婦としての共同生活が営まれておらず、事実上離婚したと同様の事情にあることを明らかにすることができる書類および3号分割標準報酬改定請求をするにつき特定被保険者および被扶養配偶者がともに当該事情にあると認めている旨の書類（特定被保険者および被扶養配偶者の自署があるものに限ります。）
⑥　3号分割のあった日前1か月以内に作成された特定被保険者の生存を証明することができる書類
⑦　特定被保険者が死亡した場合にあっては、死亡者の死亡の事実および死亡年月日を証明することができる書類

◆請求期限
　合意分割と同様、原則として離婚等の翌日から起算して2年以内に請求を行わなければなりません（厚年78の14①ただし書、厚年規78の17①Ⅱ）。ただし、厚生年金保険法施行規則78条の17第2号および3号に例外が定められています。

アドバイス

○3号分割が請求できない場合
　3号分割については、上記の請求期限の徒過のほかに、3号分割の請求時において特定被保険者が障害厚生年金の受給権者であって、特定期間の全部または一部が当該障害厚生年金の額の計算の基礎となっている場合も請求できないという制限があります（厚年78の14①ただし書）。

---

(2) 3号分割の対象となる期間

◆特定期間
　3号分割の対象となる期間を特定期間といいます。
　特定期間は、特定被保険者が被保険者であった期間であり、かつ、その被扶養配偶者が第3号被保険者であった期間です（厚年78の14①）。
　ただし、以下の点には注意が必要です。
①　特定期間は、平成20年4月1日以後の期間に限られ、同年3月31日以前に特定被保険者の被扶養配偶者であって第3号被保険者であった期間があっても、これは期間に算入されません（国民年金法等の一部を改正する法律（平16法104）附則49）。

② 被扶養配偶者期間であっても第３号被保険者でない期間（20歳未満や60歳以上の期間）は特定期間に算入されません（国民年金法７③）。
③ 特定期間に係る被保険者期間については、被扶養配偶者にとっても被保険者期間であったものとみなされます（被扶養者みなし被保険者期間）（厚年78の14④）。

◆**合意分割と３号分割の関係**

平成20年４月１日以後、合意分割と３号分割の制度が併存することになりますが、両制度の関係は次のようになります。

① ３号分割の分割請求を行った場合

３号分割の請求のみがなされたものであり、平成20年４月１日以後の特定期間についてのみ年金分割が行われます。

② 平成20年３月31日以前の婚姻期間等対象期間を含めて合意分割の分割請求を行った場合

合意分割の請求と同時に３号分割の請求があったものとみなされます（厚年78の20①）。したがって、まず平成20年４月１日以後の特定期間について３号分割が行われ、その後平成20年３月31日以前の対象期間について合意分割が行われます。

なお、この場合、請求すべき按分割合について当事者の合意または家庭裁判所の決定が必要であることは前記と同様です。

第7　離婚時年金分割制度を利用する　　123

【参考書式7】年金分割のための情報提供請求書

④ 対象期間に含めない期間

1. 情報提供を受けようとする婚姻期間において、
   - ア. ①欄に記入した方が、「②欄に記入した方以外の方」の被扶養配偶者としての第3号被保険者であった期間がありますか。　　　　　　　　　　　　　　　　　（ はい ・ (いいえ) ）
   - イ. ①欄に記入した方が「②欄に記入した方以外の方」を被扶養配偶者とし、その方が第3号被保険者であった期間がありますか。　　　　　　　　　　　　　　　　　　　　（ はい ・ (いいえ) ）
   - ウ. 「ア」または「イ」について、「はい」を○で囲んだ場合は、その「②欄に記入した以外の方」の氏名、生年月日及び基礎年金番号を記入してください。

   | 氏名 (フリガナ) (氏) (名) | 生年月日 明治大正昭和平成 1 3 5 7　年　月　日 | 基礎年金番号 　　　　－　　　　 |

2. 情報提供を受けようとする婚姻期間において、
   - ア. ②欄に記入した方が、「①欄に記入した方以外の方」の被扶養配偶者としての第3号被保険者であった期間がありますか。　　　　　　　　　　　　　　　　　（ はい ・ (いいえ) ）
   - イ. ②欄に記入した方が「①欄に記入した方以外の方」を被扶養配偶者とし、その方が第3号被保険者であった期間がありますか。　　　　　　　　　　　　　　　　　　　　（ はい ・ (いいえ) ）
   - ウ. 「ア」または「イ」について、「はい」を○で囲んだ場合は、その「①欄に記入した以外の方」の氏名、生年月日及び基礎年金番号を記入してください。

   | 氏名 (フリガナ) (氏) (名) | 生年月日 明治大正昭和平成 1 3 5 7　年　月　日 | 基礎年金番号 　　　　－　　　　 |

⑤ 再請求理由

情報の提供を受けようとする婚姻期間等について、過去に、情報提供を受けたことがある方のみご記入ください。

1. 前回の請求から3か月を経過していますか。（ はい ・ いいえ ）
2. 「いいえ」を○で囲んだ場合は、再請求の理由について次のいずれか該当する項目に○をつけてください。
   - ア. 請求者（甲）または（乙）の被保険者の種別の変更があったため。
   - イ. 請求者（甲）または（乙）が養育期間に係る申出を行ったため。
   - ウ. 請求者（甲）が第3号被保険者に係る届出を行ったため。
   - エ. 按分割合を定めるための裁判手続に必要なため。
   - オ. その他（　　　）

⑥ 請求者（甲）の署名等

社会保険庁長官　殿

厚生年金保険法第78条の4の規定に基づき、標準報酬改定請求を行うために必要な情報の提供を請求します。なお、年金分割のための情報通知書については、（ ア. 社会保険事務所窓口での交付 ・ ④. 郵送による交付 ）を希望します。

平成 ○ 年 5 月 10 日

⑩氏　名　　甲川太郎　㊞　（※請求者（甲）が自ら署名する場合は、押印は不要です。）
電話番号　03（ 1234 ）5678
送付先住所　⑧郵便番号　　－　　　　⑨(フリガナ)　住所　市区町村　ウと同じ

⑦ 請求者（乙）の署名等

社会保険庁長官　殿

厚生年金保険法第78条の4の規定に基づき、標準報酬改定請求を行うために必要な情報の提供を請求します。なお、年金分割のための情報通知書については、（ ア. 社会保険事務所窓口での交付 ・ ④. 郵送による交付 ）を希望します。

平成 ○ 年 5 月 10 日

⑩氏　名　　甲川花子　㊞　（※請求者（乙）が自ら署名する場合は、押印は不要です。）
電話番号　（　　　）　別紙に記入
送付先住所　⑧郵便番号　　－　　　　⑨(フリガナ)　住所　市区町村　別紙に記入

⑧ ◆対象期間

職員が記入するため、請求者は記入不要です。

⑪ 大・昭・平 3・5・7　年　月　日	昭・平 5・7　年　月　日	昭・平 5・7　年　月　日	⑭ 昭・平 5・7　年　月　日	昭・平 5・7　年　月　日
⑫ 昭・平 5・7　年　月　日	昭・平 5・7　年　月　日	⑮ 昭・平 5・7　年　月　日		
⑬ 昭・平 5・7　年　月　日	昭・平 5・7　年　月　日	⑯ 昭・平 5・7　年　月　日		

9 請求者（甲）の婚姻期間等に係る資格記録

※ 欄外の注意事項を確認のうえ、できるだけ詳しく、正確に記入してください。

	事業所（船舶所有者）の名称および船員であったときはその船舶名（国民年金に加入していた場合は国民年金と記入して下さい。）	事業所（船舶所有者）の所在地または国民年金加入時の住所	勤務期間または国民年金の加入期間	加入していた年金制度の種類（○で囲んでください）	備考
1	㈱日本商事	台東区○○5-10-2	○.4.1から 継続中 ~~まで~~	1 国民年金 ②厚生年金保険 3 厚生年金保険(船員) 4 共済組合等	上野 にわい
2			. . から . . まで	1 国民年金 2 厚生年金保険 3 厚生年金保険(船員) 4 共済組合等	
3			. . から . . まで	1 国民年金 2 厚生年金保険 3 厚生年金保険(船員) 4 共済組合等	
4			. . から . . まで	1 国民年金 2 厚生年金保険 3 厚生年金保険(船員) 4 共済組合等	
5			. . から . . まで	1 国民年金 2 厚生年金保険 3 厚生年金保険(船員) 4 共済組合等	
6			. . から . . まで	1 国民年金 2 厚生年金保険 3 厚生年金保険(船員) 4 共済組合等	
7			. . から . . まで	1 国民年金 2 厚生年金保険 3 厚生年金保険(船員) 4 共済組合等	
備考欄					

(注1) 本請求書を提出する日において、厚生年金保険の被保険者である状態が続いている場合には、勤務期間欄は「○○．○○．○○から、継続中」と記入してください。
(注2) 記入欄が足りない場合には、備考欄に記入してください。
(注3) 加入していた年金制度が農林共済組合の場合、事業所名称欄には「農林漁業団等の名称」を、事業所所在地欄には「農林漁業団体等の住所地」を記入してください。
(注4) 米軍等の施設関係に勤めていたことがある方は、事業所名称欄に部隊名、施設名、職種をできるかぎり記入してください。

個人で保険料を納める第四種被保険者、船員保険の年金任意継続被保険者となったことがありますか。	1 はい・②いいえ
「はい」と答えたときは、その保険料を納めた社会保険事務局、社会保険事務所または社会保険事務所の事務所の名称を記入してください。	
その保険料を納めた期間を記入してください。	昭和・平成 年 月 日から昭和・平成 年 月 日
第四種被保険者(船員年金任意継続被保険者)の整理記号番号を記入してください。	記号 　　　　番号

10 請求者（甲）の年金見込額照会

50歳以上の方又は障害厚生年金の支給を受けている方で希望される方に対しては、年金分割をした場合の年金見込額をお知らせします。該当する項目に○をつけてください。
1．年金見込額照会を希望しますか。 （ 希望する ・ 希望しない ）
2．「希望する」を○で囲んだ場合は、希望する年金の種類と按分割合（上限50％）を記入してください。
 ア．希望する年金の種類 （ 老齢厚生年金 ・ 障害厚生年金 ）
 イ．希望する按分割合 （ 　　 ％ ）

11 請求者（乙）または配偶者の婚姻期間等に係る資格記録

※ 欄外の注意事項を確認のうえ、できるだけ詳しく、正確に記入してください。

	事業所（船舶所有者）の名称および船員であったときはその船舶名（国民年金に加入していた場合は国民年金と記入して下さい。）	事業所（船舶所有者）の所在地または国民年金加入時の住所	勤務期間または国民年金の加入期間	加入していた年金制度の種類（○で囲んでください）	備考
1	㈱日本商事	台東区○○5-10-2	○.4.1から ○.9.30まで	1 国民年金 ②厚生年金保険 3 厚生年金保険(船員) 4 共済組合等	上野にわい
2			..から ..まで	1 国民年金 2 厚生年金保険 3 厚生年金保険(船員) 4 共済組合等	
3			..から ..まで	1 国民年金 2 厚生年金保険 3 厚生年金保険(船員) 4 共済組合等	
4			..から ..まで	1 国民年金 2 厚生年金保険 3 厚生年金保険(船員) 4 共済組合等	
5			..から ..まで	1 国民年金 2 厚生年金保険 3 厚生年金保険(船員) 4 共済組合等	
6			..から ..まで	1 国民年金 2 厚生年金保険 3 厚生年金保険(船員) 4 共済組合等	
配偶者の住所歴	..から..まで				
	..から..まで				
	..から..まで				
	..から..まで				

(注1) 本請求書を提出する日において、厚生年金保険の被保険者である状態が続いている場合には、勤務期間欄は「○○.○○.○○から、継続中」と記入してください。
(注2) 記入欄が足りない場合には、備考欄に記入してください。
(注3) 加入していた年金制度が農林共済組合の場合、事業所名称欄には「農林漁業団体等の名称」を、事業所所在地欄には「農林漁業団体等の所在地」を記入してください。
(注4) 米軍等の施設関係に勤めていたことがある方は、事業所名称欄に部隊名、施設名、職種をできるかぎり記入してください。
(注5) 当事者の一方のみによる請求の場合であって、現住所が不明な場合は「⑦住所」に不明と記入し、「配偶者の住所歴」に住所をわかる範囲で記入してください。

個人で保険料を納める第四種被保険者、船員保険の年金任意継続被保険者となったことがありますか。	1 はい・②いいえ
「はい」と答えたときは、その保険料を納めた社会保険事務所、社会保険事務所または社会保険事務局の事務所の名称を記入してください。	
その保険料を納めた期間を記入してください。	昭和・平成 年 月 日から昭和・平成 年 月 日
第四種被保険者(船員年金任意継続被保険者)の整理記号番号を記入してください。	記号 番号

12 請求者（乙）の年金見込額照会

５０歳以上の方又は障害厚生年金の支給を受けている方で希望される方に対しては、年金分割をした場合の年金見込額をお知らせします。該当するものに○をつけてください。
1. 年金見込額照会を希望しますか。　（　希望する　・　希望しない　）
2. 「希望する」を○で囲んだ場合は、希望する年金の種類と按分割合（上限５０％）を記入してください。
　　ア．希望する年金の種類　（　老齢厚生年金　・　障害厚生年金　）
　　イ．希望する按分割合　　（　□□　％　）

第7　離婚時年金分割制度を利用する　127

> 別　紙

年金分割のための情報提供の請求書の記入方法等について

請求書の記入方法等について

1．「①　請求者(甲)」欄について
　　「⑦氏名」及び「⑦住所」のフリガナは、カタカナで記入してください。「住所コード」は記入不要です。
　(1) 当事者の二人が共同で請求する場合
　　　その一方について「①　請求者(甲)」欄に記入し、他方については「②　請求者(乙)」欄に記入してください。
　(2) 当事者のうち、お一人で請求する場合
　　　請求者自身について記入してください。

2．「②　請求者(乙)または配偶者」欄について
　　「㊅氏名」及び「㊛住所」のフリガナは、カタカナで記入してください。「住所コード」は記入不要です。
　(1) 当事者の二人が共同で請求する場合
　　　当事者の二人のうち、「①　請求者(甲)」欄に記入した方以外の方について記入してください。
　(2) 当事者のうち、お一人で請求する場合
　　　配偶者(離婚等をした後の請求の場合は元配偶者。以下同じ。)について記入してください。配偶者の基礎年金番号が不明の場合は、「③基礎年金番号」欄は「不明」と記入し、また、配偶者の現住所が不明の場合は、「㊛住所」欄は「不明」と記入してください。

3．「③　婚姻期間等」欄について
　■「1」欄は、情報の提供を受けようとする婚姻期間等について、該当する項目を○で囲み、それぞれの項目に応じて定められた欄を記入してください。
　■「2」欄は、情報提供を受けようとする婚姻期間等が**「法律婚期間(婚姻の届出をした期間をいう。以下同じ。)のみ」**の方が記入してください。「⑥婚姻した日」は、戸籍謄(抄)本に記載されている「婚姻の届出年月日」を記入し、「⑦離婚した日、または婚姻が取り消された日」は、戸籍謄(抄)本の「離婚の届出年月日」等を記入してください。現に、その法律婚期間が継続している場合、⑦欄の記入は不要です。
　■「3」欄は、情報提供を受けようとする婚姻期間等が**「事実婚期間(婚姻の届出をしていないが事実上婚姻関係と同様の事情にあった期間をいう。以下同じ。)のみ」**の方が記入してください。「⑥事実婚第3号被保険者期間の初日」は、その事実婚期間のうち、夫(又は妻)が、妻(又は夫)の被扶養配偶者として第3号被保険者であった期間(当該期間が複数ある場合には、もっとも古い期間)の初日を記入し、「⑦事実婚関係が解消したと認められる日」は、「事実婚関係を解消した日」を記入してください。なお、今回の情報提供の請求が再請求の場合であって、過去に交付された「年金分割のための情報通知書」の「婚姻期間等」欄に記載されている期間の終日が「事実婚関係が解消したと認められる日」であるときは、その日を記入してください。現に、その事実婚期間が継続している場合は、⑦欄の記入は不要です。
　■「4」欄は、情報提供を受けようとする婚姻期間等が**「事実婚期間から引き続く法律婚期間」**の方が記入してください。「⑥事実婚第3号被保険者期間の初日」は、その事実婚期間のうち、夫(又は妻)が妻(又は夫)の被扶養配偶者として第3号被保険者であった期間(当該期間が複数ある場合には、もっとも古い期間)の初日を記入してください。「⑥婚姻した日」と「⑦離婚した日、または婚姻が取り消された日」は、上記の「2」欄の記入方法をご参照のうえ、記入してください。
　■「5」欄は、**「事実婚期間」**を有する方が記入してください。事実婚期間のうち、夫(又は妻)が妻(又

は夫)の被扶養配偶者として第3号被保険者であった期間を記入してください。記入欄が足りない場合は、枠外に「別紙に続く」と記入のうえ、別紙(様式は問いません)にその続きを記入してください。ご自身の第3号被保険者であった期間が分からない場合は、社会保険事務所で記録を確認することができますので、社会保険事務所の窓口等でお尋ねください。

4.「4 対象期間に含めない期間」欄について

「1欄と2欄に記載した二人」の情報提供を受けようとする婚姻期間が、次の①又は②に掲げるいずれかの期間と重複する場合、その「婚姻期間から①及び②の期間と重複する期間を除いた期間」が年金分割の対象期間となり、当該期間に基づき情報を提供することになります。

①「1欄と2欄に記載した二人」以外の者(以下「第三者」という。)が、その二人のどちらか一方の被扶養配偶者として第三号被保険者であった期間

②「1欄と2欄に記載した二人」のうち、そのどちらか一方が、第三者の被扶養配偶者として第3号被保険者であった期間

■このような場合は、第三者に係る記録を特定する必要があり、4欄「1」又は「2」について、「はい」を○で囲んだ場合、当該第三者の氏名(必ずフリガナも記入してください。)、生年月日及び基礎年金番号を記入してください。

■「1欄と2欄に記載した二人」の間で年金分割を行った後に、①又は②に該当する第三者がいることが明らかになった場合は、年金分割が無効となることがありますので、ご留意ください。

■**当事者の二人が共同で請求する場合、4欄「1」又は「2」に関する回答について、便せん等、別紙に氏名等と併せて記入し、請求書に添えて提出することができます。この場合は、請求書の該当する欄に「別紙に記入」と記入してください。**

5.「5 再請求理由」欄について

今回の情報提供の請求が再請求である場合にのみ記入してください。情報提供の再請求は、前回の情報を受けた日の翌日から起算して3か月を経過している場合に限り、行うことができます。ただし、次のいずれかに該当する場合は、3か月を経過していない場合でも情報提供の再請求を行うことができます。

①国民年金法に規定する被保険者の種別の変更があった場合

②3歳未満の子を養育する厚生年金の被保険者等から標準報酬月額の特例(いわゆる養育特例)に係る申出が行われた場合

③第3号被保険者となったことに関する届出又は第3号被保険者に関する種別確認の届出が行われた場合

④按分割合を定めるための裁判手続に必要な場合

6.「6 請求者(甲)の署名等」欄について

「1 請求者(甲)」欄に記載されている方について記入してください。

■請求者(甲)が自ら署名する場合は、押印は不要です。

■「年金分割のための情報通知書」について、社会保険事務所の窓口での受け取りを希望される場合は「ア」を○で囲んでください。郵送を希望される場合は「イ」を○で囲み、「送付先住所」欄を記入してください。送付先住所が「1 請求者(甲)」欄「⑦住所」と同じ場合は、「⑦住所と同じ」と記入してください。

■**当事者の二人が共同で請求する場合に、「電話番号」や「送付先住所」について、相手方に知られたくないときは、該当する欄に「別紙に記入」と記入のうえ、便せん等、別紙に氏名と併せて記入し、封筒等に入れて提出してください。**

第7　離婚時年金分割制度を利用する　　129

7．「⑦　請求者(乙)の署名等」欄について
　(1) 当事者の二人が共同で請求する場合
　　　　「②　請求者(乙)」欄に記載されている方について記入してください。
　　　■請求者(乙)が自ら署名する場合は、押印は不要です。
　　　■「年金分割のための情報通知書」について、社会保険事務所の窓口での受け取りを希望される場合は「ア」を○で囲んでください。郵送を希望される場合は「イ」を○で囲み、「送付先住所」欄を記入してください。送付先住所が「②　請求者(乙)」欄「⑰住所」と同じ場合は、「⑰住所と同じ」と記入してください。
　　　■「電話番号」や「送付先住所」について、相手方に知られたくないときは、該当する欄に「別紙に記入」と記入のうえ、便せん等、別紙に氏名と併せて記入し、封筒等に入れて提出してください。
　(2) 当事者のうち、お一人で請求する場合
　　　　この欄の記入は必要ありません。

8．「⑧　対象期間」欄について
　　　　この欄の記入は必要ありません。

9．「⑨　請求者(甲)の婚姻期間等に係る資格記録」欄及び「⑪　請求者(乙)または配偶者の婚姻期間等に係る資格記録」欄について
　(1) 当事者の二人が共同で請求する場合
　　　　それぞれ婚姻期間等に係る資格記録について、できるだけ詳しく正確に記入してください。なお、「⑪　配偶者の住所歴」欄の記入は不要です。
　(2) 当事者のうち、お一人で請求する場合
　　　　「⑨」欄は、請求者について記入してください。「⑪」欄は、配偶者についてできるだけ詳しく記入してください。なお、ご記入いただいた内容により配偶者に係る記録が特定することができない場合は、情報を提供することができないときがありますのでご承知おきください。

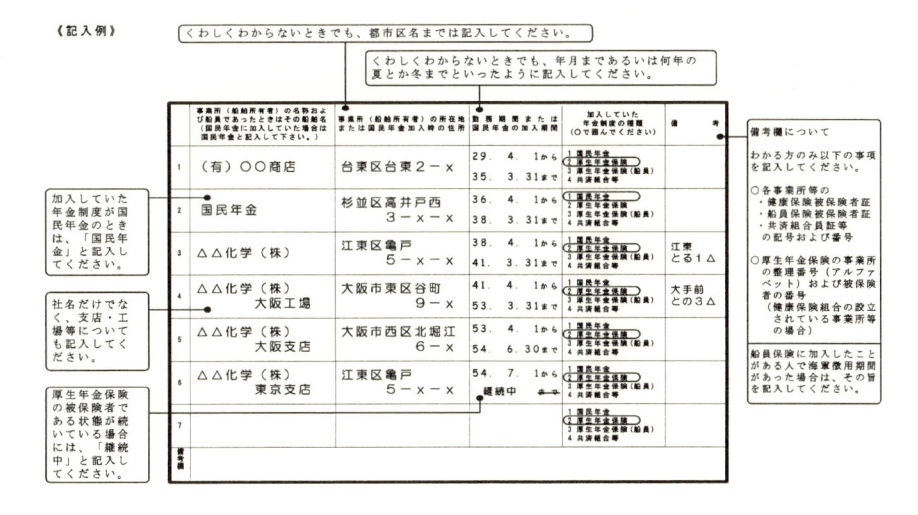

10. 「10 請求者(甲)の年金見込額照会」及び「12 請求者(乙)の年金見込額照会」欄について

「年金分割のための情報通知書」のほかに、次に掲げる方が希望される場合は、年金分割をした場合の年金の見込額をお知らせします。
・５０歳以上の方については、分割をした場合の老齢厚生年金の見込額
・障害厚生年金を受給している方については、分割をした場合の障害厚生年金の見込額

■具体的には、按分割合を５０％(按分割合の範囲の上限)として年金分割をした場合の年金見込額と、年金分割をしなかった場合の年金見込額をそれぞれ試算しお知らせします。また、按分割合の範囲内で希望される按分割合に基づき試算することもできます。
■年金見込額のお知らせは、希望された方のみに対してお知らせし、その内容は、当事者の他方に対してお知らせしません。
■当事者のうち、お一人で請求する場合は、「12 請求者(乙)の年金見込額照会」欄の記入は不要です。

請求書に添えなければならない書類

1. 請求者の年金手帳、国民年金手帳又は基礎年金番号通知書
2. 1欄に記入した方と2欄に記入した方の身分関係(婚姻期間等)を明らかにできる戸籍の謄本、当事者それぞれの戸籍の抄本、戸籍の全部事項証明書又は当事者それぞれの戸籍の個人事項証明書(住民票の写しにより代えることはできません。)
(注) 事実婚関係にあった期間を有する方は、これらに加え、事実婚関係を明らかにする書類が必要となりますので、詳細については社会保険事務所にお問い合わせ下さい。

請求書の提出先など

1. 請求書は、原則として、請求者の住所地を管轄する社会保険事務所へ提出してください。
2. お問い合わせについては、全国の社会保険事務所及び年金相談センターで承っております。
3. 社会保険事務所の所在地及び電話番号は、社会保険庁ホームページ(http://www.sia.go.jp/)に掲載しています。

留意事項について

1. 情報提供については、「年金分割のための情報通知書」を交付することになりますが、請求方法や請求時期によって、次のようになっています。
   (1) 当事者の二人が共同で請求した場合は、それぞれに「年金分割のための情報通知書」を交付します。
   (2) 当事者のうち、お一人で請求した場合、
   ・離婚等をしているときは、請求者と請求をしていない相手方にも「年金分割のための情報通知書」を交付します。
   ・離婚等をしていないときは、請求者のみに「年金分割のための情報通知書」を交付します。
2. 年金分割の請求は、原則、次に掲げる日の翌日から起算して２年を経過した場合には行うことができません。
   (1) 離婚が成立した日
   (2) 婚姻が取り消された日
   (3) 事実婚関係が解消したと認められる日(事実婚期間から引き続く法律婚期間を有する場合を除く)
   ただし、裁判手続により按分割合が定められたときに、既に２年を経過していた場合等については、請求期限の特例があります。
3. 当事者の一方がお亡くなりになっている場合、情報提供の請求はできません。

【参考書式8】請求すべき按分割合審判申立書

受付印	家事 審判/調停 申立書　事件名（請求すべき按分割合）
収入印紙　　　円 予納郵便切手　　円	この欄に収入印紙をはる。 （1件について乙類審判　　1,200円 　　　　　　　　調　停　　1,200円 　　　　　　確定証明書（審判の場合）150円） （はった印紙に押印しないでください。）

準口頭	関連事件番号　平成　　年（家　）第　　　号

○○家庭裁判所 平成　○年　○月　○日 御中	申立人（又は法定代理人など）の署名押印又は記名押印	東京都○○区○○町○丁目○番○号 甲野法律事務所 tel　03（○○○○）○○○○ 申立人代理人弁護士　甲野太郎　㊞

添付書類	年金分割のための情報通知書　1通

<table>
<tr><td rowspan="5">申立人</td><td>本籍</td><td colspan="2">○○都道府県○○市○○町1丁目2番3号</td></tr>
<tr><td>住所</td><td>〒○○○-○○○○
東京都○○区○○町7丁目8番9号</td><td>電話　03（○○○○）○○○○
（　　　　　　　方）</td></tr>
<tr><td>連絡先</td><td>〒　　－</td><td>電話　　（　　）
（　　　　　　　方）</td></tr>
<tr><td>フリガナ
氏名</td><td>ヘイダ　ハナコ
丙田　花子</td><td>大正
昭和　○年　○月　○日生
平成</td></tr>
<tr><td>職業</td><td colspan="2">会社員</td></tr>
<tr><td rowspan="5">相手方</td><td>本籍</td><td colspan="2">○○都道府県○○市○○町4丁目5番6号</td></tr>
<tr><td>住所</td><td>〒○○○-○○○○
○○県○○市○○町3丁目2番1号</td><td>電話　×××（×××）××××
（　　　　　　　方）</td></tr>
<tr><td>連絡先</td><td>〒　　－</td><td>電話　　（　　）
（　　　　　　　方）</td></tr>
<tr><td>フリガナ
氏名</td><td>オツカワ　ジロウ
乙川　次郎</td><td>大正
昭和　×年　×月　×日生
平成</td></tr>
<tr><td>職業</td><td colspan="2">会社員</td></tr>
</table>

（注）太枠の中だけ記入してください。

年金（1／2）

第2章 離婚の際に検討すべき事項

申　立　て　の　趣　旨
申立人と相手方との間の別紙　　1　　記載の情報に係る年金分割について請求すべき按分割合を、☑（　0.5　）と定める。☐

申　立　て　の　実　情
申立人と相手方は、共同して婚姻生活を営み夫婦として生活していましたが☑離婚／☐事実婚 関係を解消しました。
申立人と相手方との間の ☑離婚成立日／☐事実婚関係が解消したと認められる日、離婚時年金分割制度に係る第一号改定者及び第二号改定者の別、対象期間及び按分割合の範囲は、別紙　　1　　のとおりです。
よって、申立人の趣旨のとおりの ☑審判／☐調停 を求めます。
（上記のほか、手続を進めるにあたって参考となる事情があれば、分かりやすく簡潔に書いてください。）

審　判　確　定　証　明　申　請　書
本件に係る請求すべき按分割合を定める審判が確定したことを証明してください。 　　　平成　○年　○月　○日 　　　　申請人　申立人代理人弁護士 　　　　　　　　甲　野　太　郎　　㊞

（注）太枠の中だけ記入してください。☐の部分は、該当するものにチェックしてください。

上記確定証明書を受領した。 平成　　年　　月　　日 　　申請人　　　　　　㊞	上記確定証明書を郵送した。 平成　　年　　月　　日 　　裁判所書記官　　　㊞

年金（2／2）

別紙1　〔略〕

第7 離婚時年金分割制度を利用する 133

【参考書式9】標準報酬改定請求書

届書コード	処理区分		標準報酬改定請求書	請求する年金分割の種類	様式第651号
7 8 2 1		届書	（離婚時の年金分割の請求書）	合意分割　3号分割	⑤ 社会保険事務所等 受付年月日

○ 太枠□の中に必要事項を記入してください。ただし、◆印がついている欄は、記入不要です。
○ 記入にあたっては、「標準報酬改定請求書（離婚時の年金分割の請求書）の記入方法等について」を参照してください。

① 請求者
- ① 基礎年金番号：4321-987650　送信
- ② 生年月日：明治1・大正3・昭和5・平成7　〇〇年〇〇月〇〇日
- 氏名：（フリガナ）〇カワ　ハナコ　（氏）〇川　（名）花子
- ⑥ 改定者区分：1. 第一号改定者　2. 第二号改定者　3. 被扶養配偶者
- 住所の郵便番号：108-0000
- 住所：（フリガナ）ミナトク　ミタ　港市区町村　三田〇-〇-〇
- 過去に加入していた年金制度の年金手帳の記号番号で基礎年金番号と異なる記号番号があるときは、その番号を記入してください。
  - 厚生年金保険／船員保険
  - 国民年金

② 配偶者
- ③ 基礎年金番号：1234-567890　送信
- ④ 生年月日：明治1・大正3・昭和5・平成7　〇〇年〇〇月〇〇日
- 氏名：（フリガナ）〇ヤマ　タロウ　（氏）〇山　（名）太郎
- ⑧ 改定者区分：1. 第一号改定者　2. 第二号改定者
- 住所の郵便番号：143-0000
- 住所：（フリガナ）オオタク　オオモリミナミ　大田市区町村　大森南〇-〇-〇
- 過去に加入していた年金制度の年金手帳の記号番号で基礎年金番号と異なる記号番号があるときは、その番号を記入してください。
  - 厚生年金保険／船員保険
  - 国民年金

③ 婚姻期間等

1. 標準報酬改定請求を行おうとする婚姻期間等について、該当する項目を〇で囲み、それぞれの項目に応じて定められた欄を記入してください。
   - ㋐ 婚姻の届出をした期間（法律婚期間）のみを有する。⇒「2」欄
   - イ 婚姻の届出をしていないが事実上婚姻関係と同様の事情にあった期間（事実婚期間）のみを有する。⇒「3・5」欄
   - ウ 事実婚期間から引き続く法律婚期間を有する。⇒「4・5」欄

2. 次の⑩欄と⑪欄を記入してください。
   - ⑩ 婚姻した日：大3・昭5・平7　42 10 03
   - ⑪ 離婚した日、または婚姻が取り消された日：平7　20 06 01

3. 次の⑩欄と⑪欄を記入してください。
   - ⑩ 事実婚第3号被保険者期間の初日：昭5・平7　年　月　日
   - ⑪ 事実婚関係が解消したと認められる日：平7　年　月　日

4. 次の⑩欄と⑪欄を記入してください。
   - ⑩ 事実婚第3号被保険者期間の初日：昭5・平7　年　月　日
   - ⑩ 婚姻した日：昭5・平7　年　月　日
   - ⑪ 離婚した日、または婚姻が取り消された日：平7　年　月　日

5. 事実婚期間にある間に、当事者の一方が他方の被扶養配偶者として第3号被保険者であった期間を全て記入してください。
   - 事実婚第3号被保険者期間：昭和・平成　年　月　から　昭和・平成　年　月　まで（複数行）

第2章 離婚の際に検討すべき事項

第3号被保険者期間にかかる分割のみの請求の場合は、この欄の記入は不要です。

④ 対象期間に含めない期間

1. 標準報酬情報提供を行おうとする婚姻期間において、
   - ア. ①欄に記入した方が、「②欄に記入した方以外の方」の被扶養配偶者としての第3号被保険者であった期間がありますか。　　　（ はい ・ ⓘいいえ ）
   - イ. ①欄に記入した方が「②欄に記入した方以外の方」を被扶養配偶者とし、その方が第3号被保険者であった期間がありますか。　　　（ はい ・ ⓘいいえ ）
   - ウ. 「ア」または「イ」について、「はい」を○で囲んだ場合は、その「②欄に記入した以外の方」の氏名、生年月日及び基礎年金番号を記入してください。

   | 氏名（フリガナ）（氏）（名） | 生年月日 明大昭平 1 3 5 7 年 月 日 | 基礎年金番号 ― |

2. 標準報酬改定請求を行おうとする婚姻期間において、
   - ア. ②欄に記入した方が、「①欄に記入した方以外の方」の被扶養配偶者としての第3号被保険者であった期間がありますか。　　　（ はい ・ ⓘいいえ ）
   - イ. ②欄に記入した方が「①欄に記入した方以外の方」を被扶養配偶者とし、その方が第3号被保険者であった期間がありますか。　　　（ はい ・ ⓘいいえ ）
   - ウ. 「ア」または「イ」について、「はい」を○で囲んだ場合は、その「①欄に記入した以外の方」の氏名、生年月日及び基礎年金番号を記入してください。

   | 氏名（フリガナ）（氏）（名） | 生年月日 明大昭平 1 3 5 7 年 月 日 | 基礎年金番号 ― |

第3号被保険者期間にかかる分割のみの請求の場合は、この欄の記入は不要です。

⑤ 按分割合　　0.50000　（百分率）→　◆⑫　　　.　　　％

⑥ 厚生年金基金のポータビリティ制度を利用していますか。
（第一号改定者又は特定被保険者）
※ ポータビリティ制度の利用により基金間における年金資産の移換を行った場合には、「⑨」又は「⑩」欄の婚姻期間等に係る資格記録」の備考欄に移換先の基金名を記入してください。

| ⑦ 請求者 | 0. 利用していない　1. 利用している |
| ⑨ 配偶者 | 0. 利用していない　1. 利用している |

厚生年金基金のポータビリティ制度とは？
　厚生年金基金におけるポータビリティというのは、「会社を変わった場合でも、それまで積み立てていた年金の原資を持ち運べること」です。具体的には、転職先企業の制度の規約と本人同意を要件に、転職先の企業年金に積立金を移換し、元会社での勤続年数を通算できる制度です。
　離婚時の厚生年金の分割制度においては、第一号改定者又は特定被保険者について厚生年金基金に加入していた期間の標準報酬が分割された場合、原価相当額を政府は厚生年金基金から徴収します。本欄はその徴収先の厚生年金基金を把握するためにご記入いただくものです。

⑦ 請求者の署名等

社会保険庁長官　殿

　厚生年金保険法第78条の2又は第78条の14の規定に基づき、標準報酬改定請求を行います。

平成20年6月5日

氏　名　　○川花子　㊞　（※請求者が自ら署名する場合は、押印は不要です。）

電話番号　　03（3421）○○○○

※ 当事者の一方が既に死亡している場合には、死亡した年月日を記入してください。

平成　　年　　月　　日　に死亡。

⑧ ◆対象期間　職員が記入するため、請求者は記入不要です。

⑬ 大昭平 3 5 7 年 月 日	昭・平 5 7 年 月 日	⑭ 昭・平 5 7 年 月 日	昭・平 5 7 年 月 日
⑮ 昭・平 5 7 年 月 日	昭・平 5 7 年 月 日	⑯ 昭・平 5 7 年 月 日	昭・平 5 7 年 月 日
⑰ 昭・平 5 7 年 月 日	昭・平 5 7 年 月 日	⑱ 昭・平 5 7 年 月 日	昭・平 5 7 年 月 日

第7　離婚時年金分割制度を利用する　135

⑨ 請求者の婚姻期間等に係る資格記録
※ 欄外の注意事項を確認のうえ、できるだけ詳しく、正確に記入してください。

	事業所（船舶所有者）の名称および船員であったときはその船舶名（国民年金に加入していた場合は国民年金と記入して下さい。）	事業所（船舶所有者）の所在地または国民年金加入時の住所	勤務期間または国民年金の加入期間	加入していた年金制度の種類（○で囲んでください）	備考
1	○○薬品㈱	千代田区飯田橋 ○-○-○	40.4.1 から 45.3.31 まで	1 国民年金（1号・3号） ②厚生年金保険 3 厚生年金保険（船員） 4 共済組合等	
2	○○保険㈱ 杉並支社	杉並区荻窪 ○-○-○	55.4.1 から 63.3.31 まで	1 国民年金（1号・3号） ②厚生年金保険 3 厚生年金保険（船員） 4 共済組合等	
3	国民年金	杉並区清水 ○-○-○	63.4.1 から 平成 ○○.○○.○○ まで	①国民年金（1号・③号） 2 厚生年金保険 3 厚生年金保険（船員） 4 共済組合等	
4			. . から . . まで	1 国民年金（1号・3号） 2 厚生年金保険 3 厚生年金保険（船員） 4 共済組合等	
5			. . から . . まで	1 国民年金（1号・3号） 2 厚生年金保険 3 厚生年金保険（船員） 4 共済組合等	
6			. . から . . まで	1 国民年金（1号・3号） 2 厚生年金保険 3 厚生年金保険（船員） 4 共済組合等	
7			. . から . . まで	1 国民年金（1号・3号） 2 厚生年金保険 3 厚生年金保険（船員） 4 共済組合等	
備考欄					

(注1)　本請求書を提出する日において、厚生年金保険の被保険者である状態が続いている場合には、勤務期間欄は「○○.○○.○○から、継続中」と記入してください。
(注2)　記入欄が足りない場合には、備考欄に記入してください。
(注3)　加入していた年金制度が農林共済組合の場合、事業所名称欄には「農林漁業団体等の名称」を、事業所所在地欄には「農林漁業団体等の住所地」を記入してください。
(注4)　米軍等の施設関係に勤めていたことがある方は、事業所名称欄に部隊名、施設名、職種をできるかぎり記入してください。

個人で保険料を納める第四種被保険者、船員保険の年金任意継続被保険者となったことがありますか。	1 はい　・　②いいえ
「はい」と答えたときは、その保険料を納めた社会保険事務所、社会保険事務所または社会保険事務局の事務所の名称を記入してください。	
その保険料を納めた期間を記入してください。	昭和・平成　年　月　日から昭和・平成　年　月　日
第四種被保険者（船員年金任意継続被保険者）の整理記号番号を記入してください。	記号　　　　番号

⑩ 特定期間　職員が記入するため、請求者は記入不要です。

	自	年 月 日	至	年 月 日	自	年 月 日	至	年 月 日
	大3・昭5・平7		昭5・平7		昭5・平7		昭5・平7	
	昭5・平7		昭5・平7		昭5・平7		昭5・平7	
	昭5・平7		昭5・平7		昭5・平7		昭5・平7	

第2章 離婚の際に検討すべき事項

11 配偶者の婚姻期間等に係る資格記録
※ 欄外の注意事項を確認のうえ、できるだけ詳しく、正確に記入してください。

	事業所（船舶所有者）の名称および船員であったときはその船舶名（国民年金に加入していた場合は国民年金と記入して下さい。）	事業所（船舶所有者）の所在地または国民年金加入時の住所	勤務期間または国民年金の加入期間	加入していた年金制度の種類（〇で囲んでください）	備考
1	㈱〇〇商事	港区浜松町〇-〇-〇	38.4.1から58.3.31まで	1 国民年金（1号・3号）②厚生年金保険 3 厚生年金保険（船員）4 共済組合等	
2	〇〇貿易㈱	新宿区西新宿〇-〇-〇	58.4.1から60.3.31まで	1 国民年金（1号・3号）②厚生年金保険 3 厚生年金保険（船員）4 共済組合等	
3	〇〇〇〇㈱	港区新橋〇-〇-〇	60.4.1から継続中まで	1 国民年金（1号・3号）②厚生年金保険 3 厚生年金保険（船員）4 共済組合等	
4			から　　　まで	1 国民年金（1号・3号）2 厚生年金保険 3 厚生年金保険（船員）4 共済組合等	
5			から　　　まで	1 国民年金（1号・3号）2 厚生年金保険 3 厚生年金保険（船員）4 共済組合等	
6			から　　　まで	1 国民年金（1号・3号）2 厚生年金保険 3 厚生年金保険（船員）4 共済組合等	

備考欄

(注1) 本請求書を提出する日において、厚生年金保険の被保険者である状態が続いている場合には、勤務期間欄は「〇〇．〇〇．〇〇から、継続中」と記入してください。
(注2) 記入欄が足りない場合には、備考欄に記入してください。
(注3) 加入していた年金制度が農林共済組合の場合、事業所名称欄には「農林漁業団体等の名称」を、事業所所在地欄には「農林漁業団体等の住所地」を記入してください。
(注4) 米軍等の施設関係に勤めていたことがある方は、事業所名称欄に部隊名、施設名、職種をできるかぎり記入してください。

個人で保険料を納める第四種被保険者、船員保険の年金任意継続被保険者となったことがありますか。	1 はい・②いいえ
「はい」と答えたときは、その保険料を納めた社会保険事務所、社会保険事務所または社会保険事務局の事務所の名称を記入してください。	
その保険料を納めた期間を記入してください。	昭和・平成　年　月　日から昭和・平成　年　月　日
第四種被保険者（船員年金任意継続被保険者）の整理記号番号を記入してください。	記号　　　　番号

◆標準報酬改定通知書発行　職員が記入するため、請求者は記入不要です。

届書コード 7822　処理区分　届書

請求者：①基礎年金番号 ②生年月日（明・大・昭・平 1・3・5・7）年月日 ③選択項番 ④発行指示 1(1,2頁目)・2(3,4頁目)・3(5,6頁目)・4(7,8頁目) ⑤送付先氏名（フリガナ）（氏）（名） ⑥送付先郵便番号 ⑦（フリガナ）住所コード 送付先住所 市区町村

配偶者：①基礎年金番号 ②生年月日（明・大・昭・平 1・3・5・7）年月日 ③選択項番 ④発行指示 1(1,2頁目)・2(3,4頁目)・3(5,6頁目)・4(7,8頁目) ⑤送付先氏名（フリガナ）（氏）（名） ⑥送付先郵便番号 ⑦（フリガナ）住所コード 送付先住所 市区町村

> 別　紙

標準報酬改定請求書（離婚時の年金分割の請求書）の記入方法等について

請求書の記入方法等について

1．「請求する年金分割の種類」欄について

　今回の請求する年金分割の種類について、該当する方に○をつけてください。

　「合意分割」とは、当事者の合意又は裁判手続により按分割合を定め、当事者の一方からの請求により、当事者間で厚生年金の標準報酬を分割するものです。

　「3号分割」とは、国民年金の第3号被保険者であった方の請求により、平成20年4月1日以後の相手方の標準報酬を2分の1ずつ、当事者間で分割するものです。

2．「①　請求者」欄について

　当事者のうち、請求される方について記入してください。

　「氏名」及び「住所」のフリガナは、カタカナで記入してください。「住所コード」は記入不要です。

3．「②　配偶者」欄について

　当事者のうち、請求される方の配偶者について記入してください。

　「氏名」及び「住所」のフリガナは、カタカナで記入してください。「住所コード」は記入不要です。

　（注）配偶者の住所が不明な場合は、「住所」欄は「不明」と記入してください。

4．「③　婚姻期間等」欄について

- ■「1」欄は、標準報酬改定請求を行おうとする婚姻期間等について、該当する項目を○で囲み、それぞれの項目に応じて定められた欄を記入してください。
- ■「2」欄は、標準報酬改定請求を行おうとする婚姻期間等が**「法律婚期間（婚姻の届出をした期間をいう。以下同じ。）のみ」**の方が記入してください。「⑩婚姻した日」は、戸籍謄（抄）本に記載されている「婚姻の届出年月日」を記入し、「⑪離婚した日、または婚姻が取り消された日」は、戸籍謄（抄）本の「離婚の届出年月日」等を記入してください。
- ■「3」欄は、標準報酬改定請求を行おうとする婚姻期間等が**「事実婚期間（婚姻の届出をしていないが事実上婚姻関係と同様の事情にあった期間をいう。以下同じ。）のみ」**の方が記入してください。「⑩事実婚第3号被保険者期間の初日」は、その事実婚期間のうち、夫（又は妻）が、妻（又は夫）の被扶養配偶者として第3号被保険者であった期間（当該期間が複数ある場合には、もっとも古い期間）の初日を記入し、「⑪事実婚関係が解消したと認められる日」は、「事実婚関係を解消した日」を記入してください。
- ■「4」欄は、標準報酬改定請求を行おうとする婚姻期間等が**「事実婚期間から引き続く法律婚期間」**の方が記入してください。「⑩事実婚第3号被保険者期間の初日」は、その事実婚期間のうち、夫（又は妻）が妻（又は夫）の被扶養配偶者として第3号被保険者であった期間（当該期間が複数ある場合には、もっとも古い期間）の初日を記入してください。「⑩婚姻した日」と「⑪離婚した日、または婚姻が取り消された日」は、上記の「2」欄の記入方法をご参照のうえ、記入してください。
- ■「5」欄は、**「事実婚期間」**を有する方が記入してください。事実婚期間のうち、夫（又は妻）が妻（又は夫）の被扶養配偶者として第3号被保険者であった期間を記入してください。記入欄が足りない場合は、枠外に「別紙に続く」と記入のうえ、別紙(様式は問いません)にその続きを記入してください。ご自身の

第3号被保険者であった期間が分からない場合は、社会保険事務所で記録を確認することができますので、社会保険事務所の窓口等でお尋ねください。

5．「④ 対象期間に含めない期間」欄について（第3号被保険者期間にかかる分割のみの請求の場合は、この欄の記入は不要です。）

標準報酬改定請求を行おうとする婚姻期間が、次の①又は②に掲げるいずれかの期間と重複する場合、その「婚姻期間から①及び②の期間と重複する期間を除いた期間」が年金分割の対象期間となり、当該期間に基づき標準報酬を改定することになります。

　① 請求者及び配偶者以外の者（以下「第三者」という。）が、その当事者のどちらか一方の被扶養配偶者として第3号被保険者であった期間
　② 請求者及び配偶者のうち、そのどちらか一方が、第三者の被扶養配偶者として第3号被保険者であった期間

- このような場合は、第三者に係る記録を特定する必要があり、④欄「1」又は「2」について、「はい」を〇で囲んだ場合、当該第三者の氏名（必ずフリガナも記入してください。）、生年月日及び基礎年金番号を記入してください。
- 年金分割を行った後に、①又は②に該当する第三者がいることが明らかになった場合は、年金分割が無効となることがありますので、ご留意ください。
- 当事者の他方について上記の①又は②の期間が不明の場合は、「不明」と記入してください。

6．「⑤ 按分割合」欄について（第3号被保険者期間にかかる分割のみの請求の場合は、この欄の記入は不要です。）

公正証書、公証人の認証を受けた私署証書又は按分割合を定めた確定審判、調停調書、確定判決若しくは和解調書の謄本若しくは抄本に記載された按分割合を記入してください。

なお、記載された按分割合に小数点5位未満の端数がある場合は、これを四捨五入してください。

7．「⑥ 厚生年金基金のポータビリティ制度を利用していますか」欄について

厚生年金基金のポータビリティ制度を利用していない場合は「利用していない」を〇で囲んでください。利用している場合は「利用している」を〇で囲み、「⑨又は⑪欄の婚姻期間等に係る資格記録」の備考欄に移換先の基金名を記入してください。

8．「⑦ 請求者の署名等」欄について
- 請求される方について記入してください。
- 当事者双方が共同で請求する場合は、当事者双方が氏名を記入してください。
- 請求者が自ら署名する場合は、押印は不要です。
- 当事者の一方が既に死亡している場合には、死亡した年月日を記入してください。

9．「⑧ 対象期間」欄及び「⑩ 特定期間」欄について

この欄の記入は必要ありません。

10．「⑨ 請求者の婚姻期間等に係る資格記録」欄及び「⑪ 配偶者の婚姻期間等に係る資格記録」欄について

それぞれ婚姻期間等に係る資格記録について、できるだけ詳しく正確に記入してください。

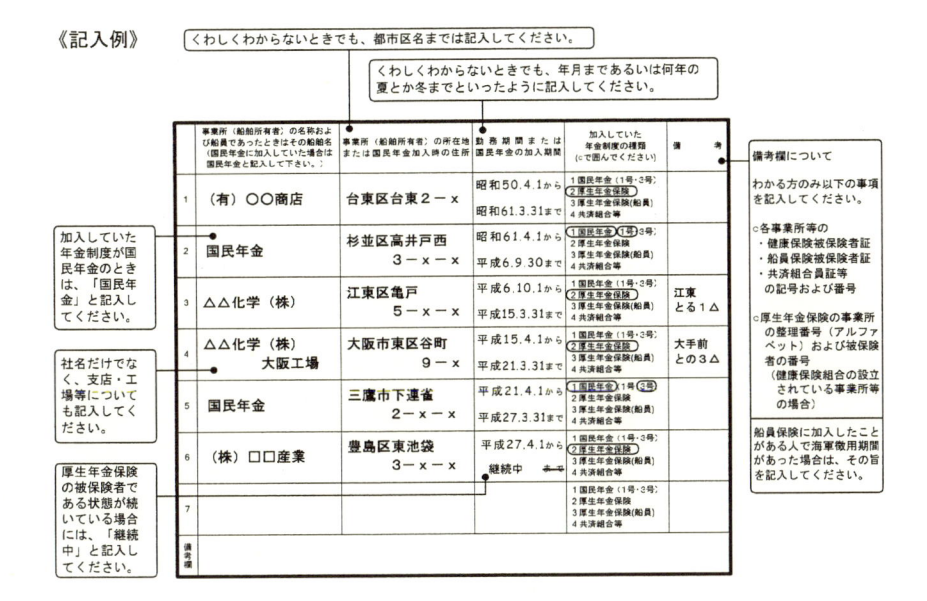

第7　離婚時年金分割制度を利用する　139

《記入例》

	事業所（船舶所有者）の名称および船員であったときはその船舶名（国民年金に加入していた場合は国民年金と記入して下さい。）	事業所（船舶所有者）の所在地または国民年金加入時の住所	勤務期間または国民年金の加入期間	加入していた年金制度の種類（○で囲んでください）	備考
1	（有）○○商店	台東区台東2-x	昭和50.4.1から 昭和61.3.31まで	1 国民年金（1号・3号） ②厚生年金保険 3 厚生年金保険（船員） 4 共済組合等	
2	国民年金	杉並区高井戸西 3-x-x	昭和61.4.1から 平成6.9.30まで	①国民年金（1号・3号） 2 厚生年金保険 3 厚生年金保険（船員） 4 共済組合等	
3	△△化学（株）	江東区亀戸 5-x-x	平成6.10.1から 平成15.3.31まで	1 国民年金（1号・3号） ②厚生年金保険 3 厚生年金保険（船員） 4 共済組合等	江東とる1△
4	△△化学（株）大阪工場	大阪市東区谷町 9-x	平成15.4.1から 平成21.3.31まで	1 国民年金（1号・3号） ②厚生年金保険 3 厚生年金保険（船員） 4 共済組合等	大手前との3△
5	国民年金	三鷹市下連省 2-x-x	平成21.4.1から 平成27.3.31まで	①国民年金（1号・3号） 2 厚生年金保険 3 厚生年金保険（船員） 4 共済組合等	
6	（株）□□産業	豊島区東池袋 3-x-x	平成27.4.1から 継続中	1 国民年金（1号・3号） ②厚生年金保険 3 厚生年金保険（船員） 4 共済組合等	
7				1 国民年金（1号・3号） 2 厚生年金保険 3 厚生年金保険（船員） 4 共済組合等	

注釈：
- くわしくわからないときでも、都市区名までは記入してください。
- くわしくわからないときでも、年月まであるいは何年の夏とか冬までといったように記入してください。
- 加入していた年金制度が国民年金のときは、「国民年金」と記入してください。
- 社名だけでなく、支店・工場等についても記入してください。
- 厚生年金保険の被保険者である状態が続いている場合には、「継続中」と記入してください。

備考欄について

わかる方のみ以下の事項を記入してください。

○各事業所等の
・健康保険被保険者証
・船員保険被保険者証
・共済組合員証等
　の記号および番号
○厚生年金保険の事業所の整理番号（アルファベット）および被保険者の番号
　（健康保険組合の設立されている事業所等の場合）

船員保険に加入したことがある人で海軍徴用期間があった場合は、その旨を記入してください。

請求書に添えなければならない書類

1．請求者の年金手帳、国民年金手帳又は基礎年金番号通知書
2．1欄に記入した方と2欄に記入した方の身分関係（婚姻期間等）を明らかにできる戸籍の謄本、当事者それぞれの戸籍の抄本、戸籍の全部事項証明書又は当事者それぞれの戸籍の個人事項証明書（住民票の写しにより代えることはできません。）
（注）事実婚関係にあった期間を有する方や事実上離婚したと同様の事情にあると認められる場合により請求をされた方は、これらに加え、事実婚関係を明らかにする書類や事実上離婚したと同様の事情にあると認められることを明らかにする書類が必要となりますので、詳細については社会保険事務所にお問い合わせ下さい。
3．請求日前1か月以内に作成された当事者（第3号被保険者にかかる分割のみの請求の場合は、配偶者）の生存を証明することができる書類（戸籍の抄本、住民票の写し等）
（注）2の書類で確認できる場合は必要ありません。
4．当事者の一方が死亡した場合（第3号被保険者にかかる分割のみの請求の場合は、配偶者が死亡した場合）は、死亡者の死亡の事実及び死亡年月日を証明することができる書類（戸籍の抄本、住民票の写し等）
（注）2の書類で確認できる場合は必要ありません。

5．按分割合が記載された次に掲げるいずれかの書類　（第3号被保険者期間にかかる分割のみの請求の場合は不要です。）
   ①　当事者間の話し合いにより、按分割合について合意したとき
      公正証書の謄本若しくは抄録謄本、又は公証人の認証を受けた私署証書（注1）
   ②　裁判所における手続により、按分割合について定めたとき（注2）
      ア　審判(判決)の場合
         審判(判決)書の謄本又は抄本及び確定証明書
      イ　調停(和解)の場合
         調停(和解)調書の謄本又は抄本
（注1）①については、按分割合のほかに、分割改定の請求についての当事者間の合意が記載されていることが必要です。
（注2）②のうち、審判書又は調停(和解)調書の謄本又は抄本を添付する場合に、審判又は調停の申立てをした日を証する書類（裁判所が発行する証明書）が必要となるときがあります。
6．当事者又はその代理人が社会保険事務所に直接書類等を持参して請求を行うときは、上記の5に代えて次に掲げる書類等を持参することにより請求できます。（当事者双方、当事者一方と当事者他方の代理人又は当事者双方のそれぞれの代理人、いずれの組合せでも来所することが可能ですが、必ず2人で来所していただくことが必要です。）
   ①　当事者双方が標準報酬改定請求をすること及び請求すべき按分割合について合意している旨が記載され、かつ、当事者自らが署名した書類
   ②　当事者が社会保険事務所の窓口に来所する場合
      ・当事者の運転免許証、パスポート、住民基本台帳カード（顔写真付）又は当事者の印鑑及びその印鑑に係る印鑑登録証明書
   ③　当事者の代理人が社会保険事務所の窓口に来所する場合
      ・当事者の記名及び押印がある委任状（押印した印鑑に係る印鑑登録証明書の添付が必要です。）
      ・代理人の運転免許証、パスポート、住民基本台帳カード（顔写真付）又は代理人の印鑑及びその印鑑に係る印鑑登録証明書
      ※　①の書類の様式及び③の委任状の様式は社会保険事務所に備えつけてあります。

請求書の提出先など

1．請求書は、原則として、請求者の住所地を管轄する社会保険事務所へ提出してください。
2．お問い合わせについては、全国の社会保険事務所及び年金相談センターで承っております。
3．社会保険事務所の所在地及び電話番号は、社会保険庁ホームページ(http://www.sia.go.jp/)に掲載しています。
4．配偶者が平成20年4月以降に共済組合に加入しており、その期間にあなたが被扶養配偶者として国民年金の第3号被保険者となっている期間を有している場合は、当該共済組合にも請求が必要となりますので、ご注意ください。

提　出　期　限

年金分割の請求は、原則、次に掲げる日の翌日から起算して2年を経過した場合には行うことができません。
（1）離婚が成立した日
（2）婚姻が取り消された日
（3）事実婚関係が解消したと認められる日（事実婚関係から引き続く法律婚期間を有する場合を除く）
　　ただし、裁判手続により按分割合が定められたときに、既に2年を経過していた場合等については、請求期限の特例があります。

第 3 章
離婚手続の実行

第1 協議離婚を行う

＜フローチャート～協議離婚の流れと手続＞

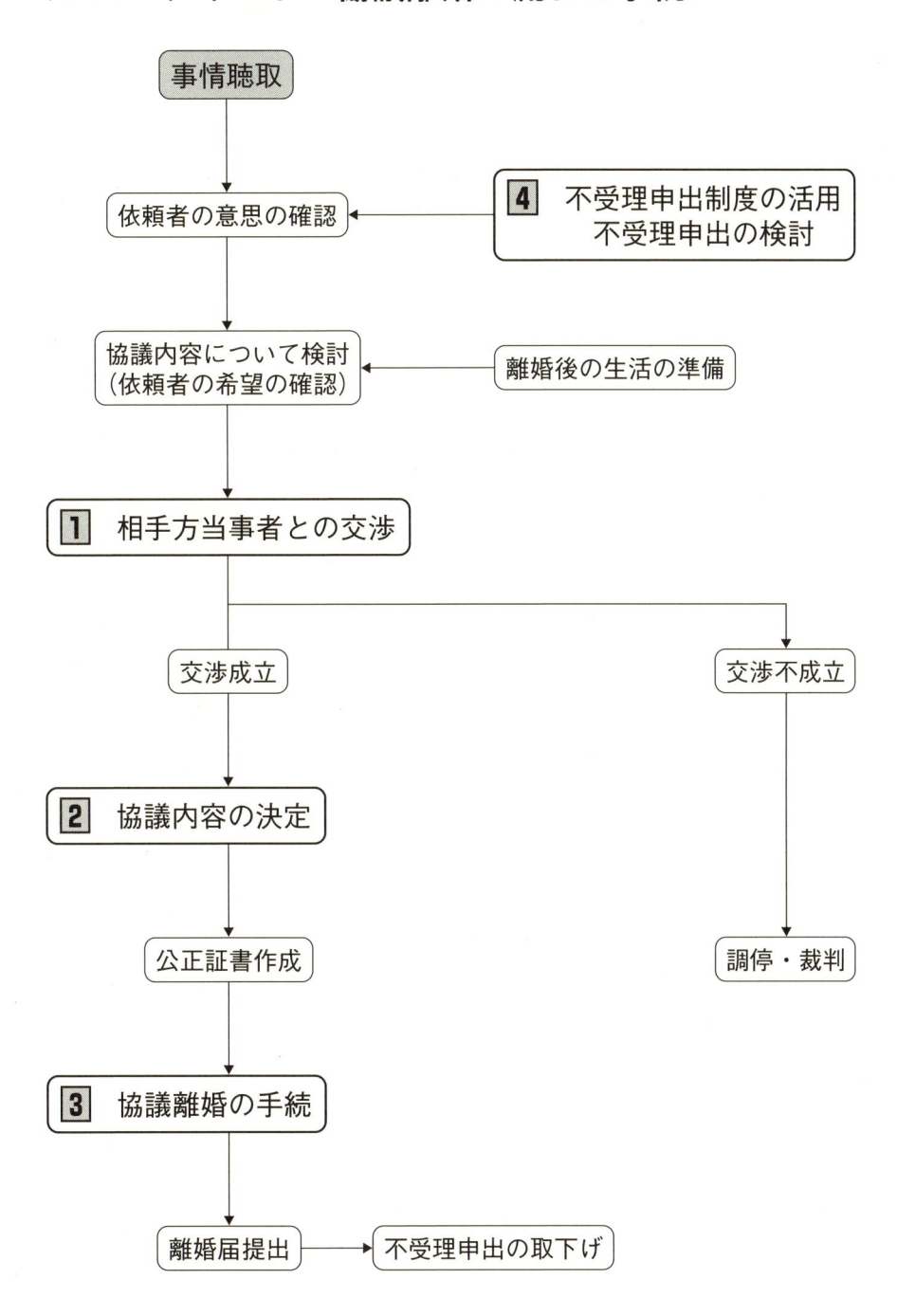

```
事情聴取
   ↓
依頼者の意思の確認 ← 4 不受理申出制度の活用
   ↓                  不受理申出の検討
協議内容について検討 ← 離婚後の生活の準備
（依頼者の希望の確認）
   ↓
1 相手方当事者との交渉
   ↓            ↓
交渉成立      交渉不成立
   ↓            ↓
2 協議内容の決定   調停・裁判
   ↓
公正証書作成
   ↓
3 協議離婚の手続
   ↓
離婚届提出 → 不受理申出の取下げ
```

1 相手方当事者との交渉

　協議離婚は、当事者双方の合意で成立する、比較的簡便な手続であるため、離婚をする場合の多くが協議離婚です。早期に離婚を成立させるためには、協議離婚で決着を図ることが賢明です。離婚の方法として調停と訴訟がありますが、これらの法的手続では、どうしても時間がかかります。訴訟まで行けば、勝敗が決せられますから、優位に訴訟を進めるためにお互いに証拠を出し合い、その結果、紛争がますます拡大することになりかねません。

　協議離婚の欠点は、当事者の真意に基づくものであることの保証がないことです。したがって、相談を受けた弁護士としては、依頼者が一時の感情からではなく、本当に離婚したいかどうかを確認する必要があります。迷っているようであれば、時間をおくべきです。

　それと併せて、離婚後の生活設計をきちんと立てさせる必要があります。離婚交渉をしながら家を飛び出し、自活してみたものの、あまりの現実の厳しさに離婚を断念することもあります。仕事、住む場所、保育園、親兄弟の協力が得られるかどうかなど、離婚しても困らないように、事前の準備が必要です。また、調停や訴訟になった場合のことを考えて、特に子の親権を望んでいるのであれば、子の養育環境の整備としても離婚後の生活設計は必要です。

　相手方当事者との交渉においては、まず、相手方にも離婚する意思があるかどうかを確認する必要があります。ただ、この確認方法には格別の慎重さが求められます。依頼者が離婚したがっていると、相手方にストレートに言ってしまうと、相手方は、思いどおりにはさせないと感情的になることもあります。

　相手方の主張もよく聞いた上で、第三者として、離婚してお互いやり直した方がいいのではないかと、お互いの人生にとってベストな選択をしていくというスタンスに立つことが大事です。

　代理人の真摯な態度によって、相手方当事者の態度が緩和され、交渉が進むこともあり得ます。依頼者にも、交渉や調停の場面で相手方がどんな態度であろうと、礼節ある態度をとるように指導しておく必要があります。弁護士が間に立っている以上、不合理な結論にされてしまうことはないので、優しい態度に出ても問題はないことを理解してもらいます。

　ただし、夫婦が同居している場合には、お互いに、毎日顔を会わせる以上、なかなか冷静になることができません。そこで、可能であれば、依頼者には別居をしてもらった方が良い場合もあります。この際の注意点は、相手の同意を得て別居するということです。無断で飛び出すと夫婦の同居義務違反になり、調停や裁判で不利になるこ

とがあります。しかし、DV（ドメスティック・バイオレンス）の場合は別です。身体の安全を図るため、避難先を探すなど、保護の方法を考えて下さい。

以上は、依頼者が離婚を望む場合です。依頼者が離婚を望まない場合には、なぜ離婚したくないのかを正確に聴取する必要があります。慰謝料がもらえれば離婚してもよい、将来の生活をある程度面倒を見てくれるのであれば離婚してもよいという、条件付きの場合も少なくありません。

他方、何があっても離婚したくないということであれば、調停と裁判の見通しを説明した上で、進むべき方向性については、依頼者の判断に委ねるしかありません。

◆注意点

離婚に際して、相手方や、相手方の不貞相手に慰謝料を請求する場合には、その請求権は3年で時効消滅してしまいます。最初の聴取りで、そのような事情が認められる場合には、依頼者が不法行為事実を知った時を把握し、内容証明郵便で相手方等に請求しておき、時効を中断しておく必要があります。

2 協議内容の決定

(1) 協議すべき事項

離婚するとなった場合に、協議すべき事項は以下のとおりです。
① 親権者の指定
② 監護についての指定
③ 養育費
④ 面接交渉
⑤ 財産分与
⑥ 慰謝料
⑦ 履行の確保
⑧ 復氏

協議離婚をする際、未成年の子が存在する場合、親権者の指定をしなければ離婚届は受理されません。しかし、他の項目については、決定していなくても離婚届は受理されます。ただし、離婚してからでは協議が困難になることが予想されますので、離婚の際に協議しておくべきです。また、協議内容は合意書などの書面にしておき、万が一将来裁判になった場合の証拠として確保しておく必要があります。

(2) 親権者の指定

前述したように、夫婦に未成年の子がいる場合、親権者を指定しなければ、離婚届は受理されません。親権者の指定は、当事者双方の合意で決しますが、話合いで結論が出ない場合は、調停・審判の申立てをすることになります。

親権の権利義務の内容、親権者指定の判断基準等については、「**第2章 第2 親権者・監護権者を定める**」を参照して下さい。また、親権者に指定された者が親権者としてふさわしくない場合には、親権者の変更を求めることができます。親権者が死亡した場合には、後見人の選任を申し立てることになりますが、親権者の変更の申立てが認められる場合もあります。

(3) 監護についての指定

民法766条は、「父母が協議上の離婚をするときは、子の監護をすべき者その他監護について必要な事項は、その協議でこれを定める」と規定されているため、親権者を指定した上で、それとは別に監護権者を指定することが可能です。

そのため、実務では、親権者と監護権者を別々（例えば、親権者を父、監護権者を母）に指定することが見受けられます。

しかし、本来は、親権者が子の監護を行う者ですから、監護権を切り離すことは例外的なことであると認識すべきです。また、親権者ではない監護権者は子の代理権を持たないことになるので、子の氏の変更や各種手当の申請などで親権者の協力が必要となり、不便です。そのため、離婚の際に、その場しのぎで監護権者を指定してしまうと、その後、事あるごとに父母が揉めるという事態を招くこととなり、子の監護育成に悪影響を及ぼすおそれがあります。

したがって、離婚後も父母が子のために協力し合える関係を築ける場合でない限り、親権者と監護権者を分離することは勧められません。

監護についての指定の具体的な内容については、監護権者、監護期間、監護費用、監護費用負担者、面接交渉などが挙げられます。

(4) 養育費

親は、子と同居しているか否かにかかわらず、自己の能力に応じた生活を子にさせなければならない義務があります（生活保持の義務）。したがって、両親とも子の養育費用を負担するわけですが、同居していない親は、親権者または監護権者に指定され

た親に養育費を支払うという方法で、その義務を履行することになります。

　養育費の額は話合いで自由に決めることが可能ですが、親の収入や子の年齢等に応じて金額の目安を定めた算定表が公にされていますので、参考になります。依頼者が不当に多額の養育費を希望している場合や、相手方が不当に低い養育費の額を提示している場合には、算定表の基準を示すことで説得することが可能ですので、便利です。

　養育費の支払期間は、子が成人に達するまでとするのが一般ですが、4年制大学の卒業の月までと定めることも少なくありません。逆に、18歳に達するまでとする場合もあります。

　養育費の支払方法は、これが日常の生活費に充てられるという性質上、毎月払が原則です。家庭裁判所の調停・審判等では、養育費の一括前払は原則として認められません。この点、父母の協議では、一括前払とすることも自由ですが、この場合は、将来にわたる子の養育監護に支障を来たさないように、前払を受けた養育費の使い方に細心の注意を払わなければなりません。

(5) 面接交渉

　親子のふれ合いを維持していくことは、子の成長にとって大変重要なことですから、離婚をするに当たっては、面接交渉についても協議し決定しておくべきです。面接交渉の回数は、毎月、2か月に1回、3か月に1回など、自由に決めることができます。単に数時間会うだけではなく、宿泊することを認める場合もあります。

　なかには、養育費を払わないから子に会わせない、と主張する親もいます。しかし、面接交渉は、あくまでも子の成長に必要であるが故に実施されるものであることの自覚を促すべきです。もっとも、面接交渉が約束どおりに実行されることによって、養育費の履行が順調に行われるという側面があることも無視できません。

(6) 財産分与

　民法768条は、「協議上の離婚をした者の一方は、相手方に対して財産の分与を請求することができる」と財産分与請求権を定めています。婚姻を解消する以上、夫婦が協力して成した財産は清算すべきですが、民法は財産分与の割合についての規定を置いていません。

　そこで、基本的には個々の事案に応じて、財産形成の貢献度によって分けることになります。協議が調わない場合は、当事者は家庭裁判所に協議に代わる処分を請求す

ることができます（民768②）。この請求は、離婚をしてから2年以内にしなければなりません。

財産分与は協議離婚の要件ではありませんので、財産分与をせずに協議離婚することは可能です。しかし、離婚を急ぐあまり、財産分与をせずに離婚すると、離婚後に相手方が財産を処分してしまい、全く財産をもらえないということにもなりかねません。また、協議離婚の際に、当事者間で財産分与を放棄する旨の条項や清算条項の入った書面を作成している場合は、後から財産分与を請求するには、こうした条項が妨げとなり、法律的な問題を乗り越えなければならなくなります。

ところで、このような清算的な財産分与とは異なり、病気や障害がある妻の将来の生活を保障するために、扶養としての財産分与が認められることがあります。

(7) 慰謝料

協議離婚の際に、慰謝料の名目で金銭の授受が行われることが少なくありません。慰謝料とは、精神的苦痛を慰謝するという趣旨の、不法行為に基づく損害賠償金ですから、離婚の原因を作った方が支払うものです。したがって、離婚の原因が夫婦の双方にある場合には、慰謝料なしとするケースもあるわけです。

慰謝料の金額は、協議によって自由に決めることができます。一般的には、相手方の不貞や暴力等によって離婚を余儀なくされた場合には、慰謝料の金額も高くなる傾向にあります。また、相手方の支払能力も重要な要素です。

財産分与と慰謝料は別物です。ただし、協議離婚の場合には、両者を厳密に区別しないで、これらを合算していくらと決めることが多いようです。

(8) 履行の確保

協議離婚の際に財産分与や慰謝料等の支払が一括で行われればよいのですが、そうでない場合には、履行確保の手段を講じておく必要があります。その手段としては、合意内容について調停を申立て調停調書にしておく方法、強制執行認諾約款付公正証書（執行証書）にしておく方法が考えられます。

なお、民事執行法の改正により、養育費の滞納分だけでなく期限未到来分についても差し押さえることが可能となりました（民執151の2①三）。また、給与等の2分の1まで差し押さえることができるようになりました（民執152③）。

ちなみに、振込口座名義を子どもの名前にしておくと、支払う側の心理的抵抗が少ないようです。相手方の協力が得られるようであれば、自動送金にしてしまうのが理想です。

【参考書式10】 離婚に関する契約公正証書

平成　年第　号

　　　　　　　　　　離婚に関する契約公正証書

　本職は、当事者の嘱託により、以下の法律行為に関する口述の趣旨を録取してこの証書を作成した。

第1条　甲野太郎（以下「甲」という）と甲野花子（以下「乙」という）は協議により離婚することに合意し、その届出に当たり、以下のとおり契約を締結した。
第2条　甲乙間の未成年の子長女春子（平成○年1月1日生、以下「丙」という）の親権者を乙と定める。
第3条　甲は乙に対し、丙の養育費として、平成○年○月から丙が満20歳に達するまで、月額○万円の支払義務があることを認め、毎月末日限り金○万円宛乙名義銀行口座（○○銀行△△支店普通1234567）に送金する方法により支払う。
　　　上記養育費は、物価の変動その他の事情の変更に応じて甲乙協議の上増減できる。
第4条　甲は乙に対し、離婚による慰謝料として、金○○万円を平成○年○月○日限り乙名義銀行口座（○○銀行△△支店普通1234567）に送金する方法により支払う。
第5条　甲は乙に対し、離婚による財産分与として後記不動産を譲渡し、甲は平成○年○月○日限り本件財産分与を原因とする所有権移転登記手続をする。
第6条　甲が丙との面接交渉を希望した場合、甲と乙は丙の福祉を害することのない日程、方法を事前に協議して決定する。
　　〔第6条　甲は毎月1回丙と面接交渉することができ、甲と乙は丙の福祉を害することのない日程、方法を事前に協議して決定する。〕
第7条　甲は、本証書記載の金銭債務を履行しないときは、直ちに強制執行に服する旨を陳述した。
第8条　甲乙双方は、本件離婚に関し、本公正証書に定めるもののほか、何らの債権債務がないことを相互に確認する。

　　　　　　　　　　　　　　　記

不動産の表示　　（略）

　　本旨外要件
　　右協議の証として本書弐通作成し、各自壱通を所持する。
　　　東京都世田谷区○○町1丁目○番○号

会社員
　　　甲　　　甲　野　太　郎
　　　　　　　昭和○年○月○日生
　　　東京都世田谷区○○町１丁目○番○号
　　　無　職
　　　乙　　　甲　野　花　子
　　　　　　　昭和○年○月○日生
　両名とは面識が無いからそれぞれ適法の印鑑証明書の提出により人違いでないことを証明させた。

　　　　　　　　　　　　　　　　　　　　　　　　　　　　　　　　　　以上

　この証書は平成○年○月○日本職役場において法定の方式に従って作成し列席者に閲覧させその承諾を得た。
　依って本職および列席者各自次に署名押印する。

　　　公証人　　　○　○　○　○

　　　　　　　　　　　　　　　　　　　　　　　　　　　　甲　野　太　郎　㊞
　　　　　　　　　　　　　　　　　　　　　　　　　　　　甲　野　花　子　㊞

(9) 復 氏

民法767条1項は、「婚姻によって氏を改めた夫又は妻は、協議上の離婚によって婚姻前の氏に復する」と定めています。すなわち、協議離婚すれば当然復氏するということです。

離婚の際に称していた氏を離婚後も称したい場合（婚氏続称）は、離婚の日から3か月以内に戸籍法77条の2の定めるところにより届け出ることによって、離婚の際に称していた氏を称することができます（民767②）。

婚氏続称は、法律的には婚姻中の氏そのものではなく、復氏した氏を離婚の際に称していた氏と呼び変えているだけです。

ところで、山田さんが結婚して田中さんとなり離婚し、婚氏続称の届出をした場合、田中さんとなります。その後再婚して佐藤となり、再度離婚した場合、田中に復氏します。生来の氏（山田）に戻すために争われた裁判では、「離婚に際して婚氏を称することを届け出た者が婚姻前の氏と同じ呼称にしたい旨の申立てとは異なるが、生来の氏への変更を求めるものであるから、婚姻前の氏と同じ呼称に変更する場合に準じて、氏の変更申立てが濫用にわたるものでなく、特に弊害がなければ、これを認めても差し支えないものと解される」として、氏の変更を許可した例があります（千葉家審平11・12・6家月52・5・143）。

3 協議離婚の手続

協議離婚の届出は「当事者双方及び成年の証人二人以上が署名した書面で、又はこれらの者から口頭で、しなければならない」とされています（民764・739②）。離婚届の大半は書面でなされており、市区町村役場窓口に備付けの全国統一規格の離婚届用紙がありますので、その用紙に記入し、最後に当事者が署名捺印して役場の戸籍事務取扱者に提出すれば完了です。届出方法は、当事者双方が揃う必要はなく、当事者一方の提出でも、第三者を使者として提出しても、郵送でも構いません（第三者に頼む場合や郵送する場合は、記載に不備がないかよく確認して下さい）。

ちなみに、口頭の場合は、戸籍法37条に則り、当事者双方と証人2人が市区町村役場に出頭し届出書に記載すべき事項を陳述します。市区町村長は届出人の陳述を筆記し、届出の年月日を記載して、届出人に読み聞かせ、かつ当事者双方と証人2人に署名捺印をさせます。

152　第3章　離婚手続の実行

離婚届を作成して、その提出を相手方に委ねた場合、後から相手方の気が変わり、提出されないことがあり得ます。このような事態を避けるため、離婚届を2通作成しておき、双方が提出できるようにしておくべきです。

4　不受理申出制度の活用

(1) 不受理申出制度

離婚届の審査は、形式審査であり、戸籍事務取扱者には実質的審査権はありません。したがって、たとえ偽造された離婚届であっても、形式が整っていれば受理されてしまいます。

かつて、市区町村役場に勝手に離婚届を提出されるおそれがあるとして、離婚する意思はないから離婚届を受理しないで欲しい旨の届出や、離婚届に署名捺印したが離婚の意思を撤回する旨の届出がなされることがありました。

そこで、昭和39年2月27日民事局長通達（民甲385号）により、「離婚意思のないものにつき協議離婚の届出がなされるおそれのある場合、または、離婚届に署名したのち離婚意思をひるがえした場合において、夫婦の一方から、離婚の届出があっても拒否されたい旨の書面による届出があったときは、将来提出を予想される離婚届について不受理の扱いをする期間として六ヶ月以内の一定期間を記載させるものとし、その期間経過後もなお必要あるものについては、右期間満了の際に、改めて同趣旨の申出書を提出させることによって、離婚届を受理しない扱いをする」として不受理の申出が制度化されました。

このように、無断で離婚届が提出されるおそれがある場合や、離婚届に署名捺印をしたものの、その意思を翻した場合などには、協議離婚の不受理申出書を本籍地の市区町村の役場（戸籍事務取扱者）に提出しておけば、最長で6か月間は離婚届が受理されません。これが不受理申出制度です。不受理の効果を継続させる場合には、6か月ごとに不受理届を提出することになります（用紙は役場に備え付けられています）。

もし、不受理申出よりも離婚届が先に提出されていたとしても、離婚の効力は戸籍簿に離婚の記載がなされて初めて生じるので、戸籍事務取扱者に電話で連絡を取り、当該離婚届は無効である旨を伝えます。その記載前であれば、離婚届は受理されず差し戻されます。

既に戸籍簿に離婚の記載がされてしまっていたならば、法的手続を執るしかありま

せん。家庭裁判所に離婚無効の調停を起こし、相手方が合意すれば、裁判所が調査の上、離婚無効の審判を下します。その審判が確定すれば戸籍は修正されます。

　審判確定前（審判後2週間以内）に相手方から異議の申立てがあれば、家庭裁判所に離婚無効確認訴訟を起こして争います。

(2) 不受理撤回の届出

　不受理申出をした者が、離婚の条件が調うなどして離婚に同意する場合には、不受理申出をした者が撤回する旨の「取下書」（用紙は役場に備え付けられています）を役場に提出することで、離婚届を受理してもらうことができます。

(3) 離婚届を偽造した場合

　離婚届が形式審査である以上、正確な記載があれば、偽造された離婚届であっても受理されますし、戸籍事務取扱者も原則として受領を拒否できません。そして、離婚届が提出されれば、離婚の効果が有効に発生します（厳密には戸籍簿に記載された時です）。

　これを覆すには、前述したように離婚無効の審判ないし判決を受けて戸籍を訂正するほかありません。

　また、離婚届を偽造した者は、第三者の署名を偽造、印鑑を盗用することになるので、離婚届の偽造には有印私文書偽造罪（刑159）が成立し、それを提出すれば偽造有印私文書行使罪（刑161）になります。そして、離婚届が受理され戸籍簿に離婚の記載がされれば、公正証書原本不実記載罪（刑157）になります。

　とはいえ、偽造の離婚届が提出された件数に比べれば、有罪判決の数は極めて少ないと思われます。おそらく無断で離婚届が提出されるような場合は、既に夫婦関係が破綻しており、当初は離婚無効を争っても、結局は離婚することとなり、事実上追認されるからではないかと推察されます。

第2 調停手続を行う

＜フローチャート～調停離婚の流れと手続＞

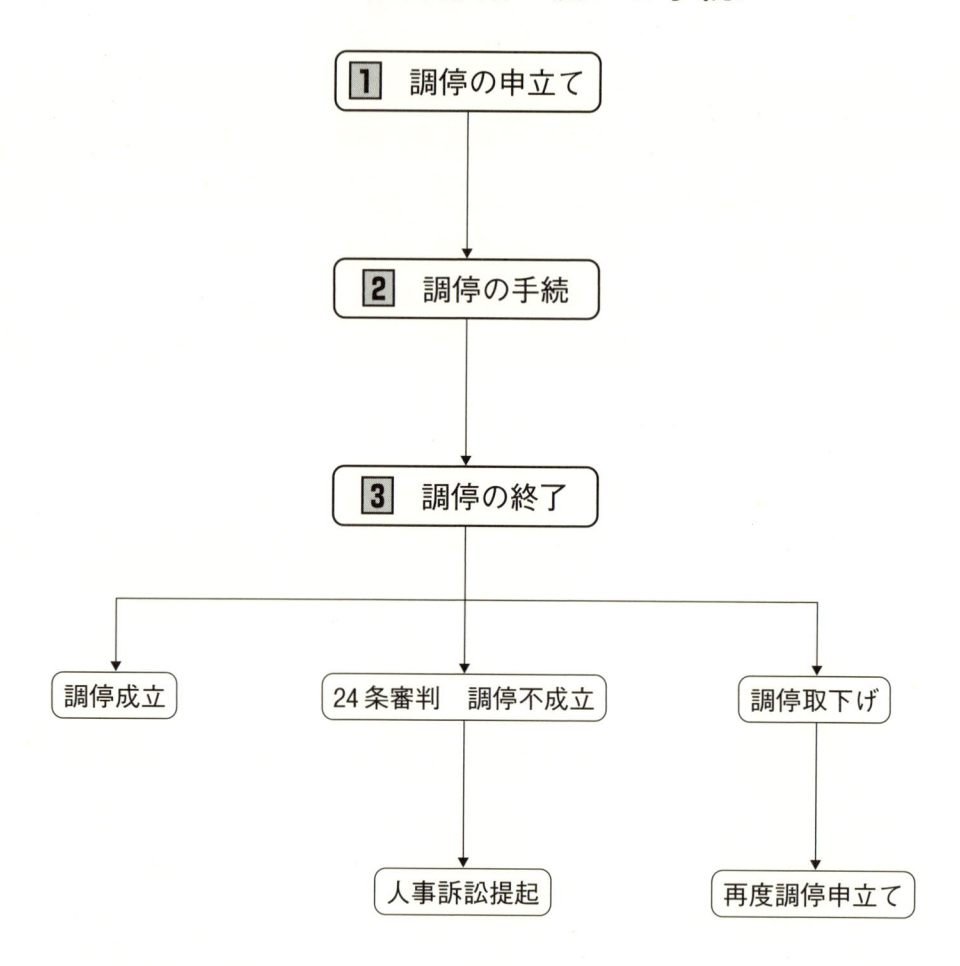

```
1 調停の申立て
    ↓
2 調停の手続
    ↓
3 調停の終了
    ├──────────────┬──────────────┐
    ↓              ↓              ↓
 調停成立    24条審判 調停不成立   調停取下げ
                   ↓              ↓
               人事訴訟提起    再度調停申立て
```

1 調停の申立て

(1) 申立書の作成
　夫婦間で離婚について任意の協議が調わなかった場合などに調停を申し立てます。

(2) 添付書類等の準備
　調停の申立てに必要な書類を準備します。

(3) 申立書および添付書類等の提出
　申立書等の提出先は相手方の所在地または当事者が合意で定める家庭裁判所です。

(1) 申立書の作成

　夫婦間で離婚について任意の協議が調わなかった場合や協議自体ができない場合、あるいは離婚に伴う財産給付につき債務名義を取得するために、調停を申し立てます（家審17）。調停事件名は、「夫婦関係調整調停事件」となります。これは、「夫婦関係解消（離婚）」と「夫婦関係円満調整」の双方を併せた「夫婦関係調整」の事件名を用いるという家庭裁判所の実務によるものです。

　申立書には、主として以下の事項を記載します（形式や詳細については【参考書式11】を参照して下さい）。

① 同居開始および別居開始時期、子どもの有無と生年月日といった当事者等に関する事実
② 離婚原因
③ 未成年子がいる場合の親権に関する事項
④ 未成年子がいる場合の養育費に関する事項
⑤ 財産分与に関する事項
⑥ 慰謝料に関する事項
⑦ 年金分割に関する事項
⑧ その他注記事項（相手方が出頭しない可能性が高いであるとか、暴力癖があるといった事情等）

　「申立ての趣旨」の記載ですが、特に財産分与や慰謝料の額等については、前者に

つき相手方の所有する財産が不明確である、後者については事実関係に激しい争いがあることが予想されるなどの理由から、具体的金額を明記できない、または明記するのが望ましくない場合もあります。この場合には、金額を記載せずに、「相手方は、申立人に対し、相当額の財産分与をする」といった記載をすることで代えることもできます。

申立書の分量は、一般の訴訟事件などと格別違いはありません。ただ、訴訟事件とは異なり、申立書は相手方には送達されません。

◆注意点（調停前置主義）

離婚は、家事審判法17条に規定される一般調停事件ですので、訴訟を提起する前に、まず調停を申し立てる必要があります（調停前置主義（家審18））。家庭に関する問題は人間関係にかかわるものなので、いきなり訴訟を提起し、訴訟手続で解決することになじまないからです。

このこととかかわりますが、弁護士として離婚事件を受任した場合、いきなり調停を申し立てるのではなく、書面で相手方に通知するなどして、協議離婚の可能性を探る方がよいことが少なくありません。当事者間の協議では合意の余地がない場合であっても、弁護士が仲立ちすることによって合意が形成される可能性もありますし、いきなり調停を申し立てると、このことによって相手方が反発することもあるからです。相手方にとっては、裁判所から突如呼出状が届くことを不満に感じることもあるでしょう。ただ、あまりにも調停申立てが遅延すると、依頼者との間の信頼関係を損ないますので、任意の協議を呼びかける旨の書面（可能であれば普通郵便で送付するのが穏当ですが、送付したことを確実に証拠で残しておきたい場合には内容証明郵便で郵送してもかまいません）を送付し、2週間程度待っても何の連絡もないような場合には、調停の申立てを考えてよいのではないかと思われます。もっとも、どの程度の期間相手方からの連絡を待つかはケースバイケースです。

◆申立人の住所

相手方の暴力が離婚原因である場合、申立人の現住所を相手方に知られてしまうと、調停外で暴力をふるわれるなどの危険性が高いというケースもあります。

このような場合には、申立時に、相手方に現住所を知られたくない旨を裁判所に伝えておく必要があります。申立人の別居開始時期が申立時よりそれほど前ではなく、住民票上の住所を別居後も動かしていないような場合には、住民票上の住所を記載しておくのもよいでしょう。また、申立人に代理人がついていれば送達場所に困ることもありません。

また、申立書に申立人の現住所を記載している場合で、相手方にも代理人がついた場合には、相手方代理人から、申立書の郵送ないしＦＡＸの協力依頼を受けることがありますが、その際にも、申立人の住所をマスキングするなどして送付することを忘れないように注意しなければいけません。

◆**公正証書と調停申立て**
　離婚に伴う財産給付につき債務名義を取得する方法としては、公正証書を作成する方法と、調停を申し立てる方法があります。
　そもそも、財産給付の内容について夫婦間に合意が成立していないのであれば、公正証書を作成することができませんので、この方法は採れません。
　夫婦間に合意が形成されている場合には、相手方が翻意することを防止するために、早急に合意内容を文書化しておくのが適当ですので、公正証書を作成するのがよいと思います。調停を申し立てる場合には、申立てから調停期日が開かれるまでにある程度の日数を要しますので、既に合意が形成されている場合には、調停申立ては適当な方法ではありません。
　ただ、公正証書を作成するにあたっては、作成手数料等を公証人に支払わなければなりません。手数料額等を公証役場に確認し、申立人にも事前に説明しておく必要があります。

【アドバイス】

○**婚姻費用分担調停**
　　夫婦関係調整調停を申し立てる際に、申立人が相手方と別居しており、かつ、相手方から生活費を受け取っていない、または不十分な額しか受け取っていない場合には、夫婦関係調整調停とは別に、婚姻費用分担調停の申立てを検討する必要があります。なお、婚姻費用分担調停は夫婦関係調整調停に付帯して申し立てることはできません。
　　申立ての際に、夫婦関係調整調停事件の事件番号と係属部を記入すれば、多くの場合は同一部に配属されることになります。

---

(2) 添付書類等の準備

　夫婦関係調整調停の申立費用として、収入印紙1,200円分（民訴費3①・別表1 15の2 ）と予納郵便切手約800円分が必要になります。

また、
① 申立人（相手方）の戸籍謄本　1通
② 分与財産に不動産が含まれる場合、不動産登記事項証明書　1通
③ 分与財産に不動産が含まれる場合、固定資産評価証明書　1通
④ 年金分割を請求する場合に「年金分割のための情報通知書」　1通
⑤ 委任状

といったものが添付書類として必要になります。①および④については、依頼者に取得依頼するのが簡便です。①については市・区役所に、④については社会保険庁に対して申請することになります。

その他、必要に応じて、申立人の主張を裏付ける資料を添付します。離婚原因が不貞であれば、その証拠写真や興信所の報告書が有効です。近時は、不貞相手との間でのメールのやりとりが証拠として提出されることが増えています。相手方から暴力を受けた場合には、診断書等を用意します。財産分与の関係では、相手方名義の預貯金の通帳等の写しを提出します。ただし、これらを申立書に添付してしまうと、相手方が裁判記録の閲覧請求に基づき、添付書類を閲覧し得るので（家庭裁判所の許可が必要（家審規12①））、相手方に閲覧させたくない書類については、調停期日に直接持参するのがよいでしょう。

(3) 申立書および添付書類等の提出

夫婦関係調整調停の管轄は、相手方の住所地または当事者が合意で定める家庭裁判所です（家審規129①）。

離婚協議の段階で相手方に弁護士がついている場合で、相手方の住所地を管轄する家庭裁判所が遠隔地である場合には、弁護士間で管轄合意書（【参考書式12】参照）を作成して、出頭に便利な裁判所に提出することも検討します。

なお、例外的に、管轄がない場合にも当該家庭裁判所への申立てが認められることもあります（家審規4①但書）。これを自庁処理といいます。この場合には、当該家庭裁判所において処理すべき特段の必要性があると思料される事情を上申書として作成し、提出します。ただ、実際の運用では、相手方の勤務地が管轄内にあって、当該家庭裁判所であるならば出頭の可能性が高いなどのごく例外的な場合でなければ、自庁処理は認められないようです。

【参考書式11】 夫婦関係調整調停申立書

調停申立書

平成○年○月○日

○○家庭裁判所　御中

申立人代理人弁護士　　甲　野　太　郎　㊞

本籍　○○県○○市○○町1－2－3
住所　〒○○○－○○○○　同上
　　　　　　　　申　立　人　　乙　野　花　子
　　　　　　　　　　　　昭和○年○月○日生
〒○○○－○○○○　○○県○○市○○町4－5－6
　　　　　　　　○○法律事務所（送達場所）
　　　　　　　申立人代理人弁護士　　甲　野　太　郎
　　　　　　　　　ＴＥＬ　○○－○○○○－○○○○
　　　　　　　　　ＦＡＸ　○○－○○○○－○○○○

本籍　申立人に同じ
住所　申立人に同じ
　　　　　　　　相　手　方　　乙　野　次　郎
　　　　　　　　　　　　昭和○年○月○日生

第1　申立ての趣旨
1　申立人と相手方は離婚する。
2　当事者間の長男三郎（平成○年○月○日生。以下「三郎」という。）及び長女幸子（平成○年○月○日生。以下「幸子」という。）の親権者をいずれも申立人と定める。
3　相手方は、申立人に対し、三郎及び幸子の養育費として月額○万円を支払う。
4　相手方は、申立人に対し、財産分与として金○万円を支払う。
5　相手方は、申立人に対し、慰謝料として金○万円を支払う。
6　相手方は、申立人と相手方との間の別紙年金分割のための情報通知書記載の情報に係る年金分割についての請求すべき按分割合を0.5と定めることに同意する。
との調停を求める。

第2　申立ての実情
1　当事者等
　申立人と相手方は、昭和〇年〇月〇日に婚姻し、同日より相手方の現住所で同居生活を開始した。申立人と相手方との間には、長男三郎（平成〇年〇月〇日生）、長女幸子（平成〇年〇月〇日生）がいる。申立人が平成〇年〇月〇日に家を出て、現在まで別居生活が続いている。
2　離婚原因
　(1)　不貞行為
　　　相手方は、平成〇年〇月ころより、出張等を理由として外泊が多くなった。あまりに外泊が続くので、申立人が不審に思い、相手方を問い質すと、平成〇年〇月〇日に勤務先の〇〇氏との間の交際を認めた。
　　　……
　(2)　相手方からの暴力
　　　……
3　親権
　　……
4　養育費
　　……
5　財産分与
　　……
6　慰謝料
　　……
7　年金分割
　　……
8　以上の理由により、本申立てに及んだ次第である。

添付書類

戸籍謄本	1通
不動産登記事項証明書	1通
固定資産評価証明書	1通
年金分割のための情報通知書	1通
委任状	1通

【参考書式12】管轄合意書

申立人　乙　野　花　子
相手方　乙　野　次　郎

管轄合意書

平成〇年〇月〇日

〇〇家庭裁判所　御中

　　　　〒〇〇県〇〇市〇〇町4-5-6　〇〇法律事務所（送達場所）
　　　　　　　　申立人代理人弁護士　甲　野　太　郎　㊞
　　　　　　　　TEL　〇〇-〇〇〇〇-〇〇〇〇
　　　　　　　　FAX　〇〇-〇〇〇〇-〇〇〇〇

　　　　〒〇〇県〇〇市〇〇町4-5-6　〇〇法律事務所（送達場所）
　　　　　　　　相手方代理人弁護士　丙　野　三　郎　㊞
　　　　　　　　TEL　〇〇-〇〇〇〇-〇〇〇〇
　　　　　　　　FAX　〇〇-〇〇〇〇-〇〇〇〇

　申立人乙野花子および相手方乙野次郎との間の夫婦関係調整調停申立事件は、〇〇家庭裁判所の管轄に属するものですが、双方代理人は、各当事者を代理して貴庁を管轄家庭裁判所と定めましたので、お届けします。

以　上

2 調停の手続

> (1) 第1回調停前の準備
> 　相手方に調停がどのような手続であるのかを十分に説明します。
> (2) 第1回調停期日
> 　家事調停は基本的には本人の出頭が必要です。
> (3) その後の調停期日
> 　当事者交互に事情聴取が行われ合意点を探っていきます。

(1) 第1回調停前の準備 ■■■■■■■■■■■■■■■■■■■■■

　申立人代理人として事件を処理する場合には、申立書作成までに十分な準備をしていると思われます。ここでは、相手方代理人として相談を受けた場合の第1回調停前の準備等について解説します。

　相手方本人は、突然家庭裁判所から呼出状が送られてきて驚愕・困惑していることが多いので、まずは調停がどのような手続であるのかを十分に説明する必要があります。具体的には調停委員会（男女1人ずつの調停委員と審判官によって構成される）という専門家が仲立ちして当事者間の合意を促進するための手続であり、相手方本人が納得しない場合には、調停委員会に解決方法を強制されるものではないこと等を説明することになります。解決に至るまでの期間を気にされる方も多いので、1回の調停期日で解決することは少ないこと、一般的には5回程度は調停期日が開かれることが多いこと、期日間の間隔は1か月程度開くこと、解決に至らず調停が不調により終了することもあること等を説明して下さい。

　その上で、相手方本人から事実関係を確認していきます。事実関係の確認に当たっては、第1回調停期日前に、離婚するか否かについて一応の結論を出しておくことに加え、申立人からの付帯申立てに対する相手方本人としての意見（慰謝料としていくらを支払うかなど）を検討しておくのがよいと思います。

　あとは、こちら側の主張の裏付けとなる証拠等を収集することになります。

　また、事務的な話ですが、①第1回調停期日出頭のための待ち合わせ場所と時間、②調停の時間としては2時間を予定しているのが通常ですが、若干延長する可能性も

あること等を説明しておくとよいと思います。ちなみに、筆者は、「待ち時間が長くなることから、小説等の読み物を持参してもよい」旨伝えておくこともあります。

◆申立書の取得

前述のとおり、夫婦関係調整調停事件においては、申立人が作成した申立書は相手方には送達されません。家庭裁判所において閲覧してもよいのですが、申立人に代理人が就いているのであれば、申立人代理人に送付を依頼するのが簡便です。

家庭裁判所の担当部に委任状を提出した際にでも、書記官に対して、申立人に代理人が就いているのか否か、就いている場合には申立人代理人の氏名と電話番号、FAX番号を尋ねれば、教えてくれます。その後、申立人代理人宛に、委任状を添付して依頼書をFAXないし郵送すれば、多くの申立人代理人はこれに応じてくれると思います。

◆家庭裁判所調査官の事前調査

家庭裁判所が事件を受理した後、主任調査官等は、申立書および添付書類等を精査し、第1回調停期日前から家庭裁判所調査官を付けて事前に調査を実施するか、期日進行中に必要に応じて調査官を付すことにするかを選別し、家事審判官に対して自らの意見を提出します（いわゆる手続選別（インテーク））。

調査官の関わり方は各裁判所の運用によるのですが、一般的には、①当事者が病気、入院、高齢、遠隔地居住等の事由により調停期日に出頭することが困難な場合や、②子の監護に関する付帯処分の申立てがある場合に、子の監護状況等に問題があると思われる事案等については、第1回調停期日前の家庭裁判所調査官の調査（事前調査）が行われることが多いようです。調査方法は、面談や電話確認等が用いられます。

第1回調停期日後の家庭裁判所調査官の調査（期日間調査や期日への立会い）についても、具体的には各裁判所の運用によるのですが、①当事者の性格や精神状態等に問題がある場合や、②子の監護状況に問題がある、または、子の監護方針をめぐり当事者間に激しい対立がある場合等に、調査が行われることが多いようです。

(2) 第1回調停期日

第1回期日には、家事審判官および調停委員の自己紹介の後、調停手続の説明があります。調停手続の説明時には、当事者双方が同席する場合と、別席の場合とがあります。代理人として弁護士がついている場合には、簡単な説明で済まされるのが通常

です。

その後、申立人、相手方から交互に事情聴取が行われます。依頼者は調停が初めての経験であることが一般的ですので、要領が分からなかったり、緊張していることがありますので、弁護士がリードするのが望ましいと思います。調停委員からの質問に対しても、代理人が回答できる部分は、代理人が回答し、依頼者の負担をできるだけ軽減するのがよいでしょう。

なお、家事調停には本人出頭主義が採用されていますので（家審規5①本文）、代理人が選任されていても、基本的には本人の出頭が必要になります。

◆**相手方不出頭への対応**

調停期日に一方当事者が出頭しない場合の出頭確保の方法ですが、一般的には、他方当事者その他家族、知人等から出頭を要請することによって、出頭を確保できないか模索することになります。

このような方法が期待できない、または実効性がない場合には、調査官からの出頭勧告を要請することを考えてみます。これは、家庭裁判所調査官から、欠席当事者に対して適切な助言や示唆を与え、調停への出頭を働きかけるものです。欠席の理由は、相手方に対する感情や本人の性格、調停手続の意義の誤解等によるものが多く、これらを解きほぐすべく調査官が勧告を実施します。

調査官の勧告や、当事者の欠席理由に配慮した調停期日の指定等が行われたにもかかわらず、欠席が繰り返されるなどすると、調停が不成立で終了することになります。

(3) その後の調停期日

その後の調停期日も、当事者交互に事情聴取が行われ、合意点を探っていくことになります。

そのなかで、子を実際に監護している当事者の代理人となった場合には、暫定的にでも定期的に養育費を相手方に支払ってもらうよう働きかけます。逆に、子を監護していない当事者の代理人となった場合には、子との面接交渉の実現に向けて働きかけることになります。調停係属中ですから、家庭裁判所内での試行面接も選択肢の1つです。相手方に代理人が就いている場合には、法律事務所等での面接交渉も検討します。

当事者の中には、調停の期日が約1か月ごとに指定されることに不満を持つ方もいますが、家庭裁判所の抱える事件数や、調停委員も多忙であることに鑑みると、無理からぬことである旨を説明しておく必要があります。

◆調停条項案の作成

　付帯処分も含めて、当事者間での妥協点が見えてきた段階では、具体的に調停条項案を練り始めます。相手方にも代理人が就いている場合には、相手方代理人と連絡を取り、期日間で調停条項を検討します。いざ調停条項を作成してみると、当事者本人が反発したり、代理人間の意識の違いが露呈するなどして調整に時間がかかる場合もあります。それゆえ、期日間調整は、なるべく早めに行うことが望まれます。ただし、合意成立の目途が立たない段階で具体的な条項の話をすると、相手方の感情を害することになりかねませんので、慎重に時期を見極める必要があります。期日間に調停条項案を作成する場合には、事前に、相手方代理人に対してその旨を断っておくべきでしょう。

　以下、調停条項案の作成にあたり、注意すべき事項等を付帯処分ごとに簡単に列挙しておきます。

財産分与についての確認事項

① 金銭の支払がある場合には、支払方法（調停成立日に持参させるのか、後日の振込み送金にするのか、一括にするのか、分割にするのか）、支払期日、支払遅延の場合の罰則（遅延損害金や期限の利益喪失条項）

② 分与対象不動産に抵当権が設定されていないか、抵当権が設定されている場合には、解除するか否か、解除しない場合には被担保債権の支払を当事者のいずれが継続してゆくか、支払遅延の場合の罰則（遅延損害金や期限の利益喪失条項）、債務引受等の処理に債権者が応じてくれるか否かの見込み

③ 不動産の持分を移転する等、登記の移転を伴う場合には、登記手続費用をいずれが負担するか

④ 分与対象不動産に当事者の一方が居住しており、当該不動産の所有権を他方当事者に移転させる場合、明渡し時期、明渡しまでの賃料、共益費、管理費、固定資産税等の支払を当事者のいずれが行うか

養育費についての確認事項

① 一括払にするか定期金払にするか

② 終期（「満18歳に達する日の属する月まで」、「満20歳に達する日の属する月まで」、「満22歳に達する日の属する月まで」等）

③ 振込先（当事者本人への振込みを拒み、子の名義の口座への振込みにしか応じな

いというケースもあります)
④　ボーナス期に一定額を加算するか
⑤　高校・大学進学時の学費負担（一部ないし全部負担）条項をいれるか
⑥　子の病気等のため特別の出費があった場合における別途協議条項を入れるか

面接交渉についての確認事項

①　面接時期や回数を定めるか（詳細に定めるのであれば「平成○年○月以降毎月第2日曜日の午後○時から午後○時まで」等。面接交渉の回数を「月1回」等とし、日時は当事者間の協議に委ねるという条項も多いです）
②　宿泊付きの面接交渉を盛り込むか
③　子とのメール、郵便等での直接の交信を認めるか
④　子の学校行事（入学式、授業参観、卒業式、スポーツ大会等）への参加を認めるか
⑤　子の成長の過程を記録した写真やビデオテープの送付を認めるか、認めるとしてその回数（「年○回」等）
⑥　面接交渉の際の留意事項を定めるか否か（面会は親権者の目の届く範囲で行うこと、面会時間の遵守、過度の贈り物の禁止、その他親権者および子の生活に悪影響を及ぼす行為の禁止等）

アドバイス

○夫が調停の申立人である場合の調停条項の工夫
　夫から調停の申立てがなされたケースでは、調停条項に「相手方の申出により、調停離婚する」旨の文言を記載しておくことをお勧めします。
　調停離婚の後、役場に離婚届を出すのは、原則として調停の申立人ですが、「相手方の申出により」といった文言を記載しておくと、相手方も離婚届を出すことができます。
　離婚の際に氏についての選択をしなければならない当事者（主に妻）とすれば、離婚届を出す際に、一緒にその届出（戸77の2）をすることもできますので、便宜です。

3 調停の終了

(1) 調停の成立
　成立した調停は確定判決と同一の効力を有します。
(2) 調停の不成立
　家庭裁判所が調停が成立しないものとして事件を終了させることです。
(3) 調停の取下げ
　調停係属中であれば、申立人はいつでも申立てを取り下げることができます。

(1) 調停の成立

　調停において当事者間に合意が成立し、これを調書に記載したときは、調停が成立したものとして、同調書の記載は、確定判決と同一の効力があります（家審21①本文）。また、乙類審判事項については、確定審判と同一の効力を有します（同但書）。

　調停によって義務を負担することになった当事者は、当該義務を誠実に履行していくべきことになります。

　調停調書に記載された条項の履行確保の手段については、「本章第1 2 (8) 履行の確保」を参照して下さい。

(2) 調停の不成立

　調停の不成立とは、調停委員会が、当事者間に合意が成立する見込みがない場合、または成立した合意が相当でないと認める場合において、家庭裁判所が家事審判法24条1項の審判をしないときに、調停が成立しないものとして、事件を終了させることです（家審規138の2）。

　調停不成立の場合の、事件の帰趨ですが、婚姻費用分担調停事件などが夫婦関係調整調停事件と同時に調停の対象となっている場合には、婚姻費用分担調停事件等は、独立した乙類審判事件ですので、当然に審判手続に移行することになります（家審26①）。

これに対して、夫婦関係調整調停事件は、訴訟事項ですから（人訴2一）、当然に審判に移行するということはありません。また、同調停事件に付帯して乙類審判事項である財産分与の申立て、子の監護に関する事項が調停の対象になっていたとしても、これらは、夫婦関係調整調停事件に付帯するものにすぎませんので、独立して審判手続に移行することはありません。

調停不成立に対しては、不服申立手段はありません。したがって、調停手続での協議を望む当事者は、①自ら譲歩し、または次回期日までに十分に検討する旨誓約して、次回期日を指定してもらうように調停委員に働きかけるか、②調停不成立後に（一定期間を置くかどうかは別にして）、再度自ら調停を申し立てることになります。

(3) 調停の取下げ

調停の取下げについて、家事審判法上の規定はありませんが、特にこれを否定すべき理由はないので、実務上認められています。調停係属中であれば、申立人はいつでも申立てを取り下げることができます。

取下げは口頭ですることもでき、相手方の同意も必要ないと解されています。口頭による取下げの場合には、裁判所書記官が調書を作成することになります（家審規3）。

調停を取り下げると、調停は始めから係属していなかったことになりますので、調停期日中の当事者の請求、主張も一切なかったことになります。

一度調停を取り下げても、再度調停を申し立てることは制限されていません。

依頼者の中には、調停委員の性格と合わないなどの理由で安易に取下げと再度の調停申立てを希望する方もいますが、再度の申立てによってこちら側に有利になるということは期待できませんので、依頼者を説得するように努力すべきでしょう。

第3　裁判離婚を行う

＜フローチャート～裁判離婚の流れと手続＞

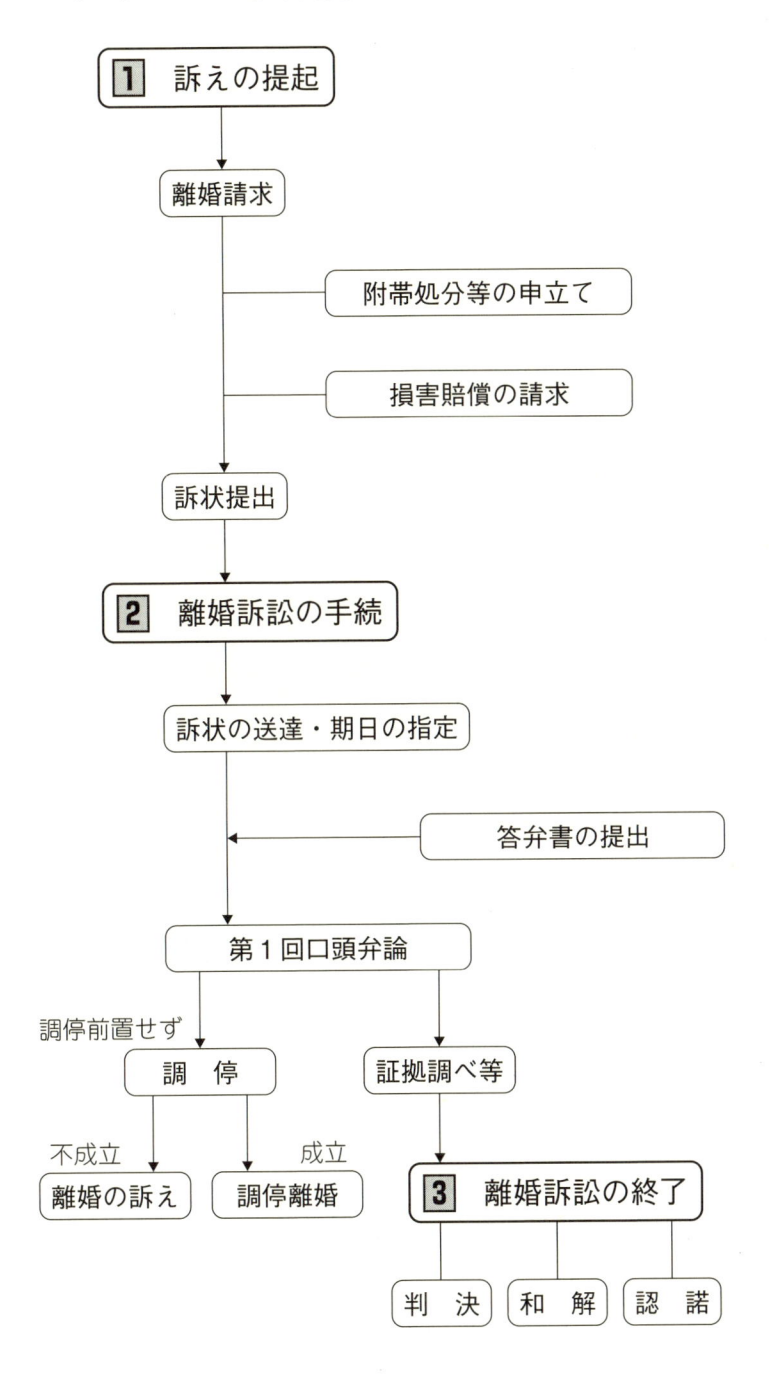

```
┌─────────────┐
│ 1  訴えの提起 │
└──────┬──────┘
       ↓
  ┌─────────┐
  │ 離婚請求 │
  └────┬────┘
       ├──────→ ┌──────────────┐
       │        │ 附帯処分等の申立て │
       │        └──────────────┘
       ├──────→ ┌──────────────┐
       │        │ 損害賠償の請求 │
       │        └──────────────┘
       ↓
  ┌─────────┐
  │ 訴状提出 │
  └────┬────┘
       ↓
┌───────────────┐
│ 2  離婚訴訟の手続 │
└───────┬───────┘
        ↓
  ┌────────────────┐
  │ 訴状の送達・期日の指定 │
  └────────┬───────┘
           ↓         ┌──────────┐
           ←─────── │ 答弁書の提出 │
           ↓         └──────────┘
  ┌────────────┐
  │ 第1回口頭弁論 │
  └──┬──────┬──┘
調停前置せず  │
     ↓       ↓
  ┌─────┐ ┌──────────┐
  │ 調停 │ │ 証拠調べ等 │
  └┬───┬┘ └─────┬────┘
不成立 成立          ↓
 ↓     ↓    ┌───────────────┐
離婚  調停   │ 3  離婚訴訟の終了 │
の訴え 離婚  └──┬────┬────┬──┘
              ↓    ↓    ↓
            判決  和解  認諾
```

1 訴えの提起

> (1) 離婚請求
>   管轄権を有する家庭裁判所に離婚請求の訴状を提出します。
> (2) 附帯処分等の申立て
>   離婚請求と同時に親権者指定、面接交渉、財産分与、養育費等に関する審理を行うよう求めることができます。
> (3) 損害賠償の請求
>   離婚請求の原因である事実によって生じた損害賠償請求も離婚請求とあわせて提起できます。

(1) 離婚請求

◆訴状の作成

　配偶者の一方は、他方に対して、「原告と被告を離婚する」ことを請求の趣旨として離婚の訴えを提起することができます。

　訴状には、請求を理由付ける事実を具体的に記載し、かつ、立証を要する事項ごとに、当該事実に関連する事実で重要なものおよび証拠を記載しなければなりません。離婚請求を理由付ける事実は、原告と被告が婚姻したことおよび離婚原因が存在すること（民法770条1項各号の事由の存在すること）ですから、これらを基礎付ける具体的な事実を記載する必要があります【参考書式13】。「婚姻を継続し難い重大な事由」を離婚原因とするときも、具体的な事実を明確にして立証の対象としなければなりません。

　なお、全国の家庭裁判所には訴状の定型用紙が用意されており、同用紙は裁判所のホームページからもダウンロードすることができますので、これを利用してもよいでしょう【参考書式14】。

◆訴状の提出

　訴状を作成したら、次表の要領で管轄権を有する家庭裁判所に提出します。

管轄	原則として、原告または被告どちらかの住所地を管轄する家庭裁判所 ※例外として自庁処理がある（下記 アドバイス 「離婚訴訟における土地管轄」参照）
手数料	1万3,000円（離婚請求のみの場合）
予納郵便切手	7,060円（1,040円×4＋500円×4＋80円×10＋10円×10）
添付書類	夫婦の戸籍謄本1通 調停（不成立）調書謄本または調停不成立証明書1通

アドバイス

○離婚訴訟における土地管轄

　上表記載のように、離婚訴訟の土地管轄は、原告または被告が普通裁判籍を有する地等を管轄する家庭裁判所の管轄に専属します（人訴4①）。合意管轄や応訴管轄は認められません。

　しかし、例外として、家庭裁判所が離婚請求事件の管轄を有していない場合でも、当該事件に前置される調停事件がその家庭裁判所に係属していたとき（調停事件は当事者の合意によってその管轄を定めることができるため、このような事態が生じることがあります）には、調停の経緯、当事者の意見その他の事情を考慮して「特に必要があるとき認める」ときは、申立て【参考書式15】により、または職権で自庁処理ができます（人訴6）。

　ただし、自庁処理はあくまでも例外的措置です。未成年の子が当事者の一方と同居している場合（人訴31）など、管轄違いを理由に当事者が普通裁判籍を有する地を管轄する家庭裁判所に移送されることが多く、代理人の事務所の所在地を管轄する家庭裁判所等に自庁処理の申立てをしても認められない可能性が高いことには注意が必要です。

◆調停前置主義との関係

　離婚訴訟のような人事訴訟事件には調停前置主義が採られています。このため、訴状の提出に際しては調停（不成立）調書謄本等の添付が要求されています。

　しかし、乙類審判事件と異なり、調停が不調になっても当然に訴訟に移行するものではなく、改めて訴えの提起が必要です。

また、調停が前置されていることは訴訟要件ではないため、調停手続を経ずに訴訟を提起しても、不適法な訴えとなるものではありません。したがって、調停が前置されていないことを理由として訴えの却下を求めることはできません。この場合、当該訴訟は調停に付されることになります（家審18）。

(2) 附帯処分等の申立て

◆附帯処分等

裁判所は、申立てによって、離婚請求等の審理と同時に子の監護者の指定その他子の監護に関する処分、財産の分与に関する処分または標準報酬等の按分割合に関する処分の審理を行うことができます（人訴32）。これらの処分をあわせて附帯処分といいます。

また、同様に親権者の指定の裁判をすることもできます。

◆申立ての時期

附帯処分等の申立ては、事実審の口頭弁論終結のときまでに行うことができます。しかし、実際には、離婚等の訴え提起と同時に行われることが多いようです。

附帯処分等を申し立てる場合には、書面で行うことが必要であり（人訴規19①）、その書面には申立ての趣旨および理由を記載し、証拠となるべき文書の写しで重要なものを添付しなければならないとされています（人訴規19②）。

◆財産分与に関する処分の申立て

財産分与に関する処分の申立ては実質的には家事審判事項ですので、申立てに当たって財産分与の額や方法を明示して申立てを行っても裁判所はこれに拘束されません。しかし、前述のように、附帯処分等の申立てに当たっては請求の趣旨と理由の記載が要求されていることから、これらについても記載が必要であるといえます。併せて、原告、被告それぞれの名義の不動産の登記事項証明書、預貯金の通帳、株式等の取引明細書などを提出して財産分与の対象財産を明らかにします。

また、議論のあるところですが、一般的には、財産分与の請求は分与を求める当事者からのみ行うことができるとされています（東京高判平6・10・13判タ894・248）。すなわち、離婚を求める原告が分与義務者である場合に、自ら財産分与として一定額の支払を申し出ることはできません。

なお、財産分与について遅延損害金の支払を求める場合、その起算点は、離婚判決

確定の日の翌日であること、それゆえ仮執行宣言を付すことができないことには注意が必要です。

◆**親権者の指定**

親権者の指定は、裁判所が職権で定めなければならないものであるため（民819②）、その申立ては、裁判所の職権発動を促す意味があります。

◆**養育費の請求**

養育費の請求をする場合には、源泉徴収票や確定申告書等被告の収入の認定できる資料を提出する必要があります。

> ケーススタディ

Q 過去の養育費を求める附帯処分の申立てができるか。

A 過去の養育費は婚姻費用に含まれるところ、人事訴訟法において婚姻費用の分担請求は附帯処分から除かれています（人訴32）。また、離婚調停の申立てに当たっては、婚姻費用分担調停も同時に申し立てられることが多く、離婚調停が不成立となり離婚訴訟が提起された場合でも、婚姻費用分担調停（または審判）はそのまま係属します。これらに鑑みると、附帯処分として申し立てる養育費は離婚後のものに限定し、過去の養育費については、過去の婚姻費用に含まれるとして財産分与の中で考慮するか、別途婚姻費用分担の調停または審判を申し立てる必要があります。

◆**附帯処分に係る手数料**

親権者指定および子の引渡しについては手数料は不要（裁判所の職権発動を促すものに過ぎないため）ですが、乙類審判事項については、1事項ごとに1,200円が必要です（民訴費別表1⑮の2）。

(3) 損害賠償の請求

① 人事訴訟に係る請求と当該請求の原因である事実によって生じた損害の賠償に

関する請求とは1つの訴えですることができ、当該人事訴訟に係る請求について管轄権を有する家庭裁判所は、当該損害の賠償に関する請求に係る訴訟について自ら審理および裁判をすることができます（人訴17①）【参考書式16】。

また、②人事訴訟に係る請求の原因である事実によって生じた損害の賠償に関する請求を目的とする訴えは、既に当該人事訴訟の係属する家庭裁判所にも提起することができます（人訴17②）。

さらに、③家庭裁判所に係属する人事訴訟に係る請求の原因である事実によって生じた損害の賠償に関する請求に係る訴訟の係属する第一審裁判所は、相当と認めるときは、申立てにより、当該訴訟をその家庭裁判所に移送することもできます。その移送を受けた家庭裁判所は、当該損害の賠償に関する請求に係る訴訟について自ら審理および裁判をすることができます（人訴8①）。

そして、②および③の場合、人事訴訟に係る事件およびその移送に係る損害の賠償に関する請求に係る事件について口頭弁論の併合を命じなければならないとされています（人訴8②・17③）。

◆損害賠償請求が併合された場合の訴額

人事訴訟と同一の請求原因である事実によって生じた損害賠償請求を併合した場合には、訴額は多額の一方によります（民訴費4③）。すなわち、離婚事件の訴額は、非財産上の請求として160万円となりますから（民訴費4②）、損害賠償請求額が160万円を超える場合には、その請求額に応じた手数料が必要です。

― ケーススタディ ―

Q 上記損害賠償請求事件に不貞の相手方に対する慰謝料請求事件が含まれるか。

A 人事訴訟の請求の原因である事実によって生じた損害の賠償に関する請求事件には、人事訴訟の当事者以外の第三者を当事者とする請求事件も含まれます。したがって、不貞の相手方に対する慰謝料請求事件も含まれます。

2 離婚訴訟の手続

---

(1) 訴状の送達、期日指定および答弁書の提出

訴状の送達、第1回口頭弁論期日の指定がなされ、被告は答弁書を提出します。

(2) 第1回口頭弁論期日

訴状および答弁書を陳述し、書証の取調べを行います。

(3) 争点整理手続

準備的口頭弁論、弁論準備手続、書面による準備手続があり、当事者双方は準備書面や書証を提出します。

(4) 証拠調べ

書証のほか証人尋問や当事者尋問が行われることがあります。

(5) 事実の調査

附帯処分等の裁判については、裁判所は事実の調査をすることができます。

---

(1) 訴状の送達、期日指定および答弁書の提出 ■■■■■■■■■■

◆訴状の送達と期日の指定

訴えの提起を受けた家庭裁判所は、被告に対して訴状を送達し、公示送達が予想される場合など特別の事由がある場合を除き、訴えの提起を受けた日から30日以内の日に第1回口頭弁論期日を指定します（民訴139、民訴規60②）。

アドバイス

○公示送達の申立てを行う場合の疎明方法

離婚訴訟のように身分関係に関する公益性の強い人事訴訟事件においては、公示送達の要件が厳格に審査されます。

そこで、疎明方法としては、上申書や親族照会が最低限必要とされます。

親族照会がなされていない場合には、戸籍の附票等を提出させて、書記官から、親

や兄弟姉妹等の親族に被告の所在地を知っているか否か、知っている場合にはその場所を照会するといった方法が行われるため、原告としては、少なくとも戸籍の附票を提出する必要があります。また、警察に捜索願等が提出されている場合は、警察署への確認が行われることがあるので、申立てに際しては捜索願の受理番号や警察署の担当者名を明らかにすることが望ましいといえます。

◆答弁書の提出

訴状の送達を受けた被告は、訴状記載の請求の趣旨や請求の原因に対する認否や反論を記載した答弁書を提出します【参考書式17】。答弁書は最初に提出される準備書面であり、相手方が準備するのに必要な期間をおいて、相手方に直送しなければなりません（民訴規83①）。

なお、答弁書についても訴状同様、家庭裁判所に定型用紙【参考書式18】が用意されています。

(2) 第１回口頭弁論期日

第１回口頭弁論期日においては、通常の場合、訴状および答弁書の陳述が行われ、提出された書証の取調べが行われます。

◆被告欠席の場合

人事訴訟には、民事訴訟法159条の適用がありません（人訴19）。このため、被告が第１回口頭弁論期日に欠席したとしても、擬制自白が成立したものとして事件を終結させることはできません。

◆調停に付される場合

調停を前置せずに訴えが提起された場合、または調停を経ているものの相手方不出頭などにより実質的な話合いがなされていない場合などには、第１回口頭弁論期日において事件は調停に付されます（家審19①）。

◆請求の認諾等が行われた場合

離婚訴訟では、被告が離婚請求を認諾することができます（人訴37①）。ただし、附帯処分の申立てや親権者の指定が必要な場合は離婚請求の認諾はできません（人訴37①ただし書）。

(3) 争点整理手続

民事訴訟法上、争点整理手続として準備的口頭弁論（民訴164）、弁論準備手続（民訴168）、書面による準備手続（民訴175）が規定されていますが、人事訴訟においては、原則として公開を要しない弁論準備手続によることが多いようです。

また、争点整理手続を円滑に行うため、裁判長等が、口頭弁論期日外において釈明権を行使する場合があります（民訴149①）。

◆準備書面の提出

準備書面には、離婚原因等の訴訟事項に関する主張と附帯処分等に関する主張とをできる限り区別して記載すべきですが、これらを別々の準備書面に記載する必要はなく1通の準備書面にまとめて記載することができます。

作成した準備書面は、相手方が準備するのに必要な期間をおいて、相手方に直送しなければならず（民訴規83①）、直送を受けた相手方は、提出者および裁判所に受領書面を提出しなければなりません（民訴規83②）。

(4) 証拠調べ

◆書証の提出

争点整理手続中に、弾劾証拠以外の書証を提出します。文書の記載から明らかな場合を除いて、文書の標目、作成者および立証趣旨を明らかにした証拠説明書を提出しなければならないとされています（民訴規137①）。

◆人証の申出

人証の申出は、できるだけ一括して行わなければなりません（民訴規100）。

証人尋問の申出書には、証人の住所、氏名、尋問に要する見込み時間（民訴規106）、同行の予定、呼出手続の要否について記載します【参考書式19】。また、証人尋問の申出を行うには、尋問事項書を提出しなければならず（民訴規107①）、これは相手方にも直送されます（民訴規107③）【参考書式19】。

◆当事者尋問等の公開停止

人事訴訟における当事者本人もしくは法定代理人（以下「当事者等」といいます）または証人が、①当該人事訴訟の目的である身分関係の形成または存否の確認の基礎

となる事項であって自己の私生活上の重大な秘密に係るものについて尋問を受ける場合、裁判所は、裁判官の全員一致により、②その当事者等または証人が公開の法廷で当該事項について陳述をすることにより社会生活を営むのに著しい支障を生ずることが明らかであることから当該事項について十分な陳述をすることができず、かつ、③当該陳述を欠くことにより他の証拠のみによっては当該身分関係の形成または存否の確認のための適正な裁判をすることができないと認めるときは、決定で、当該事項の尋問を公開しないで行うことができます（人訴22①）。

代理人は、上記①ないし③の事情があると考える場合には、証人尋問の申出を行う際に、公開停止の申出をあわせて行います。

(5) 事実の調査

裁判所は、附帯処分等の裁判について事実の調査をすることができます（人訴33①）。事実の調査とは、裁判所が証拠調べの方法によらずに自由な方式で裁判資料を収集するものであり、家庭裁判所調査官による事実の調査や、裁判所による審問、関係機関への照会等があります。

事実の調査は、裁判所の職権で行われるものであり、当事者の希望や意向によって実施の有無や調査事項が決まるものではありません。したがって、事実の調査の実施を希望する場合には、上申書を提出するなどして裁判所の職権発動を促すことになります。

◆参与員の関与

人事訴訟においては、事実の調査における調査官の関与のほかに、事件の審理および和解の試みに参与員を立ち会わせて事件について意見を聞くことが認められています（人訴9①）。これは、一般国民の良識を裁判所の判断に反映させることを目的とするものです。

参与員を関与させるかどうかは、当事者の意向によるものではなく、裁判所の裁量判断に委ねられています。

3 離婚訴訟の終了

(1) 判　決
口頭弁論終結時を基準時として離婚の訴えおよび附帯処分に関する判断がなされ、判決が言い渡されます。

(2) 和　解
人事訴訟法では離婚の訴えに係る訴訟に訴訟上の和解が認められています。

(3) 判決によらない婚姻終了
判決によらないで婚姻が終了した場合であっても、引き続き附帯処分について審理・判断されます。

(4) 訴訟終了後の手続
控訴の検討や各種届出等を行います。

(1) 判　決

離婚等とともに附帯処分の申立てを行った場合も、1つの判決の中で判断されます。したがって、判決のうちの附帯処分に関する部分のみに不服があった場合にも、不服申立方法は、判決に対する控訴であって、即時抗告でありません。

(2) 和　解

人事訴訟法では離婚の訴えに係る訴訟に訴訟上の和解が認められています（人訴37）。訴訟上の和解による離婚においては、附帯処分のうち親権者の指定は必ず行わなければなりませんが、財産分与、養育費等については同時に合意する必要はありません。

「原告と被告は離婚する」旨の訴訟上の和解が成立し、これが調書に記載されると、直ちに実体法上離婚の効果が生じます。このため、当事者による離婚届出は報告的届出となります。

> **アドバイス**
>
> ○和解条項の文例
>   訴訟上の和解を行う場合、和解条項案の提出を求められることがあります。和解条項案の文例は以下のとおりです。
> 1　原告と被告は離婚する。
> 2　原告と被告の間の長男○○（平成○年○月○日生）の親権者を原告と定める。
> 3　被告は、原告に対し、財産分与として金○○万円を平成○○年○月末日限り、○○銀行○○支店普通預金（口座番号×××××）口座名義人○○○○に振り込み支払う。
> 4　被告は、原告に対し、前記○○の養育費として、平成○年○月から同人が20歳に達する日が属する月まで毎月金○万円を末日限り前項記載の銀行口座に振り込み支払う。
> 5　訴訟費用は各自の負担とする。

(3) 判決によらない婚姻終了

　和解等により婚姻が判決によらないで終了した場合においても、離婚等とともに申し立てられた附帯処分について新たに家事審判の申立てを行う必要はなく、引き続き附帯処分について審理・判断されます（人訴36）。

(4) 訴訟終了後の手続

　訴訟が終了すると、判決正本、和解調書正本および認諾調書の正本が当事者双方に送達されます（民訴255、家審規12②）。なお、判決正本を除く両調書の正本の送達は、当事者からの調書送達申請を受けて行われます。この申請は、期日終了後、当事者に口頭で送達申請の意向を確認して、調書正本口頭申請調書を作成する方法によることもありますが、これが行われない場合は、申請を忘れないようにしなければなりません。
　また、判決の確定や和解の成立によって、実体法上離婚の効果が生じますが、当事者のうち離婚の届出義務者とされた者は、判決確定後または和解成立後10日以内に本籍地または届出人の住所地の市区町村役場に届け出なければなりません（戸77①・63）。なお、届出の際に必要となる省略謄本や判決確定証明書の交付は、書面により交付申請を行う必要があります。
　さらに、判決内容に不服がある場合は、判決書の送達を受けた日から2週間以内に控訴を提起することができます（民訴285）。

【参考書式13】訴　状（離婚請求）

訴　　状

平成○年○月○日

東京家庭裁判所　御中

原告訴訟代理人弁護士　　甲　野　太　郎　㊞

　　本　籍　東京都○○区○○町○丁目○番
　　住　所　〒○○○－○○○○　東京都○○区○○町○丁目○番○号
原　　　　　告　　乙　川　花　子

　　　　　　〒○○○－○○○○　東京都○○区○○町○丁目○番○号○○ビル
　　　　　　　甲野法律事務所（送達場所）
原告訴訟代理人弁護士　　甲　野　太　郎
電話　０３－○○○○－○○○○
ＦＡＸ　０３－○○○○－○○○○

　　本　籍　東京都○○区○○町○丁目○番
　　住　所　〒○○○－○○○○　東京都○○区○○町○丁目○番○号
被　　　　　告　　乙　川　次　郎

離婚等請求事件
訴訟物の価額　　○○○万円
ちょう用印紙額　○○○○円
　　　　　　　　2,400円（附帯処分）

第1　請求および申立ての趣旨
1　原告と被告とを離婚する
2　原告と被告との間の長女春子（平成○年○月○日生）の親権者を原告と定める
3　被告は、原告に対し、判決確定の日から上記春子が成人に達するまでの間1か月○○万円の金員を毎月末日限り支払え
4　原告と被告の間の別紙1記載の情報に係る年金分割についての請求すべき按分割合を0.5と定める
5　被告は、原告に対し、○○○万円およびこれに対する判決確定の日の翌日から支払済みまで年5分の割合による金員を支払え

6　訴訟費用は被告の負担とする

第2　請求の原因等
1　婚姻の経緯等
　　原告と被告は、平成○年ころ会社の同僚として知り合い、その後約2年の交際期間を経て、平成○年○月○日婚姻をし、東京都○○区○○町において婚姻生活を開始した。
　　その後、平成○年○月○日、長女春子が誕生し、これを機に原告は会社を退職した。
2　婚姻の破綻（離婚原因の存在）
　　平成○年○月ころから、被告の帰宅時間が深夜となることが多くなったことから、これを不審に思った原告が問いただしたが、被告はあいまいな返事を繰り返すばかりであった。なおも原告が理由を尋ねようとすると、「お前には関係ない」「いやなら出て行け」などと声を荒げ、時には被告の肩を突く、手首をつかむなどの暴行を振るうこともあった。
　　さらに、平成○年○月ころからは、被告は生活費を全く入れなくなり、家に帰らない日も多くなった。原告は、何とか被告と話しをしようと努力をしたが、被告は帰宅した時でさえすぐに自分の部屋に入ってしまい、話そうとする姿勢さえ見せなかった。
　　その後、平成○年○月になって、被告は別所に部屋を借り、全く帰宅しなくなり、現在まで別居状態が続いている。原告が被告の同僚から得た情報によれば、被告は上記居所において女性と同居しているとのことである。
　　以上のとおり、民法770条1項2号の悪意の遺棄および5号にいう婚姻を継続し難い重大な事由がある。
3　慰謝料請求
　　原告は、上記のとおり、被告の度重なる暴行や悪意に基づく遺棄により、離婚を余儀なくされたものであり、これらの行為によって多大な精神的損害を被った。この損害を金銭に換算すれば、金○○万円を下ることはない。
　　よって、本件の慰謝料としては少なくとも○○万円の支払いが相当である。
4　附帯処分等
　　原告は、長女出生後現在に至るまで、一貫して養育監護を行ってきたものであり、長女も順調に成長している。また、長女はいまだ○歳の幼児であり、その成長には母親の存在が不可欠である。他方、被告はこれまで長女の面倒を見たことがほとんどなく、別居後は全く顔をあわせないばかりか、長女の様子を尋ねたこともない。したがって、長女の親権者を原告と指定するのが相当というべきである。
　　また、原告の収入は、パート等で月5万円程度であるのに対し、被告は、現在も

○○株式会社に勤務しており、年間約○○万円の収入がある（甲1）。したがって、長女の養育費としては、1か月当たり○○万円が相当である。

　さらに、原告と被告の離婚時年金分割にかかる第一号改定者および第二号改定者の別、対象期間、按分割合の範囲は別紙1のとおりである。

5　よって、原告は、被告に対し、長女の親権者を原告として離婚を求めるとともに、不法行為により離婚そのものの慰謝料として金○○万円およびこれに対する判決確定の日の翌日から民法所定の年5分の割合の遅延損害金ならびに長女の養育費として判決確定の日から成人に達するまで月額○○万円の支払い、原告と被告の間の別紙1記載の情報に係る年金分割についての請求すべき按分割合を0.5と定めることを求める。

6　調停の経緯

　原告は、平成○年○月○日、御庁に夫婦関係調整調停事件を申し立て（御庁平成○年（家イ）第○○○○号）、調停では、被告も離婚に合意したものの、慰謝料の支払をめぐって対立し、合意が成立しなかったという経緯がある。

証　拠　方　法

1　甲第1号証　　源泉徴収票の写し

　　　　　・・・

添　付　書　類

1　戸籍謄本
2　住民票の写し
3　調停調書（不成立）
4　年金分割のための情報通知書

附　属　書　類

1　訴状副本　　　1通
2　甲号証写し　　各1通
3　訴訟委任状　　1通

184　第3章　離婚手続の実行

【参考書式14】訴　状（離婚請求）

訴　状

事件名　離　婚　　請求事件

訴訟物の価額	円
貼用印紙額	円
予納郵便切手	円
貼用印紙　裏面貼付のとおり	

　　　　　家庭裁判所　　御中　　原告の記名押印　　　　　　　　　　　印
　　平成　　年　　月　　日

原告	本　籍	都　道 　　　　府　県
	住　所	〒　－　　　電話番号　（　）　　ファクシミリ　（　） 　　　　　　　　　　　　　　　　　　　（　　　　　方）
	フリガナ 氏　名	
	送達場所 等の届出	原告に対する書類の送達は，次の場所に宛てて行ってください。 □　上記住所 □　勤務先（勤務先の名称　　　　　　　　　　　　　　　　　） 　　〒　－　　　電話番号　（　　　） 　　住　所 □　その他の場所（原告又は送達受取人との関係　　　　　　　） 　　〒　－　　　電話番号　（　　　） 　　住　所 □　原告に対する書類の送達は，上記の届出場所へ，次の人に宛てて行ってください。 　　氏　名　　　　　　　　　（原告との関係　　　　　　　　）
被告	本　籍	原告と同じ
	住　所	〒　－　　　電話番号　（　）　　ファクシミリ　（　） 　　　　　　　　　　　　　　　　　　　（　　　　　方）
	フリガナ 氏　名	
添付書類		□　戸籍謄本（甲第　　号証）　□　年金分割のための情報通知書（甲第　　号証） □　甲第　　号証～第　　号証　□　証拠説明書　□　調停が終了したことの証明書 □　証拠申出書　□
夫婦関係の形成又は存否の確認を目的とする係属中の事件の表示		裁判所　　／　平成　年（　）第　　　　号 事件名　　　　　　　事件／原告　　　　　　　被告

（注）太枠の中だけ記入してください。□の部分は，該当するものにチェックしてください。

離婚（1ページ）

第3　裁判離婚を行う　185

```
┌─────────────────────────────────────────────────────────────────┐
│　　　　　　　　　　請　求　及　び　申　立　て　の　趣　旨　　　　　　│
│原告と被告とを離婚する。                                              │
│　（親権者の指定）　続柄　　名                                         │
│　□　原告と被告間の_____ _____（□昭和 年 月 日生）, ____ ____（□昭和 年 月 日生）,│
│　　　　　　　　　　　　　　　　　　　　　□平成　　　　　　　　　　　□平成　　　　　　│
│　　　　　　　_____ _____（□昭和 年 月 日生）　　　　　の親権者を□原告　□被告と定める。│
│　　　　　　　　　　　　　　　□平成                                    │
│　□                                                                  │
│                                                                    │
│　（慰謝料）                                                          │
│　□　被告は，原告に対し，次の金員を支払え。                            │
│　　　　□　金_____円                                           │
│　　　　□　上記金員に対する_____から支払済みまで年____分の割合による金員│
│　（財産分与）                                                        │
│　□　被告は，原告に対し，次の金員を支払え。                            │
│　　　　□　金_____円                                           │
│　　　　□　上記金員に対する離婚判決確定の日の翌日から支払済みまで年____分の割合による金員│
│　□                                                                  │
│　□                                                                  │
│                                                                    │
│　（養育費）　　　　　　　　　　　　　続柄　　名                        │
│　□　被告は，原告に対し，_____から____ ____, ____ ____,       │
│　　　が_____まで，毎月____日限り，子一人につき金_____円ずつ支払え。│
│                                                                    │
│　（年金分割）                                                        │
│　□　原告と被告との間の別紙_____（年金分割のための情報通知書）記載の情報に係る年金分割についての│
│　　　請求すべき按分割合を，□０．５　□（　　　）と定める。              │
│　□                                                                  │
│訴訟費用は被告の負担とする。                                          │
│との判決（□及び慰謝料につき仮執行宣言）を求める。                      │
└─────────────────────────────────────────────────────────────────┘

┌─────────────────────────────────────────────────────────────────┐
│　　　　　　　　　　　　請　求　の　原　因　等　　　　　　　　　　　　│
│１・　原告と被告は，□昭和　□平成____年____月____日に婚姻の届出をしました。│
│　・　原告と被告間の未成年の子は，□いません。　□次のとおりです。        │
│　　　続柄　　名　　　　　年齢　生年月日                              │
│　　　____ _____ ____歳（□昭和 年 月 日生）                     │
│　　　　　　　　　　　　　　　　　□平成                                │
│　　　____ _____ ____歳（□昭和 年 月 日生）                     │
│　　　　　　　　　　　　　　　　　□平成                                │
│　　　____ _____ ____歳（□昭和 年 月 日生）                     │
│　　　　　　　　　　　　　　　　　□平成                                │
│２〔調停前置〕                                                        │
│　夫婦関係に関する調停を                                              │
│　□しました。                                                        │
│　　　事件番号　_____家庭裁判所_____平成___年（家イ）第_____号  │
│　　　結　果　平成___年___月___日　□不成立　□取下げ　□（　　　　　　）│
│　　　理　由　□被告が離婚に応じない　□その他（　　　　　　　　　　　　）│
│　　　　　　　□条件が合わない（　　　　　　　　　　　　　　　　　　　）│
│　□していません。                                                    │
│　　　理　由　□被告が所在不明                                        │
│　　　　　　　□その他（　　　　　　　　　　　　　　　　　　　　　　　）│
│３〔離婚の原因〕                                                      │
│　　次の事由があるので，原告は，被告に対して，離婚を求めます。          │
│　　　　□　被告の不貞行為　　　□　被告の悪意の遺棄　　　□　被告の生死が３年以上不明│
│　　　　□　被告が強度の精神病で回復の見込みがない　　□　その他婚姻を継続し難い重大な事由│
│　　その具体的な内容は次のとおりです。                                │
└─────────────────────────────────────────────────────────────────┘
```

（注）　太枠の中だけ記入してください。　□の部分は，該当するものにチェックしてください。

離婚（　２　ページ）

(ページ)

【参考書式15】自庁処理申立書

原告　乙川花子
被告　乙川次郎

自庁処理申立書

平成〇年〇月〇日

東京家庭裁判所家事第〇部　御中

原告訴訟代理人弁護士　　甲　野　太　郎　㊞

第1　申立ての趣旨
　原告は、本日、御庁に、離婚等請求事件を提起したが、同事件を御庁において審理及び裁判することを申し立てる。

第2　申立ての理由
1　原告は、本日、御庁に、離婚等請求事件（以下「本件事件」という）を提起し、受理された。
2　本件事件において、原告の普通裁判籍は〇〇県〇〇市であり、被告の普通裁判籍は××県××市にあり、御庁には土地管轄はない。
3　原告は、本件事件の提起に先立ち、相手方（被告）と管轄の合意をしたうえ、夫婦関係調整調停を申し立てた（御庁平成〇年（家イ）第〇〇〇〇号事件）。同調停事件は、平成〇年〇月〇日、合意が成立しないとして、調停不成立となった。
4　…〔調停の経過、当事者の意見その他の事情〕…
　　また、原告と被告の間の未成年の子春子は、現在、…〔子の住所または居所〕
　　したがって、未成年者の福祉を考慮して、子の監護の現状等を明らかにし、適正な裁判を実現するためには、御庁で審理および裁判することが相当というべきである（人訴6・31）。
5　以上のとおり、本件事件については、「特に必要があると認める（人訴6）」ときに該当すると思われるので、御庁において審理および裁判されたい。

【参考書式16】訴　状（損害賠償請求）

訴　状

平成〇年〇月〇日

東京家庭裁判所　御中

原告訴訟代理人弁護士　甲　野　太　郎　㊞

本籍　東京都〇〇区〇〇町〇丁目〇番
住所　〒〇〇〇-〇〇〇〇　東京都〇〇区〇〇町〇丁目〇番〇号
　　　　　　　原　　　　告　乙　川　花　子
　　　〒〇〇〇-〇〇〇〇　東京都〇〇区〇〇町〇丁目〇番〇号〇〇ビル
　　　　　　甲野法律事務所（送達場所）
　　　　　　原告訴訟代理人弁護士　甲　野　太　郎
　　　　　　　電話　０３-〇〇〇〇-〇〇〇〇
　　　　　　　ＦＡＸ　０３-〇〇〇〇-〇〇〇〇

本籍　東京都〇〇区〇〇町〇丁目〇番
住所　〒〇〇〇-〇〇〇〇　東京都〇〇区〇〇町〇丁目〇番〇号
　　　　　　被　　　　告　丙　田　雪　子

損害賠償請求事件
訴訟物の価額　　〇〇〇万円
ちょう用印紙額　〇〇〇〇円

第1　請求および申立ての趣旨
　被告は、原告に対し、〇〇〇万円およびこれに対する訴状送達の日の翌日から支払済みまで年5分の割合による金員を支払え

第2　請求の原因
1　原告と訴外乙川次郎の婚姻
　原告と訴外乙川次郎（平成〇〇年（家ホ）第〇〇〇号事件被告）は、平成〇年〇月〇日婚姻をし、平成〇年〇月〇日、長女春子が出生した。
2　不法行為
　平成〇年〇月ころから、訴外乙川次郎の帰宅時間が深夜にとなることが多くなり、その後平成〇年〇月ころからは、訴外乙川次郎は生活費を全く入れなくなり、家に帰らない日も多くなった。不審に思った原告が、訴外乙川次郎が受信した携帯電話

のメールの内容を確認したところ、訴外乙川次郎と被告が頻繁にメールのやり取りをしていることが判明した（甲1）。さらに、訴外乙川次郎所有の自動車に取り付けてあるカーナビゲーションシステムの登録を確認した結果、被告住所が登録されていた（甲2）。

　　被告は、訴外乙川次郎の会社の部下であり、原告と同期入社の元同僚である。したがって、被告は、訴外乙川次郎と原告が婚姻していることを知りながら、不倫関係を継続したものであり、これにより、原告と訴外乙川次郎との婚姻関係は破綻するにいたった。
3　慰謝料請求
　　原告は、被告の不法行為により、訴外乙川次郎との婚姻生活を破壊され、多大な精神的損害を被った。この損害を金銭に換算すれば、金〇〇万円を下ることはない。
　　よって、本件の慰謝料としては少なくとも〇〇万円の支払いが相当である。
4　よって、原告は、被告に対し、不法行為に基づく損害賠償として金〇〇万円およびこれに対する訴状送達の日の翌日から支払済みまで民法所定の年5分の割合の遅延損害金の支払いを求める。
5　調停の経緯
　　原告は、平成〇年〇月〇日、被告を相手方として、御庁に慰謝料請求調停事件を申し立て（御庁平成〇年（家イ）第〇〇〇〇号）、調停では、被告も不倫関係にあったことは認めたものの、慰謝料額をめぐって対立し、合意が成立しなかったという経緯がある。
6　離婚等請求事件の表示
　　原告と訴外乙川次郎との間の離婚等請求事件が御庁家事第〇部〇係に係属している（平成〇〇年（家ホ）第〇〇〇号事件）。よって、御庁には、本件請求に係る訴えについて管轄がある。

証　拠　方　法

1　甲第1号証　　携帯電話メール受信画面の写真
　　　　　　・・・

添　付　書　類

1　戸籍謄本
2　住民票の写し
3　調停調書（不成立）

附　属　書　類

1　訴状副本　　　1通
2　甲号証写し　　各1通
3　訴訟委任状　　1通

【参考書式17】答弁書

平成○○年（家ホ）第○○○○号　離婚等請求事件
原告　乙　川　花　子
被告　乙　川　次　郎

　　　　　　　　　　　答　弁　書

　　　　　　　　　　　　　　　　　　　　　　　　平成○年○月○日
東京家庭裁判所家事第○部○係　御中

　　　　　〒○○○－○○○○　東京都○○区○○町○丁目○番○号○○ビル
　　　　　　　戊原法律事務所（送達場所）
　　　　　　　被告訴訟代理人弁護士　戊　原　三　郎　㊞
　　　　　　　　　電話　０３－○○○○－○○○○
　　　　　　　　　FAX　０３－○○○○－○○○○

第1　請求及び申立ての趣旨に対する答弁
1　原告の請求を棄却する。
2　訴訟費用は原告の負担とする。
第2　請求の原因等に対する認否
1　請求の原因等1記載「婚姻の経緯等」については認める。
2　請求の原因等2記載「婚姻の破綻（離婚原因の存在）」については、…。
3　請求の原因等3記載「慰謝料」については、…。
4　請求の原因等4記載「附帯処分等」のうち親権者の指定については、…。
　　同養育費については、…。
　　同年金分割については、…。
第3　被告の主張
1　・・・
2　・・・

　　　　　　　　　　　証　拠　方　法
1　乙第1号証　○○○
2　乙第2号証　○○○

　　　　　　　　　　　附　属　書　類
1　乙号証写し
2　訴訟委任状

【参考書式18】答弁書

答　弁　書

予納郵便切手	円	取扱者	

	家庭裁判所　　御中　　被告の記名押印　　　　　　　　　　印		
	平成　年　月　日		
事件番号	平成　　年（家ホ）第　　　号　離婚　　請求事件		
原　　告			
被告	フリガナ 氏　名	
	住　所	〒　－　　電話番号　（　）　　ファクシミリ　（　） 　　　　　　　　　　　　　　　　　　　　　　　　（　　　　　　方）
	送達場所 等の届出	被告に対する書類の送達は，次の場所に宛てて行ってください。 　□　上記住所 　□　勤務先（勤務先の名称　　　　　　　　　　　　　　　） 　　　〒　－　　電話番号　（　） 　　　住　所 　□　その他の場所（被告又は送達受取人との関係　　　　　） 　　　〒　－　　電話番号　（　） 　　　住　所 　□　被告に対する書類の送達は，上記の届出場所へ，次の人に宛てて行ってください。 　　　氏　名　　　　　　　　（被告との関係　　　　　　　）
添付書類	□　乙第　号証　〜　第　号証　　□　証拠説明書 □
請求（及び申立て）の趣旨に対する答弁	□　1　原告の請求を（いずれも）棄却する。 　　2　訴訟費用は，原告の負担とする。 　　　との判決を求めます。 □

（注）　太枠の中だけ記入してください。□の部分は，該当するものにレ点を付してください。

（　1　ページ）

請求の原因等に対する答弁
1　訴状に請求の原因等として記載されている事実について 　　□　すべて間違いありません。 　　□　次の部分が間違っています。 　　-- 　　-- 　　-- 　　-- 　　-- 　　-- 　　-- 　　□　次の部分は知りません。 　　-- 　　-- 　　-- 　　-- 　　-- 2　私の言い分は次のとおりです。 　-- 　-- 　-- 　-- 　-- 　-- 　-- 　-- 　-- 　-- 　--
答弁書を原告へ送付する方法　□（□　原告代理人　□　原告）に（□　普通郵便　□　ファクシミリ）により送付します。 　　　　　　　　　　　　　□　原告（代理人）へは，裁判所から送付してください。

（注）　太枠の中だけ記入してください。□の部分は，該当するものにレ点を付してください。

（2ページ）

【参考書式19】証拠等申出書

平成○○年（家ホ）第○○○○号　離婚等請求事件
原告　乙　川　花　子
被告　乙　川　次　郎

平成○年○月○日

東京家庭裁判所家事第○部○係　御中

原告訴訟代理人弁護士　　甲　野　太　郎　㊞

証　拠　等　申　出　書

第1　証人尋問の申出
1　証人の表示
　　〒○○○－○○○○
　　東京都○○区○○町○丁目○番○号
　　　　　　　　○○○○（同行・主尋問20分）
2　立証の趣旨
　　・・・
3　尋問事項

第2　証人尋問の公開停止の申出
1　申出の趣旨
　　証人○○○○の別紙尋問事項×から△までの尋問の公開を停止するとの決定を求める。
2　申出の理由
　　・・・
　　以上の理由により、別紙尋問事項×から△までの尋問について、証人尋問の公開停止の措置をとる必要がある。

※（別紙）尋問事項を添付すること

第4　婚姻費用を請求する

＜フローチャート～婚姻費用請求の手続＞

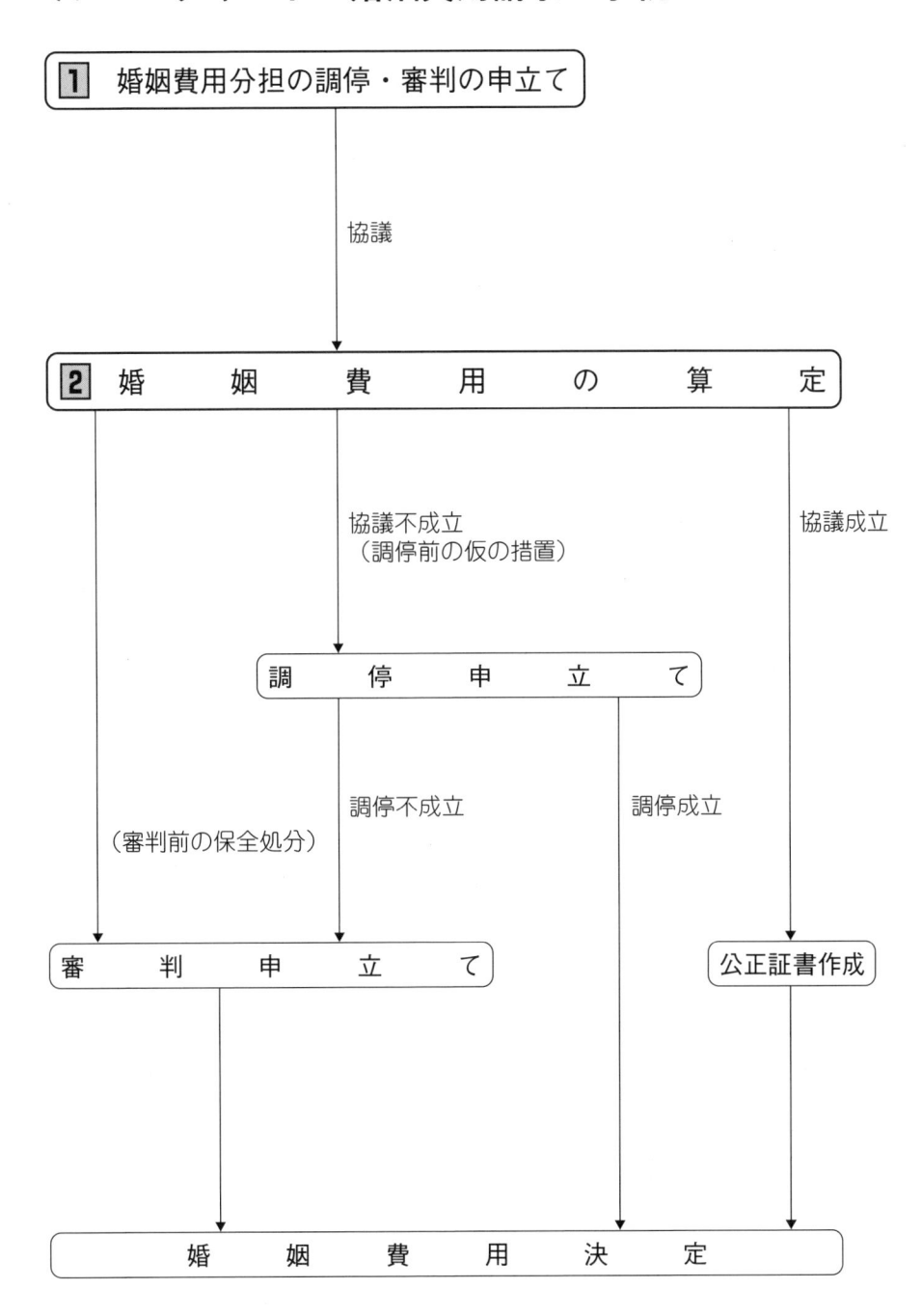

```
┌─────────────────────────────┐
│ 1  婚姻費用分担の調停・審判の申立て │
└─────────────────────────────┘
              │ 協議
              ▼
┌─────────────────────────────┐
│ 2  婚　姻　費　用　の　算　定　   │
└─────────────────────────────┘
        │                              │
        │ 協議不成立                    │ 協議成立
        │（調停前の仮の措置）            │
        ▼                              │
┌───────────────┐                      │
│ 調　停　申　立　て │                      │
└───────────────┘                      │
        │              │              │
（審判前の保全処分）  調停不成立    調停成立   │
        │              │              │      │
        ▼              ▼              │      ▼
┌───────────────┐                    │  ┌──────────┐
│ 審　判　申　立　て │                    │  │ 公正証書作成 │
└───────────────┘                    │  └──────────┘
        │                            │        │
        ▼                            ▼        ▼
┌─────────────────────────────────────────┐
│ 　　婚　姻　費　用　決　定　　　　　　　　│
└─────────────────────────────────────────┘
```

1 婚姻費用分担の調停・審判の申立て

> (1) 婚姻費用分担の協議
>   まずは、当事者間で協議をします。
> (2) 調停・審判の申立て
>   協議で定まらない場合には、調停・審判を申し立てます。
> (3) 調停前の措置・審判前の保全処分の検討
>   調停・審判の結果を待っていられない場合には、調停前の仮の措置や審判前の保全処分も検討します。

(1) 婚姻費用分担の協議

① 婚姻費用とは

　婚姻費用とは、婚姻共同生活の維持を支える費用で、配偶者の収入・財産に応じた生活水準が必要とする生計費・交際費・医療費等の日常的な支出や、配偶者間の子の養育費・学費・出産費等を含む、婚姻から生ずる費用のことをいいます。

　婚姻費用は、配偶者間で分担すべきものとされています（民760）。

　夫婦が別居に至った場合も、婚姻生活は継続しているので、各自の生活費や子どもの養育費は婚姻費用として分担すべきことになります。そのため、実際に婚姻費用の分担が問題となってくるのは、主に別居状態になった場合です。

② 協議に際しての事情聴取

　婚姻費用の分担基準については、まずは当事者間での合意により決定されます。

　婚姻費用は、「その資産、収入その他一切の事情を考慮して」（民760）分担するとされており、本来、夫婦の生活水準、夫婦の収入・財産、子どもの有無等によって、その額はさまざまです。そこで、その協議に先立ち、それまでの婚姻生活の収支、生活状況はどうか、子どもがいるならばその養育費が実際いくらかかっているのか等を詳しく聴取しておく必要があります。

　もっとも、婚姻費用の算定については、実務上、後述の算定表による算定方式が定着しています。調停・審判になったときには、この算定方式によることが一般的です。そこで、協議を進める上でも、上記算定方式での算定の基礎となる事項である両当事

者の収入、子どもの人数・年齢を確認し、算定表ではいくらになるのかを把握しておく必要があります。

これらの事情をよく把握した上で、相手方との協議に臨みます。

③ 協議で分担が定まった場合

婚姻費用の分担が協議で定まった場合には、強制執行認諾文言付きの公正証書を作成することが望まれます。将来、婚姻費用の支払が滞ったときに備えて、強制執行が直ちにできるようにするためです。

公正証書の費用等の詳細は、最寄りの公証人役場に問い合わせて下さい（日本公証人連合会のホームページで詳細を確認することができます）。あらかじめ和解条項案を作成して公証人と打合せをしておくと手続がスムースです。

(2) 調停・審判の申立て

婚姻費用の分担が協議で定まらない場合には、裁判所に調停・審判を申し立てます。調停が成立しなければ審判となりますので、まずは調停を申し立てることになります。

（調停申立ての手続）

申立人：夫または妻

申立先：相手方の住所地の家庭裁判所または当事者が合意で定める家庭裁判所

申立てに必要な費用：収入印紙1,200円と郵券（郵券額は各裁判所に問い合わせて下さい）

【参考書式20】婚姻費用分担請求調停申立書

婚姻費用分担請求調停申立書

平成○年○月○日

○○家庭裁判所　御中

　　本　　籍　〒○○○-○○○○　○○県○○市○○1丁目2番
　　住　　所　〒○○○-○○○○　○○県○○市○○3丁目4番地5
　　　　　　申　　立　　人　　甲　川　春　子

　　　　　　　　〒○○○-○○○○　○○県○○市○○1丁目2番3号
　　　　　　　　　○○ビル○階　○○法律事務所（送達場所）
　　　　　　　　　　電話　０３-○○○○-○○○○
　　　　　　　　　ＦＡＸ　０３-○○○○-○○○○
　　　　上記申立人代理人弁護士　　　丙　野　太　郎

　　本　　籍　〒○○○-○○○○　○○県○○市○○1丁目2番
　　住　　所　〒○○○-○○○○　○○県○○市○○3丁目2番地1○○○○方
　　　　　　相　　手　　方　　甲　川　一　男

婚姻費用分担請求調停申立事件
ちょう用印紙額　金1,200円

第1　申立ての趣旨
　相手方は、申立人に対し、婚姻費用として、毎月金○○円を支払うとの調停を求める。

第2　申立ての実情
1　申立人（昭和○年○月○日生）と相手方（昭和○年○月○日生）は、平成○年○月○日に婚姻した夫婦である。申立人と相手方の間には、長男太郎（平成○年○月○日生）、次男二郎（平成○年○月○日生）、長女花子（平成○年○月○日生）がいる。
2　申立人と相手方は、婚姻後、○○県○○市○○3丁目4番5号で、円満な夫婦生

活を送ってきた。ところが、相手方は、平成〇年頃から、出張を理由とした外泊が増え、ついに平成〇年〇月〇日に至り、申立人と子どもたちを自宅に置いたまま家に帰って来なくなってしまった。

　その後、相手方が、乙山冬子という女性の家に住んでいることが判明したが、相手方は自宅に帰ろうとせず、申立人に対し、一方的に離婚を要求してきた。

3　申立人は、幼い子ども3人を独りで養育しており、乳児もいることから働きに出ることも困難な状況である。相手方は、平成〇年〇月頃から生活費も入れなくなっており、貯金も底を突いた現在、申立人と子どもたちの生活は困窮の一途を辿っている。申立人と子どもたちの生活を維持するために要する費用は、月額〇〇円を下回らない。

4　よって、申立人は、相手方に対し、婚姻費用として、毎月金〇〇円の支払を求めて本調停を申し立てた次第である。

証拠資料

1　甲第1号証　　〇〇
2　・・・

添付書類

1　申立人と相手方の戸籍謄本　　　1通
2　甲号証（写）　　　　　　　　各1通
3　委任状　　　　　　　　　　　　1通

次の(3)の調停前・審判前の処分を求める場合には、調停・審判のどちらが申し立てられているかが重要ですので、これも念頭に手続を選択します。

なお、婚姻費用の審判に対しては、即時抗告による不服の申立てが可能です。

(3) 調停前の措置・審判前の保全処分の検討

調停・審判を申し立てても、すぐに結果が出るとは限りません。そこで、別居して生活費にも事欠くような場合には、次の措置等を取るかどうかも検討すべきでしょう。

① 調停前の仮の措置（家審規133①）

婚姻費用分担調停を申し立てた場合、調停を申し立てた裁判所に対し、調停前の仮の措置を求めることができます。この措置により、申立人は、仮に生活費の支払を求めることができます。

もっとも、この措置は、命令に従わなかったときに10万円の過料の制裁があるのみで（家審28②）、執行力がありません（家審規133②）。

② 審判前の保全処分（家審15の3）

婚姻費用分担審判を申し立てた場合、または婚姻費用分担調停を申し立てたが不調に終わった場合には、審判を行う裁判所に対し、審判前の保全処分を申し立てることができます。

この保全処分には、①と異なり、執行力があります（家審15の3④）。そのため、直ちに相手方の給料を差し押さえることもできます。

2　婚姻費用の算定

> (1)　算定表による算定
>   算定表を使って婚姻費用を算定します。
> (2)　特別な事情の考慮
>   算定表の幅を超える事情がないかを検討します。

(1)　算定表による算定

　婚姻費用の算定については、養育費の算定と同様に、平成15年、「東京・大阪養育費等研究会」がまとめた「簡易迅速な養育費等の算定を目指して―養育費・婚姻費用の算定方式と算定表の提案―」(判タ1111・285) が発表されて以来、この算定表に基づく算定が実務上定着しています。

　算定のしかたは、養育費と同じですので、「第2章　第5　2　養育費の算定」を参照して下さい。

(2)　特別な事情の考慮

　算定表では、通常の範囲の個別的事情は表の額の幅の中で既に考慮がされていますので、算定表によることが著しく不公平となるような特別な場合にしか個別的事情は考慮されません。

　この考慮も養育費の場合と同様なので、該当部分を参照して下さい。ここでは、婚姻費用にのみ該当する問題を取り上げます。

① 生活費を補うための借入れについて

　婚姻費用は、夫婦双方で負担するものですから、義務者が、婚姻生活維持のためにやむを得ず借入れをしたと認められる場合、権利者も応分の負担をするのが公平です。

　実際に、どの範囲で分担するかは裁判官の判断によりますが、債務の負担額を当事者の収入で按分するという方法も考えられます（大阪弁護士協同組合「養育費・婚姻費用の算定方式と算定表（平成18年6月）」15頁参照）。

② 権利者が賃貸住宅に住み、その家賃を義務者が支払っている場合

この家賃は婚姻費用の一部ですから、算定表で求められる婚姻費用の額から家賃を控除した額が、義務者が支払う婚姻費用となります（判タ1111・293）。

③　権利者が自宅に住み、その住宅ローンを義務者が支払っている場合

この場合、ローン分をすべて控除すると、権利者に支払われる額が少なくなり過ぎてしまいます。しかし、その一方で、全く考慮しないと、義務者が高額の支出を強いられ過酷な結果となることもあります。

そこで、双方にとって公平になるよう、総収入の認定に当たって返済額を考慮したり、算定表による算定額から一定割合を控除するのが相当と考えられます（大阪弁護士協同組合「養育費・婚姻費用の算定方式と算定表（平成18年6月）」16頁参照）。

ケーススタディ

Q　権利者が有責で別居に至った場合にも、婚姻費用を支払う必要があるのか。

A　まず、婚姻費用のうち養育費の部分は、有責かどうかに関わらず、支払わなければなりません。

また、婚姻費用のうち権利者の生活費の部分についても、有責性は基本的には慰謝料で考慮されるものですから、婚姻費用では考慮されないのが原則です。もっとも、主として権利者に責任があるような場合には、婚姻費用は減額されると解するのが審判例の傾向です（札幌高決昭50・6・30判時809・59等）。

第 4 章

離婚後に発生する諸問題の処理

第1　戸籍と氏を決定する

＜フローチャート～氏の決定の手続＞

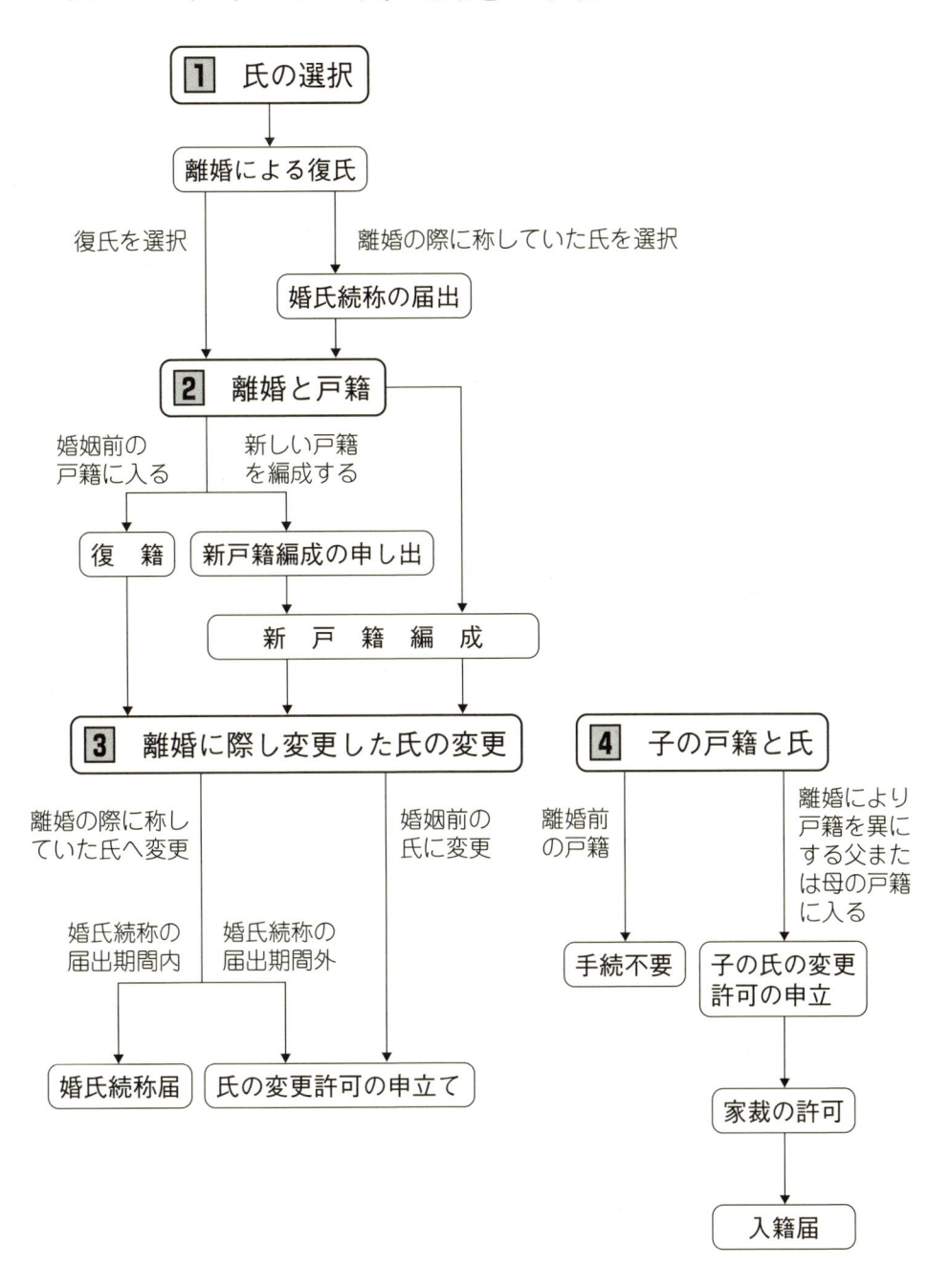

1 氏の選択
↓
離婚による復氏

- 復氏を選択 →
- 離婚の際に称していた氏を選択 → 婚氏続称の届出

↓

2 離婚と戸籍

- 婚姻前の戸籍に入る → 復籍
- 新しい戸籍を編成する → 新戸籍編成の申し出 → 新戸籍編成

↓

3 離婚に際し変更した氏の変更

- 離婚の際に称していた氏へ変更
  - 婚氏続称の届出期間内 → 婚氏続称届
  - 婚氏続称の届出期間外 → 氏の変更許可の申立て
- 婚姻前の氏に変更 → 氏の変更許可の申立て

4 子の戸籍と氏

- 離婚前の戸籍 → 手続不要
- 離婚により戸籍を異にする父または母の戸籍に入る → 子の氏の変更許可の申立 → 家裁の許可 → 入籍届

1 氏の選択

(1) 離婚の効力の発生

離婚の種類に応じて、法に定められた時期に離婚の効力が発生します。

(2) 離婚による復氏

婚姻によって氏を改めた者は、離婚によって当然に婚姻前の氏に復します（民767①・771）。

(3) 婚氏続称制度

離婚によって復氏した者は、戸籍法の定めに従って届出を行うことにより離婚の際に称していた氏（婚姻中の氏）を称することができます（民767②・771）。

(4) 称する氏の検討と決定

婚姻前の氏を称するのか、離婚の際に称していた氏を称するのか、諸般の事情を検討の上決定します。

(1) 離婚の効力の発生

協議上の離婚は、戸籍法の定めに従って届出を行うことによって効力を生じます（民764・739①）。

これに対し、離婚の訴えは形成の訴えであるため（人訴2一）、判決の確定によって離婚の効力が生じます。

また、調停離婚については調停成立に、審判離婚については確定した審判に、それぞれ確定判決と同一の効力を認める旨の規定があり（家審21①・25③）、調停成立の日または審判の確定した日に離婚の効力が生じることになります。

アドバイス

〇離婚の効力が生じる日

離婚の効力が生じる日は、後述する婚氏続称の届出が可能な期間計算をはじめ女性の再婚禁止（民733①）の期間計算や財産分与請求可能期間（民768②）の始期などとし

て重要な意味をもちます。期間の経過によって、手続内容が変わる、権利の行使自体ができなくなるなどの効果が生じますので、依頼を受けたら、直ちに離婚の種別と離婚の効力が生じた日を確認しましょう。

◆離婚届

離婚の届出は、届書の様式が法定されているため【参考書式21】、原則として当該様式によって下表のとおり届け出なければなりません（戸28②本文）。ただし、やむを得ない事情によって所定の様式によって届け出ることができない場合は、その様式によることを要しないとされています（戸28②但書、昭26・3・19民事甲454）。

◆離婚届出の方法

	協議離婚	裁判、調停、審判離婚
届出書の提出場所	離婚する夫婦の本籍地または届出人の所在地。 ※届出人の所在地には、届出人の届出当時の住所地だけでなく、居所や一時的な滞在地も含まれる（明32・11・15民刑1986民刑局長回答、昭27・11・14民事甲629民事局長回答）。	
届出人	当事者（民764・739、戸76）	調停もしくは審判申立人または訴えの提起者（戸77①・63①）。 ※上記の者が調停の成立もしくは審判または判決確定の日から10日以内に届出をしないときは、その相手方も届出可能（戸77・63②） ※上記において相手方が10日以内に届出を行った場合、届出期間の満了を待ち、届出義務者からの届出がない場合にはじめて受理される。
添付書類	なし	調停、和解、認諾調書または審判書もしくは判決の謄本と確定証明書（戸77・63） ※謄本は、戸籍の記載に関係のない事項を省略した謄本（省略謄本）でよい（平16・4・1民一769）
提出方法	郵送または第三者による提出も可能	
届出期間	なし	調停の成立もしくは審判または判決の確定の日から10日以内（戸77①・63①）

必要通数	1通 ※本籍地でない役場に出す場合は原則として2通または3通
その他	届出書中の押印は認印で可

アドバイス

○届出における本人確認

　上表のように届出は離婚当事者本人が提出する必要はありません。しかし、虚偽の届出を未然に防止するため、以下のような本人確認等が行われています。
① 届書持参者に対して免許証等身分証明書の提示を求め、その身分を確認します（戸27の2①）。
② 届書持参者の本人確認ができなかった場合、原則として当該届出人に対して届出が受理された旨が文書で通知されます（戸27の2②）。

　届出書を持参する場合には身分を証明できるものを持参するようにしましょう。

(2) 離婚による復氏

　離婚の効力の1つに、婚姻によって氏を改めた夫または妻が婚姻前の氏に復するという「復氏」があります（民767①・771）。例えば、乙川花子が甲田太郎と甲田の氏を選択して婚姻し、その後離婚したという場合、花子の氏は、なんらの手続を要せず法律上当然に乙川花子に戻ります。

ケーススタディ

Q 婚姻によって氏を改めた者が、配偶者の死亡後転婚しさらに氏を改め、離婚をした場合の「婚姻前の氏」はどうなるのか。

A 離婚の場合と異なり、夫婦の一方が死亡した場合には、生存配偶者は婚姻前の氏に復することもできますが、そのまま継続して婚姻中の氏を称することも可能です（民751①）。

　そこで、乙川花子が甲田太郎と婚姻して甲田花子に改姓したが、太郎が死亡し、

花子が生存配偶者の復氏届をしないまま丙山次郎と丙山の氏を選択して婚姻（転婚）して、その後離婚をした場合、花子が復すべき「婚姻前の氏」は甲田か乙川かが問題となります。

この点、花子の意思により、前婚当時の氏（甲田）か実方の氏（乙川）のいずれかを選択して、その選択した氏に復するとされています（昭23・1・13民事甲17）。

(3) 婚氏続称制度 ■■■■■■■■■■■■■■■■■■■■■■■■■■

離婚によって復氏した夫または妻は、離婚の日から3か月以内に戸籍法の定めるところにより届け出ることによって、離婚の際に称していた氏を称することができます（民767②・771）。これを婚氏続称制度といいます。

これを受けて戸籍法では、離婚の年月日を届書に記載して、婚氏を称する旨を届け出なければならないと定めています（戸77の2）。

◆届出期間

婚氏続称の届出期間である3か月という期間は、天災事変等によっても伸張されないと考えられています。これは、離婚後の氏はなるべく早めに確定することが望ましいと考えられているためです。3か月を徒過すると、その後に婚氏続称するためには戸籍法107条1項の手続によることになります。

◆婚氏続称の届出ができない場合

以下の場合には、婚氏続称の届出ができない（受理されない）とされています。
① 転婚に際して相手方の氏を称した者が、離婚によっていったん前婚当時の氏に復し、次いで生存配偶者の復氏届により実方に復した後に届出がされた場合（昭51・11・4民二5353）
② 離婚の際に称していた氏と婚姻前の氏の呼称が同一である場合（昭58・4・1民二2285）

なお、①に関して、離婚により直ちに実方の氏に復した後に出された婚氏続称届は受理して差し支えないことになっています。

◆民法上の氏と呼称上の氏

婚氏続称を選択した場合であっても、民法上の氏は婚姻前の氏のままであり、あくまでも呼称が離婚時の氏となるにすぎません。例えば、乙川花子が甲田太郎と甲田の

氏を選択して婚姻したが離婚し、婚氏続称の届出を行った場合、花子の民法上の氏は乙川ですが、呼称上の氏のみが甲田となります。

(4) 称する氏の検討と決定

　婚姻によって氏を改めた者は、仕事関係や生活の本拠において氏が変更することによって復氏者本人に生じる社会生活上の利益・不利益、養育する子と氏が異なることによって復氏者および子に生じる利益・不利益、子の氏を変更する場合には子の氏が変わることによって子に生じる利益・不利益、子がある程度の年齢に達している場合には子の意思等諸般の事情を考慮して、称する氏を婚姻前の氏とするか、離婚時の氏とするか選択決定します。

◆婚氏続称の届出

　称する氏を決定したら、婚氏続称の届出を行います。婚氏続称の届出は、離婚によりいったん復氏した者が、いったん婚姻前の戸籍に復籍し（戸19①本文）、または新戸籍を編成した（戸19①但書）後においてもすることができるほか、離婚の届出と同時に届け出ることもできます（昭62・10・1民二5000第4の1）。

　離婚届と異なり、届出の様式は法定されていませんが、法務省民事局長通達で標準様式【参考書式22】が示されており、届出を行う際には、なるべくこれによることが望ましいとされています。

◆婚氏続称届出の方法

届出人	離婚によって婚姻前の氏に復した者
届出期間	離婚の日から3か月以内 ※期間計算は、離婚の日の翌日から起算し（民140）、その起算日に応答する日の前日をもって満了する（民143②）。
届出書の提出場所	離婚する夫婦の本籍地または届出人の所在地。 ※届出人の所在地については、離婚届の場合と同じ。
提出方法	郵送または第三者による提出も可
その他	届出書中の押印は認印で可

2　離婚と戸籍

> (1) 復　籍
>   復氏した者は、原則として、婚姻前の戸籍に入ります。
> (2) 新戸籍の編製
>   復氏した者は、婚姻前の戸籍に入らず新しい戸籍を編製することもできます。
> (3) 新戸籍編製の申出
>   選択した戸籍に関する申出を行います。

(1) 復　籍

　離婚によって復氏した者は、婚姻前の戸籍に入るのが原則です（戸19①本文）。これを復籍といいます。

　婚姻後に実方の父母が転籍している場合は、転籍後の戸籍に入ります。また、婚姻によって氏を改めた者の実方の氏の呼称が戸籍法107条1項によって変更している場合には、その変更後の氏に復することになります。

(2) 新戸籍の編製

　復すべき戸籍がすでに除かれている場合や復氏した者が新戸籍の編製の申出をした場合、新戸籍が編製されます（戸19①但書）。

　また、婚氏続称の届出を行った場合には、その届出をした者について新戸籍が編製されます（戸19③）。

◆復氏に伴う戸籍の変動パターン

　離婚による復氏によって生じる戸籍の変動パターンは、基本的には以下の3つのパターンとなります。

① 婚姻前の戸籍に復する（戸19①本文）。
② 呼称を婚姻前の氏と同じくして新しい戸籍を編製する（戸19①但書）。
③ 婚氏続称の届出を行い、新戸籍を編製する（戸19③）。

(3) 新戸籍編製の申出

　婚姻前の戸籍に入るか新戸籍を編製するのかの申出は、離婚の届出と同時に行います。通常は離婚届書に設けられている「婚姻前の氏にもどる者の本籍」欄に記載すれば足ります。

　婚氏続称にともなって新戸籍を編製する場合、離婚の際に称していた氏を称する届書を提出する際に戸籍に関する申出も行います。この届出を提出する時期については前述「1 (4)　称する氏の検討と決定」記載のとおりです。

> ケーススタディ

Q　離婚により復氏する者が届出人でない場合、当該離婚届出によって新戸籍編製の申出ができるか。

A　裁判または調停による離婚は、訴えを提起した者が届出人となります。このため、届出人が必ずしも復氏する者でない場合が生じますが、この場合、当該離婚届によって新戸籍の編製の申出を行うことができるか問題となります。

　この点、離婚届書の「その他」欄に、新戸籍を編製する旨を記載し、署名押印して届け出た場合、またはその旨の申出書を添付して届出があった場合には、これに基づいて新戸籍を編製できるとされています（昭53・7・22民二4184）。

　また、調停調書の条項中に、相手方（復氏する者）について、離婚により新戸籍を編製する旨および新本籍の場所が記載されている場合は、申立人から離婚届をする際、相手方の申出がなくても、新戸籍を編成する取扱いをして差し支えないとされています（昭55・1・18民二679民事局長回答）。

> アドバイス

〇届出人の決定

　上記のように離婚届の届出人と復氏する者が異なる場合、離婚届出書に届出人以外の者が署名押印したり、申出書を添付したりする手間が必要となり煩瑣です。そこで、調停や裁判による離婚の場合には、あらかじめ調停証書や判決において、届出人を復氏する者とする旨を定めておくか、あるいは、相手方について、離婚により新戸籍を編製する旨および新本籍の場所を調停調書中に記載しておくとよいでしょう。

3 離婚に際し変更した氏の変更

> (1) 離婚に際し変更した氏を変更する場合
> 　婚姻前の氏から離婚時に称していた氏に変更する場合や、婚氏続称の届出を行った者が婚姻前の氏に変更する場合があります。
> (2) 戸籍法107条1項による氏の変更
> 　離婚に際し変更した氏をさらに変更する場合、戸籍法107条1項に基づいて変更手続を行います。

(1) 離婚に際し変更した氏を変更する場合 ■■■■■■■■■■■

離婚に際し変更した氏を変更する場合には、以下のような場合があります。
① 婚姻前の氏に復した者が、婚氏続称の届出期間内に離婚時に称していた氏に変更する場合
② 婚姻前の氏に復した者が、婚氏続称の届出期間経過後に離婚時に称していた氏に変更する場合
③ 婚氏続称の届出を行った者が婚姻前の氏に変更する場合

(2) 戸籍法107条1項による氏の変更 ■■■■■■■■■■■

上記(1)の①の場合は届出期間内に婚氏続称の届出を行えば足り、その他の手続を要しません。

②の場合、もはや婚氏続称の届出によることはできず、戸籍法107条1項による手続が必要となります。すなわち、変更には「やむ得ない事由」が必要とされ、家庭裁判所の許可を得る必要があります【参考書式23】。

③の場合も②と同様、戸籍法107条1項の手続によることになります。

◆氏の変更許可申立ての手続

申立人	戸籍の筆頭者（戸107①）
管　轄	申立人の住所地の家庭裁判所（特家審規4）

手数料、予納郵便切手	収入印紙800円、郵便切手400円
添付書類	申立人の戸籍謄本1通、氏の変更の申立理由を証する資料、同一戸籍内に、満15歳以上の者がある場合は、その者の氏の変更についての同意書

◆**戸籍法107条1項における「やむを得ない事由」**

　戸籍法107条1項によって氏の変更が認められるためには、自分の氏が気に入らないといった主観的な理由では足りず、社会生活上の困難が生じているなどの客観的な理由が必要とされ、やむを得ない事由は厳格に解釈されています。

　しかし、婚氏続称をした者が婚姻前の氏への変更を申し立てる場合には、他の場合よりも基準を緩和するのが判例の傾向です。変更の条件としては、①婚氏続称の届出後、その氏が社会的に定着する前に申立てをしたこと、②申立てが恣意的でないこと、③第三者が不測の損害を被るなどの社会的弊害が発生するおそれがないこと（東京高決昭59・8・15判時1127・107）が挙げられます。

　①については、婚姻期間を含めず離婚後の婚氏が社会的に定着しているかどうかで判断しています。離婚後の婚氏の使用期間が10年を超えるような長期間の使用であっても変更を認めた事例があります（仙台家石巻支審平5・2・15家月46・6・69）。

　②の事情としては、離婚後、実方の父母と同居している、家業を継ぐことが決まっている、祭祀を承継することになっている等の離婚後の事情に加え、離婚の際に子供が改氏を嫌がった、夫婦共有財産であるマンションの売却を円滑にするため等婚氏続称を選択した理由も考慮されます。

　なお、長く婚氏を称してきた者が離婚により復氏し、婚氏続称の届出期間経過後あまり日時の経過しない時期に婚氏への変更を申し立てたという事例において、「やむを得ない事由」を一般の場合よりも緩やかに解釈して差し支えないとした判例があります（東京高決平元・2・15家月41・8・177）。

――――― アドバイス ―――――

○**氏を選択する場合の注意点**

　離婚によって復氏した者がさらに氏を変更する場合については、その許可の基準が緩和される傾向にありますが、家庭裁判所への申立てと許可を要する以上、単なる届出と異なり、申立人の時間的、経済的な負担が増すこと、また、変更が許可されない

可能性もあることを勘案し、離婚時の氏の選択は慎重に行うべきであり、依頼者から相談を受けた場合には、上記の点について十分な説明をしなければなりません。

> ケーススタディ

Q 甲田花子が婚姻によって乙川に氏を改め、その後、離婚したが、婚氏続称の届出を行い現在も乙川の氏を称している。花子が父母（氏は甲田）と氏が異なることを理由として民法791条1項による氏の変更をすることができるか。

A 花子は、民法791条1項によって氏を変更することはできません。これは、花子の民法上の氏はすでに甲田に復しており、単に呼称上の氏が乙川であるにすぎないためです。この場合、花子が氏を甲田に変更するためには戸籍法107条1項による必要がありますので（東京高決昭54・9・14家月31・11・85）、「やむを得ない事由」がなければなりません。

4 子の戸籍と氏

(1) 子の戸籍
　父母が離婚し、婚姻によって氏を改めた父または母が復氏して戸籍から除かれても、子は離婚前の戸籍に残ります。

(2) 子の氏の変更
　子が、氏の異なる父または母と同じ氏に変更する場合には民法791条1項により氏を変更します。

(3) 子の入籍手続
　子が父または母と同じ氏に改めることを許可された後、氏を同じくすることになった父または母の戸籍に入籍する手続を行います。

(1) 子の戸籍

　父母が離婚すると、婚姻によって氏を改めた父または母は民法上当然に婚姻前の氏に復します。しかし、復氏した父または母が子の親権者である場合や監護権者である場合、あるいは子と同居している場合であっても、子の戸籍は当然には変更されず離婚前の戸籍にとどまるため、子と復氏した父または母の民法上の氏が異なることになります。

(2) 子の氏の変更

　例えば、同居している親と子の氏が異なると社会生活上さまざまな不都合が生じます。そこで、子と父または母の氏を同じくするために、民法791条1項に基づき家庭裁判所に子の氏の変更許可申立てを行います【参考書式24】。

◆子の氏の変更許可申立ての手続

申立人	子 ※子が15歳未満のときは法定代理人が子を代理する。 ※子と氏を異にする父または母が、子の親権者でない場合に子を代理して申立てを行うには、親権者変更の調停または審判の申立てが必要となる。
管　轄	子の住所地の家庭裁判所（家審規62・60・52②）
手数料、予納郵便切手	子1名につき収入印紙800円、郵便切手400円
添付書類	父母の離婚および親権者指定の記載がある子ならびに父または母の戸籍謄本各1通

◆注意点

　復氏した父または母が婚氏続称している場合、当該父または母の呼称上の氏は子の氏と同じですが、民法上の氏が異なるため、婚氏続称していない場合と同じく子の氏の変更許可申立ての手続が必要となります。

> ケーススタディ

Q 法定代理人でない監護権者が子の氏の変更申立てを行うことができるか。

A 監護権を有する父母の一方が現実に養育監護している子に対して、自己の氏を称させることとする措置を講ずることは、監護権の範囲内にあり、監護権者に子の氏の変更申立権を肯定することが子の利益を主眼とする民法766条の方位に合致するとして、これを認めた判例があります（釧路家北見支審昭54・3・28家月31・9・34）。

(3) 子の入籍手続

家庭裁判所による子の氏の変更許可のみでは氏の変更の効力は生じず、戸籍法98条1項による届出【参考書式25】を行うことによって、子の氏の変更の効力が生じます。

◆入籍届出の方法

届出人	入籍する者（戸98①） ※子が15歳未満のときは法定代理人（民791③）
添付書類	氏の変更許可の審判書の謄本（戸38②）

【参考書式21】離婚届

		夫	妻
(1)	氏名（よみかた）	おつかわ じろう　乙川 次郎	おつかわ はなこ　乙川 花子
	生年月日	昭和○年○月○日	昭和○年○月○日
	住所（住民登録をしているところ）	東京都○○区○○町 4丁目5番地6号	東京都○○区○○町 1丁目2番地3号
	世帯主の氏名（よみかた）	おつかわ じろう　乙川次郎	おつかわ はなこ　乙川花子
(2)	本籍（外国人のときは国籍だけを書いてください）	東京都○○区○○町4丁目5番地	
	筆頭者の氏名	乙川次郎	
	父母の氏名　父母との続き柄（他の養父母はその他の欄に書いてください）	夫の父　乙川 竹雄　続き柄 長男 母　松子	妻の父　丙田 明夫　続き柄 2女 母　梅子
(3)(4)	離婚の種別	□協議離婚　☑調停 平成○年○月○日成立　□審判　年月日確定	□和解　年月日成立　□請求の認諾　年月日認諾　□判決　年月日確定
	婚姻前の氏にもどる者の本籍	□夫　☑妻　は　□もとの戸籍にもどる　☑新しい戸籍をつくる　東京都○○区○○町1丁目2番地	筆頭者の氏名（よみかた）おつかわ はなこ　乙川 花子
(5)	未成年の子の氏名	夫が親権を行う子	妻が親権を行う子　乙川 月子
(6)(7)	同居の期間	昭和○年○月から（同居を始めたとき）	平成○年○月まで（別居したとき）
(8)	別居する前の住所	東京都○○区○○町4丁目5番地6号	
(9)	別居する前の世帯のおもな仕事と	□1. 農業だけまたは農業とその他の仕事を持っている世帯　□2. 自由業・商工業・サービス業等を個人で経営している世帯　□3. 企業・個人商店等（官公庁は除く）の常用勤労者世帯で勤め先の従業者数が1人から99人までの世帯（日々または1年未満の契約の雇用者は5）　☑4. 3にあてはまらない常用勤労者世帯及び会社団体の役員の世帯（日々または1年未満の契約の雇用者は5）　□5. 1から4にあてはまらないその他の仕事をしている者のいる世帯　□6. 仕事をしている者のいない世帯	
(10)	夫妻の職業	（国勢調査の年…平成　年…の4月1日から翌年3月31日までに届出をするときだけ書いてください）夫の職業	妻の職業
	その他		
	届出人署名押印	夫　　　　　印	妻　乙川 花子 印
	事件簿番号		

住所を定めた年月日　夫 昭和○○年○月○日　妻 平成○○年○月○日

連絡先　電話 03（○○○○）○○○○　自宅・勤務先[　]・携帯

記入の注意

鉛筆や消えやすいインキで書かないでください。
筆頭者の氏名欄には、戸籍のはじめに記載されている人の氏名を書いてください。
届書は、1通でさしつかえありません。
この届書を本籍地でない役場に出すときは、戸籍謄本が必要ですから、あらかじめ用意してください。
そのほかに必要なもの　調停離婚のとき➡調停調書の謄本
　　　　　　　　　　審判離婚のとき➡審判書の謄本と確定証明書
　　　　　　　　　　和解離婚のとき➡和解調書の謄本
　　　　　　　　　　認諾離婚のとき➡認諾調書の謄本
　　　　　　　　　　判決離婚のとき➡判決書の謄本と確定証明書

証　　　人 （協議離婚のときだけ必要です）		
署名押印	印	印
生年月日	年　　月　　日	年　　月　　日
住所	番地 番　号	番地 番　号
本籍	番地 番	番地 番

父母がいま婚姻しているときは、母の氏は書かないで、名だけを書いてください。
養父母についても同じように書いてください。
□には、あてはまるものに☑のようにしるしをつけてください。

今後も離婚の際に称していた氏を称する場合には、左の欄には何も記載しないでください。
（この場合にはこの離婚届と同時に別の届書を提出する必要があります。）

同居を始めたときの年月は、結婚式をあげた年月または同居を始めた年月のうち早いほうを書いてください。

届け出られた事項は、人口動態調査（統計法に基づく指定統計第5号、厚生労働省所管）にも用いられます。

◎署名は必ず本人が自署してください。
◎印は各自別々の印を押してください。
◎届出人の印をご持参ください。

【参考書式22】離婚の際に称していた氏を称する届

離婚の際に称していた氏を称する届
（戸籍法77条の2の届）

平成 〇年 〇月 〇日届出

東京都〇〇区長 殿

受理	平成　年　月　日	発送	平成　年　月　日
	第　　　　号		長 印
送付	平成　年　月　日		
	第　　　　号		

書類調査	戸籍記載	記載調査	附票	住民票	通知

(1)	離婚の際に称していた氏を称する人の氏名	（現在の氏名、離婚届とともに届け出るときは離婚前の氏名） （よみかた）　おつかわ　　　はなこ 氏 **乙 川**　　名 **花 子**　　昭和〇年 〇月 〇日生
(2)	住所 （住民登録をしているところ）	東京都〇〇区〇〇町9丁目8番7号 （よみかた）　へいだ　　あきお 世帯主の氏名　**丙田　明夫**
(3)	本籍	（離婚届とともに届け出るときは、離婚前の本籍） 東京都〇〇区〇〇町4丁目5番 筆頭者の氏名　**乙 川 次 郎**
(4)	（よみかた）氏	変更前（現在称している氏）　**乙 川**　　変更後（離婚の際称していた氏）　おつかわ　**乙 川**
(5)	離婚年月日	平成 〇年 〇月 〇日
(6)	離婚の際に称していた氏を称した後の本籍	（(3)欄の筆頭者が届出人と同一で同籍者がない場合には記載する必要はありません） 東京都〇〇区〇〇町1丁目2番 筆頭者の氏名　**乙 川 花 子**
(7)	その他	
(8)	届出人署名押印（変更前の氏名）	**乙 川 花 子** 印

連絡先　電話 03（〇〇〇〇）〇〇〇〇番
（自宅）・勤務先・呼出　　　　方

第1　戸籍と氏を決定する　221

【参考書式23】氏の変更審判申立書

受付印	家事 ㊙審判㊙ 申立書　事件名（　氏　の　変　更　） 　　調　停 この欄に収入印紙をはる。 1件について甲類審判　800円 　　　　　　　乙類審判1,200円 　　　　　　　調　停1,200円 （はった印紙に押印しないでください。）
収入印紙　　　　円 予納郵便切手　　円 予納登記印紙　　円	

準口頭　　関連事件番号　平成　　年（家　　）第　　　　号

東京　家庭裁判所　　御中
平成　○年○○月○○日

申立人（又は法定代理人など）の署名押印又は記名押印

東京都○○区○○町○丁目○番○号
○○ビル
甲野法律事務所　　　　　　　　㊞
電話　03(○○○○)○○○○
申立人代理人弁護士　　甲野太郎　㊞

添付書類　申立人の戸籍謄本　　通　　相手方の戸籍謄本　　通

申立人

本　籍	○○ 都道府県　○○市○○町1丁目2番3号
住　所	〒○○○-○○○○　電話　03(○○○○)○○○○ 東京都○○区○○町1丁目2番3号　　　（　　　方）
連絡先	〒　-　　　電話　（　）　　（　　　方）
フリガナ 氏　名	オツカワ　ハナコ 乙　川　　花　子
	大正・㊙昭和㊙・平成　○年○月○日生
職　業	会　社　員

※ 申立人と同一戸籍内の満15歳以上の者

本　籍	都道府県　申立人の本籍と同じ
住　所	〒　-　　　電話　（　） 申立人の住所と同じ　　　　　（　　　方）
連絡先	〒　-　　　電話　（　）　　（　　　方）
フリガナ 氏　名	オツカワ　ツキコ 乙　川　　月　子
	大正・㊙昭和㊙・平成　○年○月○日生
職　業	

（注）太枠の中だけ記入してください。　※の部分は、申立人、相手方、法定代理人、事件本人又は利害関係人の区別を記入してください。

一般(1/　)

申　立　て　の　趣　旨
申立人の氏「乙川」を「丙田」と変更することを許可するとの審判を求めます。

申　立　て　の　実　情
1　申立人は、昭和××年に乙川次郎と婚姻し、長女月子（昭和△△年△月△日生まれ）をもうけました。 2　申立人は乙川次郎と平成○○年○月○日に調停離婚しました。その際、長女が高等学校在学中であったことから、婚姻中の氏を称することとしました。 3　長女は本年3月に短大を卒業し、結婚することになりましたので、婚姻前の氏である「丙田」に変更する許可を求めます。なお、長女月子は申立ての趣旨のとおり氏を変更することに同意しています。

（注）　太枠の中だけ記入してください。

一般（　／　）

【参考書式24】子の氏の変更許可申立書

	受付印	子 の 氏 の 変 更 許 可 申 立 書
		（この欄に収入印紙をはる。申立人1人について800円）
収入印紙	円	
予納郵便切手	円	（はった印紙に押印しないでください。）

準口頭		関連事件番号　平成　　年（家　）第　　　　　　号

東京 家庭裁判所 御中 平成 ○年 4月 1日	申　立　人 （15歳未満の場合は法定代理人）の署名押印又は記名押印	東京都○○区○○町○丁目○番○号 甲野法律事務所 電話　03（○○○○）○○○○　㊞ 乙川月子法定代理人親権者母丙田花子 代理人弁護士　　甲野太郎　㊞

添付書類	申立人の戸籍謄本　　通　　申立人の住民票写し　　通　　父・母の戸籍謄本　　通

申立人	本　籍	○○ 都道府県　○○市○○町1丁目2番3号
	住　所	〒○○○－○○○○　　電話　03（○○○○）○○○○ 東京都○○区○○町○丁目○番○号（　　　方）
	フリガナ 氏　名	オツカワ　ツキコ 乙　川　月　子	昭和・㊏ ○年 3月 3日生
立	本籍 住所	※　上記申立人と同じ
	フリガナ 氏　名		昭和 平成　年　月　日生
	本籍 住所	※　上記申立人と同じ
人 (子)	フリガナ 氏　名		昭和 平成　年　月　日生

☆ 法定代理人 〔父・母・後見人〕	本　籍	○○ 都道府県　○○市○○町1丁目2番3号
	住　所	〒　　－　　　　　電話　（　　）　　 上記申立人と同じ　　（　　方）
	フリガナ 氏　名	ヘイダ　ハナコ 丙　田　花　子	フリガナ 氏　名	

（注）　太枠の中だけ記入してください。　※の部分は，各申立人の本籍及び住所が異なる場合はそれぞれ記入してください。
　　　☆の部分は，申立人が15歳未満の場合に記入してください。

子の氏（1/2）

申立ての趣旨

申立人の氏（ 乙川 ）を ①母 ／ 2 父 ／ 3 父母 の氏（ 丙田 ）に変更することの許可を求める。

(注) ※の部分は，当てはまる番号を○で囲み，（ ）内に具体的に記入してください。

申立ての実情

父・母と氏を異にする理由

※
- ① 父 母 の 離 婚
- 2 父・母 の 婚 姻
- 3 父・母 の 養 子 縁 組
- 4 父・母 の 養 子 離 縁
- 5 父 の 認 知
- 6 父（母）死亡後，母（父）の復氏
- 7 その他（　　　　　　　　　　）

（その年月日　平成 ○ 年 3 月 15 日）

申立ての動機

※
- ① 母との同居生活上の支障
- 2 父との同居生活上の支障
- 3 入 園・入 学
- 4 就 職
- 5 結 婚
- 6 その他 [　　　　　　　　　]

(注) 太枠の中だけ記入してください。　※の部分は，当てはまる番号を○で囲み，父・母と氏を異にする理由の7，申立ての動機の6を選んだ場合には，（　）内に具体的に記入してください。

第1 戸籍と氏を決定する 225

【参考書式25】入籍届

入 籍 届

平成　年　月　日届出

東京都〇〇区長　殿

受理	平成　年　月　日 第　　　　号	発送	平成　年　月　日
送付	平成　年　月　日 第　　　　号		長印
書類調査	戸籍記載	記載調査	附票　住民票　通知

（よみかた） 入籍する人の氏名	（氏）おつかわ　乙川	（名）つきこ　月子	昭和〇年〇月〇日生
住　所 （住民登録をしているところ）	東京都〇〇区〇〇町1丁目2 ~~番地~~ 番 3号		
	世帯主の氏名　丙田花子		
本　籍	東京都〇〇区〇〇町4丁目5 ~~番地~~ 番		
	筆頭者の氏名　乙川次郎		
入籍の事由	□父　□養父 ☑母　□養母　の氏を称する入籍 □父母　□養父母		□父　□養父 □母　□養母　と同籍する入籍 □父母　□養父母
	□従前の氏を称する入籍　（従前の氏を改めた年月日　　年　月　日）		
入籍する戸籍または新しい本籍	☑すでにある戸籍に入る　□父または母の新戸籍に入る　□新しい戸籍をつくる		
	東京都〇〇区〇〇町1丁目2 ~~番地~~ 番　筆頭者の氏名　丙田　花子		
父母の氏名 父母との続き柄	父　乙川次郎 母　丙田花子		続き柄 □男 長　☑女
その他	添付書類 氏の変更許可審判書謄本		
届出人署名押印			印

届　出　人 （入籍する人が十五歳未満のときの届出人または配偶者とともに届け出るときの配偶者が書いてください）		
資格	親権者（□父　□養父）　□未成年後見人　□配偶者	親権者（☑母　□養母）
住所	番地 番　号	東京都〇〇区〇〇町 1丁目2 ~~番地~~ 番 3号
本籍	番地 番　筆頭者の氏名	東京都〇〇区〇〇町1丁目 2 ~~番地~~ 番　筆頭者の氏名　丙田花子
署名押印	印	丙田花子　印
生年月日	年　月　日	昭和〇年〇月〇日

住定年月日　年　月　日	連絡先　電話 03（〇〇〇〇）〇〇〇〇番 （自宅）勤務先・呼出　　　方

第2 社会保険等の手続をする

＜フローチャート～社会保険等の手続＞

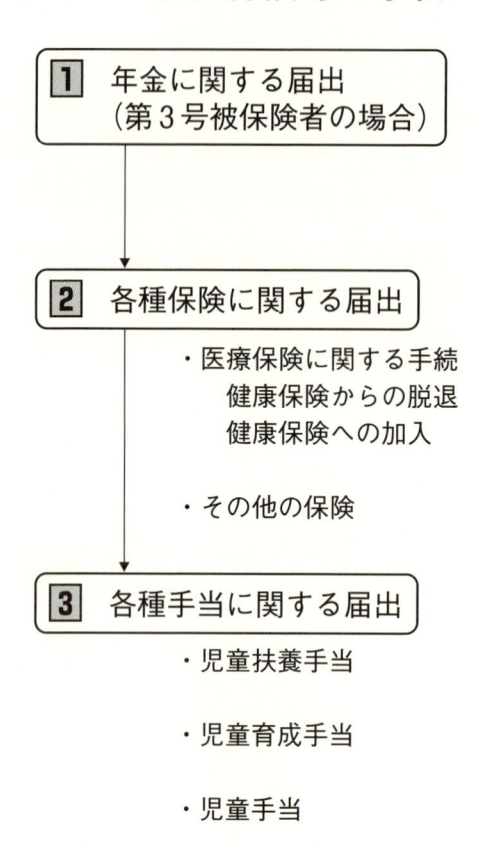

1 年金に関する届出
（第3号被保険者の場合）

↓

2 各種保険に関する届出

・医療保険に関する手続
　健康保険からの脱退
　健康保険への加入

・その他の保険

↓

3 各種手当に関する届出

・児童扶養手当

・児童育成手当

・児童手当

・その他の手当等

1 年金に関する届出

　夫が会社員・公務員の場合、専業主婦の妻の年金は、夫の加入している保険から保険料が払われていました（第3号被保険者）。この場合、離婚をすると、専業主婦であった妻は、夫の扶養家族ではなくなるため、第1号被保険者か第2号被保険者に切り替える手続をする必要があります。

第1号被保険者	自営業・自由業等に従事する人とその配偶者、すべての学生
第2号被保険者	会社員・公務員等（厚生年金・共済年金の加入者）
第3号被保険者	会社員・公務員等の配偶者（第2号被保険者に扶養されている被扶養配偶者で、保険料は配偶者の加入している年金制度から自動的に支払われる）

　第3号被保険者だった妻が、離婚後、会社員・公務員になる場合は、第2号被保険者となります。この場合、妻の就職した会社を通じて、加入手続と保険料納付の手続を行います。

　第3号被保険者だった妻が、離婚後、自営業、自由業、学生、無職の場合には、第1号被保険者となります。この場合は、自分で市区町村役場に行き、「被保険者種別変更届」を出して手続をし、自分で保険料を納付します。なお、収入がない等で保険料を納付できない場合には減免の制度がありますので、市区町村役場に相談して下さい。

2 各種保険に関する届出

(1) 医療保険に関する手続

　医療保険は、世帯単位で作成されるため、一方を世帯主とする保険に入っていた、もう一方の配偶者は、離婚に伴い、被扶養者または被保険者の資格を喪失することになります。それゆえ、新たに自分を世帯主とする保険に加入する必要があります。
　世帯主は夫である場合が圧倒的に多いので、以下は離婚前の世帯主を夫として説明します。

健康保険と国民健康保険

	健康保険	国民健康保険
加入者	会社員等の被用者	自営業者、無職の者等
被保険者	世帯主のみ。家族は被扶養者	世帯主も家族も被保険者
手続窓口	世帯主の勤務先	市区町村役場等

① 夫を世帯主とする国民健康保険に、妻が加入していた場合
a 妻が国民健康保険に加入する場合
　市区町村役場に転入・転出届を出せば、夫の世帯から脱退して新たに国民健康保険に加入できますので、その際に市区町村役場で手続をします。なお、所得が少ない場合には、保険料減免の制度がありますので、市区町村役場に相談します。
b 妻が健康保険に加入する場合
　妻が自分の勤務先で健康保険に加入する場合は、勤務先の会社を通じて手続をします。
② 夫が健康保険の被保険者で、妻が被扶養者だった場合
a 妻が国民健康保険に加入する場合
　健康保険の被扶養者でなくなったことを証する資格喪失証明書が原則として必要になりますので、これを添えて市区町村役場で加入手続をします。なお、所得が少ない場合には、保険料減免の制度がありますので、市区町村役場に相談します。
b 妻が健康保険に加入する場合
　妻が自分の勤務先で健康保険に加入する場合は、勤務先の会社を通じて手続をしま

す。
③ 子どもの医療保険

　子どもが夫の健康保険に入っていた場合に、離婚に伴い妻が子どもを引き取ることとなっても、子どもは当然には被扶養者または被保険者としての資格を喪失しません。そのため、そのまま夫の保険に入れておくことも可能です。もっとも、その場合は、保険証が1人1枚のカードになっていないと、保険証を利用する場合に夫から取り寄せなければならず、不便を生ずることもあるので、注意が必要です。

　妻の保険に子どもを新たに加入させるには、別途、手続が必要です。

a　妻の国民健康保険に加入する場合

　夫が国民健康保険だった場合、妻が離婚して妻自身を世帯主とする国民健康保険に加入し、住民票を子どもと同じくして妻の世帯に子どもが属するように手続すれば、子どもは妻を世帯主とする国民健康保険に加入できます。

　夫が健康保険だった場合、原則として夫を被保険者とする健康保険の被扶養者資格の喪失証明書が必要になりますので、それを添えて国民健康保険の保険者に子どもの異動届を提出します。

b　妻の健康保険に加入する場合

　夫が国民健康保険だった場合も、健康保険だった場合も、いずれも保険者に異動届を提出して手続します。

◆注意点

　健康保険を脱退して国民健康保険に加入する際には、原則として、健康保険の資格喪失証明書を提出することが求められます。時には健康保険に加入する際に求められる場合もあります。

　この資格喪失証明書は、被保険者である夫が、離婚後に、勤務先を通じ、妻または子どもが脱退する手続をした結果、発行されるものです。そのため、夫が協力してくれないと、証明書を入手できないので、離婚前によく話し合っておきましょう。

　もっとも、資格喪失証明書の提出については、保険者の取扱いに任されているだけであり、法令上の根拠があるわけではありません。そこで、夫の協力が得られず資格喪失届が入手できない場合には、その旨を各保険者（市区町村役場、国民健康保険組合、健康保険組合、社会保険事務所）に相談してみましょう。

(2) その他の保険

子どもの学資保険の名義を、夫から妻に変更する場合、夫の同意が必要になりますので、離婚の協議・手続中に名義変更を済ませておきましょう。

名義を変えずに妻が支払い続けたとしても、結局受け取ることができなくなり、無意味ですので、注意が必要です。

3 各種手当に関する届出

(1) 児童扶養手当

父と生計を同じくしていない児童の育成される家庭の生活の安定と自立の促進に寄与するため、一定の要件を備えた児童を監護している母等に対し、子どもが18歳になるまで（一定の障害がある子どもの場合は20歳まで）支給される手当です。

◆支給対象

①父母が婚姻を解消、②父が死亡、③父が重度の障害者、④父が生死不明、⑤引き続き1年以上父に遺棄されている状態、⑥引き続き1年以上父が拘禁されている状態、⑦婚姻によらないで生まれた場合、が支給対象となります。

◆支給されない場合

受給資格者が老齢福祉年金以外の公的年金等を受けられる場合や、児童が母の配偶者（事実上の配偶者を含みます）に養育されている場合等には、支給を受けることができません。

受給者の所得が一定以上のときも、支給を受けることはできません。

◆手当額

母子2人の世帯の場合、母の前年の所得が57万円未満ならば、月額4万1,720円（全部支給）、母の前年の所得が57万円以上230万円未満ならば、月額4万1,710円から9,850円が支給されます（一部支給）。2人目の児童には月額5,000円、3人目以降の児童には1人につき月額3,000円が加算されます（児扶手5②）。支給額は、年度により改正があります。

なお、母が父から養育費の支払を受けたときは、その額の8割相当分を所得に算入して計算します。

◆**申請窓口**

市区町村役場

アドバイス

○**支給できないと対応されたとき**

離婚協議中にこの手当の支給を申請しても、離婚届が提出された後でなければ支給はできない、と対応されてしまうことがあります。

しかし、別居が1年以上続いており、夫（子どもの父）から何の援助もない場合は、「引き続き1年以上父に遺棄されている状態」の要件に該当する可能性がありますので、手当を受けられないか、市区町村役場に相談してみましょう。

---

(2) 児童育成手当

各地方自治体単位で、ひとり親（離婚等によりひとりで子どもの監護をしている父または母）に対して手当を支給する制度です。

支給対象、支給制限、手当額等は、自治体によって異なるので、詳細は区市町村の窓口に問い合わせて下さい。

なお、東京都の場合、手当額は、児童1人につき月額1万3,500円です（平成20年4月1日現在）。

(3) 児童手当

この手当は、小学校終了前の児童を養育している人に対するものです。所得制限等の条件を満たせば支給を受けることができます。離婚をしていなくても支給を受けることができるので、離婚協議中等には支給の可否を積極的に検討しましょう。

◆手当額（児童1人あたり月額）

3歳の誕生月まで	10,000円（一律）
3歳の誕生月の翌月から 小学校6年生まで	児童2人目まで　5,000円 児童3人目以降　10,000円

（児手6）

◆申請窓口
　市区町村役場

(4) その他の手当等

　各地方自治体で、母子家庭やひとり親に対し、医療費助成や資金貸付・ホームヘルプサービス等各種優遇制度や、職業紹介等の自立支援制度等が行われていますので、市区町村役場・福祉事務所等に問い合わせて、積極的に利用を検討しましょう。

　地方自治体によっては、配偶者がいない女性を対象にした資金貸付制度等を設けているところもあります。

　収入が得られない、または収入が低すぎるため生活に困窮する場合には、生活保護の申請も検討します。窓口は福祉事務所です。

　離婚して、世帯収入が変わると、税金も変わってきます。一定の所得に満たない場合には、所得税・住民税の減免制度、医療費控除等の軽減措置がありますので、市区町村役場に相談して、申告等の手続を忘れないようにしましょう。

　その他、収入によって金額が決められていたもの（保育園の費用等）は、金額が変わることになりますので、手続を忘れないようにします。

第3　決定手続の履行を確保する

＜フローチャート～履行の確保の手続＞

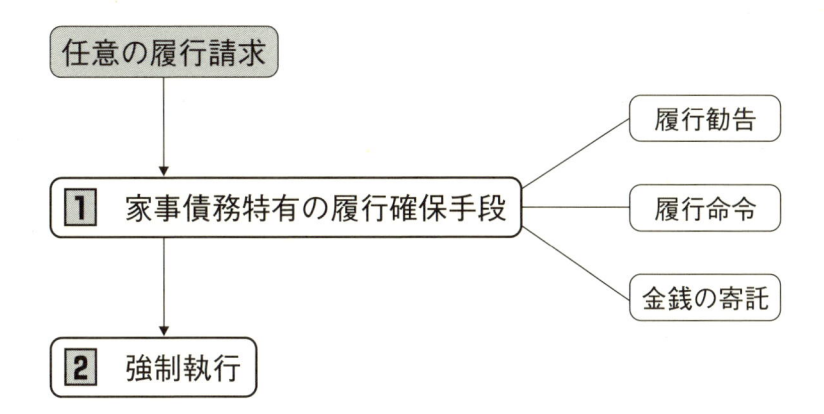

```
[任意の履行請求]
      │
      ▼
  ┌─────────────────────────┐      ┌──────────┐
  │1│ 家事債務特有の履行確保手段 ├──┤ 履行勧告 │
  └─────────────────────────┘      └──────────┘
      │                          ├──┤ 履行命令 │
      │                          └──┤ 金銭の寄託 │
      ▼
  ┌─────────┐
  │2│ 強制執行 │
  └─────────┘
```

1 家事債務特有の履行確保手段

(1) 履行確保
(2) 履行勧告
(3) 履行命令
(4) 金銭の寄託

(1) 履行確保 ■■■■■■■■■■■■■■■■■■■■■■■■■

　財産分与・慰謝料の支払や養育費の支払、面接交渉の実施といった離婚に伴う付帯処分につき、裁判手続等によらずに当事者間で合意書等により合意したにとどまる場合、履行確保の手段としては、当事者本人ないし弁護士が代理して任意の支払を請求するか、場合によっては、内容証明郵便等で支払を催告し得るにすぎません。このような催告に相手方が応じない場合には、調停申立てや訴訟の提起が必要になります。

　これに対して、家事調停や家事審判によって、既に債務名義を取得している場合には、後述するように複数の履行確保の手段があります。

　なお、金銭の給付を合意する旨の公正証書を作成した場合には、強制執行認諾文言がある限り、強制執行が可能ですが、それをもってしても、履行勧告等の家事債務特有の履行確保手段を利用することはできません。

　他方、裁判離婚ないし人事訴訟手続中に和解により離婚した場合も、人事訴訟法に基づき、家事債務特有の履行確保手段を利用することができるようになりました（人訴38〜40）。

◆**事前に任意の支払催告を実施すべきか**
　履行勧告等の手段を利用できる場合でも、直ちにこれを申し立てるのではなく、その前に、任意の支払請求を試みるべきでしょう。
　相手方にも弁護士が代理人として就いている場合には、相手方本人に直接請求するのではなく、相手方代理人に対して任意の催告を実施します。ただし、調停等の終了後は、相手方代理人が辞任している可能性がありますから、その確認を求めるべきである場合もありますので、注意が必要です。

(2) 履行勧告

　履行勧告とは、義務者が履行遅滞している場合に、家庭裁判所が、権利者からの申出により、当該義務の履行状況を調査した上で、その履行を勧告するものです（家審15の5・25の2、人訴38）。

　財産分与・慰謝料・養育費の不払、面接交渉の拒絶など、いずれに対しても利用することができる強制手段です。

　申出の方式に制限はなく、書面でなく口頭、さらには電話による申出も認められます。そして、義務者の履行遅滞の状況を説明し、履行勧告を求めることになります。

　養育費の不払など、将来の請求にわたる継続的給付に関しても、一度申出をすればよく、各月の履行期限の到来を待って、その都度申し出る必要はありません。

　添付書類は必要なく、申立手数料、予納郵便切手のいずれも必要ありません。

　申出先は、当該義務を定める審判・調停等をした家庭裁判所（家審規143の2、人訴38①）です。

　履行勧告の申出を受けると家庭裁判所（家庭裁判所調査官（家審規143の4））は、不履行の有無、態様、理由などについて調査の上、履行勧告を行います。調査・勧告のいずれについても法律上の制限はないので、面談、電話、書面照会など個別のケースに応じて家庭裁判所調査官が選択の上、実施します。

　履行勧告には、法律上の効力が認められていないので、義務者に心理的な効果を与えるにすぎません。

　なお、面接交渉が拒絶された場合の履行勧告後の履行確保の手段については、後述「2　強制執行」中「(3)　面接交渉の拒絶」の「◆面接交渉の履行確保の方法」を参照して下さい。

(3) 履行命令

　履行命令とは、金銭の支払その他財産上の給付を目的とする債務につき義務者が履行遅滞している場合に、家庭裁判所が、権利者からの申立てにより、相当の期限を定めて、その義務の履行をなすべきことを命じるものです（家審15の6・25の2、人訴39）。

　履行命令の対象は、金銭の支払その他財産上の給付を目的とする債務に限定されますので、面接交渉の拒絶に対して履行命令を申し立てることはできません。

　申立書には、義務者の履行遅滞の状況を説明し、履行命令を求める旨を記載します。

　履行命令の申立ての前に履行勧告の申出をしておくことは、法律上の要件ではあり

ませんが、実務上は、まず履行勧告を行い、その効果がないことを確認の上、履行命令を発する運用がなされています。

履行命令の申立てについても添付書類は必要ありませんが、申立手数料として収入印紙500円分（民訴費3①・別表1⑰ホ）、予納郵便切手約800円分が必要です。

申立先は、当該義務を定める審判・調停等をした家庭裁判所（家審規143の5、人訴39①）です。

家庭裁判所は、履行命令を発する場合、義務者の陳述を聴かなければなりませんが（家審規143の6、人訴39②）、これは陳述の機会を与えれば足りるものと解されています。

家庭裁判所は、履行命令を発する場合、過料の制裁があることについても義務者に告知しなければなりません（家審規143の8、人訴39④）。当該告知は、義務者に不測の損害を与えることを防止するとともに、義務履行を促進するよう心理的に強制する意義があります。

履行命令は、実体的な権利関係に影響を及ぼすものではありませんが、これに違反した場合、10万円以下の過料に処せられます（家審28①、人訴39④）。

履行命令に対する不服申立手段はありません。

◆履行命令の申立実態

履行命令は上記のとおり、制裁が軽微であるために、義務者への実効性がほとんど期待できないことから、近時は申立件数も少ないのが実態です。

(4) 金銭の寄託

金銭の寄託とは、金銭の支払を目的とする債務につき、その履行の方法として、家庭裁判所が、義務者からの申出により、権利者のために金銭の寄託を受けるものです（家審15の7・25の2、人訴40）。

履行勧告や履行命令のように権利者からの申出ないし申立てに基づくものではなく、義務者からの申出による履行確保の手段です。

近時は、金銭の支払は、銀行や郵便局の預貯金口座に振込み送金して行う方法が一般的かつ簡便ですので、金銭の寄託を希望する義務者はほとんどいなくなっています。

2　強制執行

(1)　財産分与・慰謝料の不払
(2)　養育費の不払
(3)　面接交渉の拒絶

(1)　財産分与・慰謝料の不払

　義務者が履行勧告等に応じれば問題ないのですが、履行勧告等に応じない場合には、義務者の財産に対する強制執行の申立を検討します。ここでは、特に財産分与・慰謝料の支払につき債務名義を取得している場合の強制執行について解説します。

　財産分与の取決めにおいて、不動産の名義を移転する等の登記手続については、権利者が債務名義を持参して法務局で手続をすればよいので、強制執行の問題は生じません。財産分与の履行で問題になるのは、義務者が一定の金員の支払を命じられているにもかかわらず、その支払を遅延している場合です。慰謝料についても、同様の問題を生じます。

　義務者が勤め人であれば、給料債権を差し押さえることができますし、財産を所有しているのであれば、以下のような手順で差押えを検討します。

　財産分与・慰謝料の不払の場合で、義務者が多額の預金債権を有することが判明しており、預金口座を有する銀行等の支店も分かっている場合には、預金債権の債権差押えの申立てを行うのが効果的です。不動産強制競売では後述のとおり、予納金の負担や手続に時間を要する短所があるからです。

　ただし、預金債権の差押えを申し立てる場合には、義務者の不履行発覚後早急に対応しないと、義務者が預金を移し替えるなどの措置を講じる可能性がありますから、申立ては迅速に行う必要があります。債権差押えの添付書類等は後述のとおりです。

　義務者が不動産を有するときは、不動産強制競売を検討します。不動産強制競売の申立ての際には、全部事項証明書を取得して、抵当権設定の有無および担保権者の有する債権額を確認します。なお、全部事項証明書だけでは、被担保債権の現存額までは分かりませんので、債務者である元配偶者の生活状況等から推し量ることになります。もっとも、離婚調停等で財産分与についても協議がなされている場合には、調停中に、被担保債権の現存額が明らかにされていることが多いと思われます。

一般の訴訟事件等の強制執行の場合には、義務者が有する特定の預貯金口座が分からない場合にも、義務者住所地周辺の銀行、郵便局等に預貯金の債権差押えをかける方法をとることもあります。しかし、離婚時には、財産分与等との関係で義務者の預貯金も明らかになっていることが多いので、このような形での預金債権差押えを実施することは少ないと思われます。

義務者が預貯金も不動産も有していない場合には、給料債権の差押えを検討します。ただし、給料の4分の3に相当する部分は差押えが禁止されます（民執152①②）。

給料差押えを申し立てる場合には、義務者の勤務先およびその住所を把握しておく必要があります。

そのほかには、動産執行の方法もあります。ただし、義務者が高価な書画骨董を保有しているといった例外的な場合を除き、執行対象となる（換価できる）動産を義務者が保有していることは、現実にはあまり期待できません。また、換価できても、手間がかかる割に大きな成果を得られないことが少なくありません。

◆乙類審判事項に関する審判と執行文

強制執行の申立てをするには、基本的に債務名義に執行文の付与を受ける必要がありますが、乙類審判事項に関する審判については、法律上当然に執行力が認められますので（民執27）、執行文の付与を受ける必要はありません。

◆債権差押えの添付書類等

債権差押えの添付書類等は下表のとおりです。予納郵便切手等は、各地方裁判所によって異なる場合もありますので、それぞれの裁判所に、申立前に確認して下さい。なお、東京地方裁判所に強制執行を申し立てる場合には東京地方裁判所民事執行センターのホームページに注意事項等の解説がありますので、参考にして下さい。

管　轄	債務者の住所地を管轄する地方裁判所（民執144①）
添付書類	①　資格証明書（債権者、債務者、第三債務者の中に、法人がある場合。1か月以内に発行されたもの。） ②　住民票（債務者または所有者が個人の場合。1か月以内に発行されたもの。ただし、その者が外国人である場合には外国人登録事項証明書が必要） ③　債務名義（原則として執行文の付与が必要） ④　債務名義が確定を要するものの場合、確定証明書

	⑤ 債務名義の送達証明書 ⑥ 長型3号の無地の封筒（定型郵便の封筒の一番大きいもの）に、債権者（2通＋第三債務者の数）、債務者および第三債務者（各1通）の宛名書きをしたもの。
申立手数料	4,000円（民訴費3①・別表1⑪イ）
予納郵便切手	東京地方裁判所の場合、債権者1人、債務者1人、第三債務者1人の場合は、5,300円分（内訳：500円切手8枚、80円切手10枚、50円切手8枚、10円切手10枚）

◆不動産強制競売の添付書類等

不動産強制競売の添付書類等は下表のとおりです。予納郵便切手等については各地方裁判所によって異なる場合もありますので、それぞれの裁判所に、申立前に確認して下さい。

管　轄	不動産所在地を管轄する地方裁判所（民執44①）
添付書類	① 対象不動産の全部事項証明書（1か月以内に発行されたもの） ② 公課証明書（非課税の不動産についてはその旨の証明書が必要） ③ 商業登記事項証明書（当事者の中に、法人がある場合。1か月以内に発行されたもの） ④ 住民票（債務者または所有者が個人の場合。1か月以内に発行されたもの。ただし、その者が外国人である場合には外国人登録事項証明書が必要） ⑤ 特別売却に関する意見書 ⑥ 債務名義（原則として執行文の付与が必要） ⑦ 債務名義が確定を要するものの場合、確定証明書 ⑧ 債務名義の送達証明書 また、現況調査のための書類が別途必要になります。
予納金	東京地方裁判所の場合以下のとおりです。 ① 請求債権額が2,000万円未満の場合60万円 ② 請求債権額が2,000万円以上5,000万円未満の場合100万円 ③ 請求債権額が5,000万円以上1億円未満の場合150万円 ④ 請求債権額が1億円以上の場合200万円

申立手数料	4,000円（民訴費3①・別表1⑪イ）
予納郵便切手	東京地方裁判所の場合、90円分
登録免許税	差押登記のために必要となるもので、請求債権額の1,000分の4（登税別表1①(5)）

(2) 養育費の不払

　養育費の不払の場合、各月の請求額が低額であるのが通常ですから、給料債権の差押えを第一に検討するのがよいと思います（養育費を一括で支払う旨合意したような場合は別です）。

　義務者が給料の差押えを受けると、退職する可能性が高いような場合には、預貯金の差押えなど、別の手段を検討します。

　養育費等の定期金債権を請求債権として給料債権等の継続的給付に係る債権を差し押える場合、平成15年の民事執行法の改正により、一般債権に比して以下のとおり特例が認められています。

　まず、養育費の支払に一部不履行がある場合、期限が到来していない債権についても一括して強制執行を申し立てることができます（民執151の2①）。この場合、差押対象債権は給料等の継続的給付に係る債権に限定されます（民執151の2②）。

　また、差押禁止債権の範囲も、一般債権の場合の「給付の4分の3」（民執152①②）から、「2分の1」に限定されています（民執152③）。

◆児童扶養手当

　養育費の履行確保手段とは異なりますが、離婚した女性が依頼者の場合には、「18歳に達する日以後の最初の3月31日までの間にある者又は20歳未満で政令で定める程度の障害の状態にある者」（児扶手3①）を対象に児童扶養手当が支給される可能性があります。

　手当額は、児童1人目が月約4万円（1人目の手当額は、消費者物価指数に応じて毎年改定されます（児扶手5の2））、2人目が月5,000円、3人目からが月3,000円です（児扶手5）。

　同手当の支給を受けるためには、支給制限があります（児扶手9～11）ので、依頼者に対して住所地の区役所に相談に行くように指示するのがよいと思います。

(3) 面接交渉の拒絶

　面接交渉は義務者に一定の作為を求めるものなので、これを直接強制することはできません。したがって、面接交渉の強制執行は間接強制の方法によることになります。すなわち、一定の期間内に面接交渉を行わない場合には、1日につき金○○円を支払えとするものです（民執172①）。

　また、義務者は面接交渉の合意を履行していないのですから、損害賠償の請求をすることが考えられます。東京地裁昭和63年10月21日判決（家月41・10・145）や静岡地裁浜松支部平成11年12月21日判決（判時1713・92）など、その場合に損害賠償請求を認めた裁判例もあります。損害賠償請求事件の勝訴判決を債務名義として、預貯金や給料の債権差押えを申し立てることも可能になります。

◆間接強制の限界

　前述のとおり面接交渉の強制執行は間接強制によることができますが、面接交渉に関する調停条項や審判の内容は、面接交渉の回数を特定するものの、具体的な面接交渉の方法については当事者間の協議による旨定めることが少なくなく、債務内容が特定されていないとの理由で、実際には、間接強制が認められない場合もあります。

　また、間接強制によって強制し得るのは、それまで拒絶された部分に関してであり、将来の継続的面接交渉までを保障するものではありません。

　さらに、離婚後相当期間が経過すると、子は親権者と安定した生活を営むようになるため、非親権者からの面接交渉を子が自らの意思で拒絶する場合もあります。こうした場合、子の福祉の観点からは、面接交渉を強制することはできません。

◆面接交渉の履行確保の方法

　面接交渉を強制執行によって達成するのではなく、任意の履行によって実現するためには、それなりの工夫が求められます。

　まず、面接交渉の際に、子の生活のリズムを最優先し、親の都合を押し付けないこと、子どもに対して相手の悪口を言わないこと、面接時間や場所等面接の際の相手方との約束は守ることなどです。

　面接交渉を拒絶された依頼者の中には、将来二度と子に会えないのではないかと不安に思う方や、相手方が自分の悪口を言うので、子が会う気をなくしているなどと考える方もいます。しかし、面接交渉の方法が問題となっているために相手方が面接交渉を拒絶しているということも少なくありませんので、その点の配慮が必要です。

また、面接交渉が途絶してしまった場合、履行勧告を申し出たり、再度面接交渉の調停を申し立ててみます。場合によっては、親権者ないし監護権者変更の調停申立てを検討します。

　いずれにせよ、面接交渉を主張する際には、子の福祉・利益に思いやる余裕が必要不可欠です。

第4 子の引渡しを請求する

＜フローチャート～子の引渡し請求の手続＞

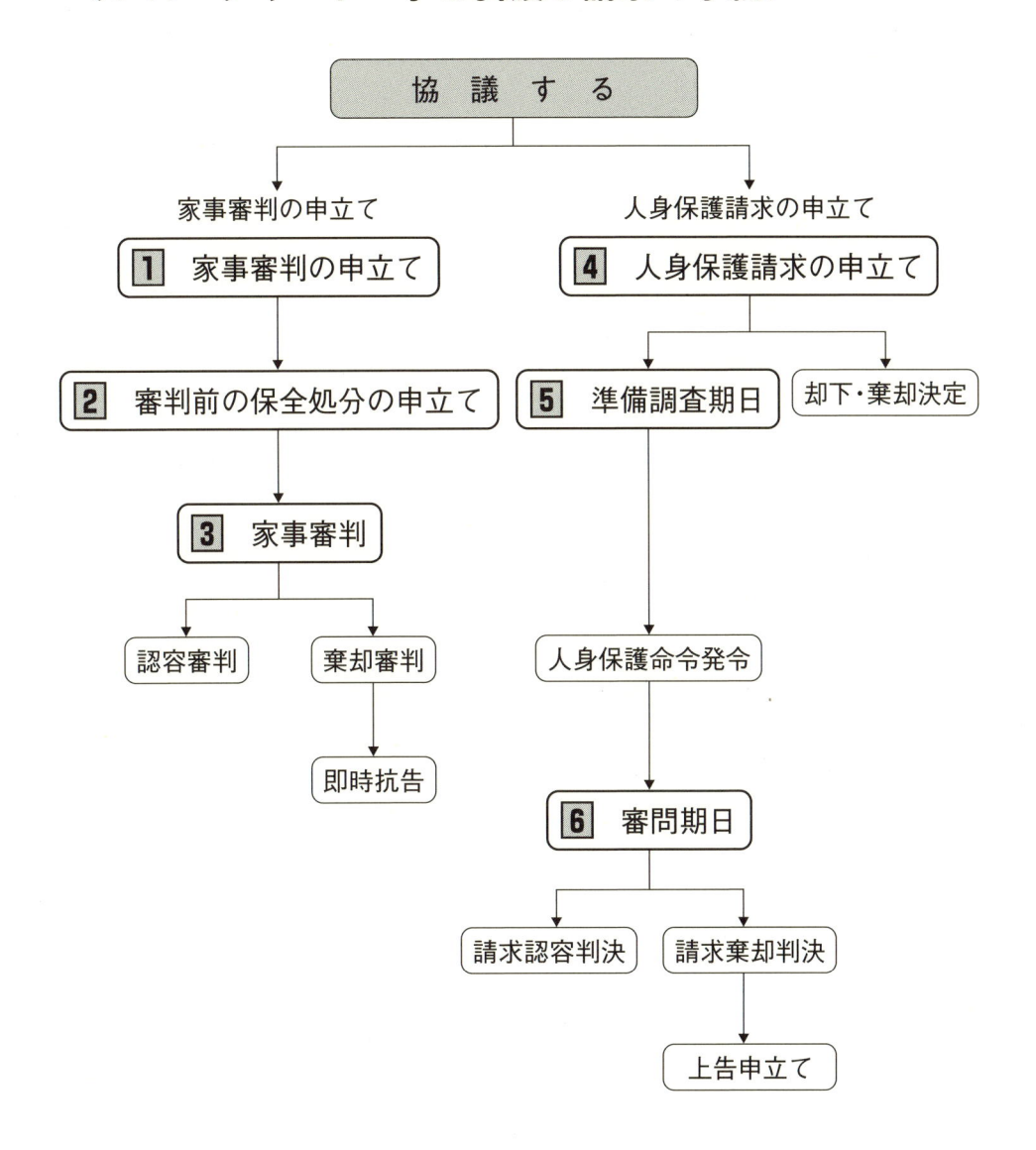

```
                        協 議 す る
            ┌───────────────┴───────────────┐
       家事審判の申立て                人身保護請求の申立て
     ┌─────────────┐              ┌─────────────┐
     │1│ 家事審判の申立て           │4│ 人身保護請求の申立て
     └─────┬───────┘              └───────┬───────┘
           ↓                         ┌────┴────┐
     ┌─────────────┐           ┌─────────┐ ┌─────────┐
     │2│ 審判前の保全処分の申立て  │5│準備調査期日│ │却下・棄却決定│
     └─────┬───────┘           └────┬────┘ └─────────┘
           ↓                            ↓
     ┌─────────────┐              人身保護命令発令
     │3│ 家事審判                       ↓
     └──┬──────┬───┘              ┌─────────┐
        ↓      ↓                  │6│ 審問期日
     認容審判  棄却審判             └────┬────┘
               ↓                    ┌────┴────┐
             即時抗告             請求認容判決  請求棄却判決
                                              ↓
                                           上告申立て
```

1 家事審判の申立て

```
(1) 申立書の作成
(2) 添付書類等の準備
(3) 申立書および添付書類等の提出
```

(1) 申立書の作成

　夫婦が別居している場合に、相手方が子を連れて別居を開始した場合や、離婚後依頼者が親権・監護権を取得したにもかかわらず相手方が子を連れ去ってしまったというような場合に、子の引渡しを請求する必要があります。

　任意の協議で相手方が引渡しに応じてくれればよいのですが、これに応じてくれないケースも少なくなく、その場合には、家事審判を申し立てることになります。

　申し立てる家事審判の内容としては、

① 　離婚調停中であるなど、子が共同親権に服している場合には、子の監護に関する処分（民766、家審9①乙四、家審規53）として、子の引渡しおよび監護権者の指定の家事審判を申し立てることになります。

② 　離婚が成立し親権者が決定している場合に、非親権者が親権者に対して申し立てる家事審判は、子の引渡しおよび監護権者の指定ないし親権者変更の家事審判になります。逆に、親権者が非親権者に対して申し立てるのは、子の引渡しの家事審判となります。

　申立書の記載内容ですが、家庭裁判所は、申立人と相手方いずれに監護させることが子の利益・福祉に適うかという観点から判断することになりますので、基本的には離婚時の親権者の指定と同様の事情を記載してゆくことになります。また、子の引渡しの審判の申立てでは、特に申立人と子が離別するに至った経緯（その違法性ないし不当性）をも主張します。

　個別案件の事情にもよりますが、一般的に、非親権者から親権者に対する請求は、親権者から親権者ないし非親権者に対する請求に比して認容されることは難しくなります。

(2) 添付書類等の準備

添付書類は、子、申立人および相手方の戸籍謄本（離婚前であれば同一戸籍ですので、戸籍謄本は1通で足りますが、離婚後は申立人の戸籍謄本および相手方の戸籍謄本がそれぞれ必要になります）ならびに委任状です。

申立人の戸籍謄本は、申立人本人に入手を指示するのが簡便です。既に離婚しているために相手方の戸籍が申立人の戸籍と異なる場合、申立人は相手方の戸籍謄本を入手することは難しいので、弁護士が職務上請求により入手することになります。

また、申立費用として、収入印紙1,200円分（民訴費3①・別表1(15の2)）と予納郵便切手約800円分が必要になります。

(3) 申立書および添付書類等の提出

申立書等の提出先は、子の住所地を管轄する家庭裁判所になります（家審規52①）。
なお、家事審判手続の概要については、後記「3 家事審判」を参照して下さい。

◆調停前の仮の措置

調停前の仮の措置とは、調停中に、権利者の権利の実現が困難にならないよう調停委員会が調停手続終了までの間、成立すべき調停の内容実現を容易にする等の措置を講じることです（家審規133）。

非監護者は、調停前の仮の措置として子の引渡しを請求することもできます。しかし、調停終了までの子の引渡しなどの仮の措置が認められたとしても、従わない場合に10万円以下の過料の制裁があるのみで（家審28②）、それ以上の強制力はありません（家審規133②・142）ので、あまり実効性はないといえます。

【参考書式26】子の引渡し審判申立書

子の引渡し審判申立書

平成〇年〇月〇日

〇〇家庭裁判所　御中

申立人代理人弁護士　　甲野　太郎　㊞
当事者の表示　別紙当事者目録記載の通り

第1　申立ての趣旨
　1　事件本人乙野三郎の監護権者を申立人と指定する。
　2　相手方は、申立人に対し、事件本人乙野三郎を引き渡せ。
　との審判を求める。

第2　申立ての実情
　　……

証拠方法

甲第1号証　陳述書
　　……

添付書類

甲号証の写し　　　　　各1通
戸籍謄本　　　　　　　1通
委任状　　　　　　　　1通

2 審判前の保全処分の申立て

> (1) 家事審判の申立て
> (2) 審判前の保全処分の申立て

(1) 家事審判の申立て

申し立てる家事審判の内容等については、前記「1　家事審判の申立て」の「(1)申立書の作成」のとおりです。

審判前の保全処分を申し立てるに当たって注意しなければならないのは、家事審判が係属していないと保全処分を申し立てることができないということです（家審15の3①）。一般の民事保全のように、本案前に申し立てるというものではない点には注意して下さい。

したがって、審判前の保全処分は、家事審判の申立てと同時に申し立てるのが通常です。

◆職権調停に付されている場合

なお、家事審判事件が職権で調停に付されている場合（家審11）であっても、審判事件が係属していることには変わりありませんので、審判前の保全処分を申し立てることができます。

(2) 審判前の保全処分の申立て

子の引渡し審判等を申し立てる際に、審判確定を待っていたのでは強制執行による権利の実現が困難になるという場合に、保全処分を申し立てます（家審規52の2）。子の引渡しを求める仮処分の場合には、保全処分の性格は、仮の地位を定める仮処分となります。

申立書には、①本案審判認容の蓋然性、および②保全の必要性について主張します。①については、子の福祉・利益を基軸にして、子の引渡しを求める審判同様の主張をすることに、②については、相手方の許での子の生活の危険性ないし不安等を主張することになります。

添付書類としては、申立人の陳述書等の疎明資料のほか、委任状が別途必要になります。

また、申立費用として、収入印紙1,000円分（民訴費3①・別表1⑯）および予納郵便切手（組数等は各家庭裁判所によって異なりますので、申立時に確認して下さい）が必要になります。

申立書の提出先は、本案の審判事件が係属している家庭裁判所です（家審15の3①）。

◆担　保

一般に、保全処分では、担保の提供が発令の条件になり、審判前の保全処分においても民事保全の担保に関する規定が準用されます（家審15の3⑦）。しかしながら、実務上、審判前の保全処分の中でも、仮の地位を定める仮処分については担保を立てさせないで発令されているようです。子の引渡しを求める保全処分も仮の地位を定める仮処分なので、担保を要求されないことが多いです。

◆双方審尋

子の引渡しを求める保全処分は、仮の地位を定める仮処分なので、申立人の審尋のみならず、相手方の審尋も必要となります（家審15の3⑦、民保23④）。したがって、第1回の審尋だけで結論が出るとは限りません。

◆不服申立て

審判前の保全処分を却下する審判ないし認容する審判いずれに対しても、2週間以内に即時抗告を申し立てることができます（家審規15の3、家審14）。ただし、即時抗告が申し立てられても当然には執行停止の効力はありません（家審7、非訟事件手続法21）。高等裁判所（事件記録未送付であれば家庭裁判所）は、保全処分の執行により回復困難な損害発生の疎明があった場合に執行停止を命じ得るだけです（家審規15の3③）。

【参考書式27】審判前の保全処分申立書（子の引渡し）

審判前の保全処分申立書

平成○年○月○日

○○家庭裁判所　御中

申立人代理人弁護士　甲野太郎　㊞

当事者の表示　別紙当事者目録記載の通り
本案審判事件　平成○年（家）第○○号子の監護に関する処分申立事件

第1　申立の趣旨

　相手方は、申立人に対し、貴庁平成○年（家）第○○号子の監護に関する処分申立事件の審判確定に至るまで、事件本人を仮に引き渡せ。
との審判を求める。

第2　保全処分を求める事由
　1　本案審判認容の蓋然性
　(1)　当事者等
　　　申立人と相手方は、平成○年○月○日に婚姻し、同日より相手方の現住所にて同居生活を開始した。申立人と相手方との間には、平成○年○月○日、事件本人が生まれた。婚姻当初は、申立人と相手方とは円満な結婚生活を送っていたのであるが、相手方は、当時勤務してきた○○株式会社から平成○年○月○日に解雇されてから、自宅にこもり、酒浸りとなり日常的に申立人に暴力をふるうようになった。当初申立人は相手方からの暴力に耐えていたのであるが、○歳になる事件本人にまで暴力を振るうようになり、耐えかねて平成○年○月○日に家を出て、現在まで別居生活が続いている（甲1　申立人陳述書、甲2　相手方健康診断結果通知書、甲3　申立人診断書、甲4　事件本人診断書）。
　(2)　相手方による事件本人の連れ去り
　　　申立人は、別居後、相手方に対し現住所を秘してきたのであるが、相手方は、申立人に対し、現住所を尋ねる電話を執拗にかけてきたため、申立人は携帯電話を解約した。すると、相手方は申立人の実家の母親に対し、執拗に同様の電話をかけてきたためノイローゼ気味となり、申立人の現住所を教えてしまった（甲5　申立人母陳述書）。
　　　申立人が、相手方が申立人の現住所を知ったという情報を得たのが平成○年○月○日であったため、同日以前の同月○日も普段どおり事件本人を近隣の○○幼稚園に通わせていた。
　　　同日、事件本人が○○幼稚園内で遊んでいたところ、相手方が保育士らの目を盗んで事件本人を連れ去り、付近に停車していた車に乗り込んで逃走したものである。
　　　その後、申立人が相手方に対して電話して事実関係を確認したところ、相手方は当初連れ去りを認めなかったが、電話越しに事件本人の泣き声が聞こえており、そのことを問いつめると、相手方は渋々認めた。

　　　　　申立人は再三にわたり、相手方に対して事件本人を戻すよう要求したが、相手方は逆に申立人を恫喝する始末であり、連れ去ったままの状態が続いている（以上、甲1　申立人陳述書）。
　(3)　現在の事件本人の生活状況
　　　　現在の事件本人の生活状況の詳細は、相手方が申立人に対して教えないことから不明である。しかし、申立人が何度か相手方に電話連絡したところ、ほぼ毎回事件本人の泣き声が聞こえており、適切な監護がなされているとは到底思えない。そもそも、別居以前も相手方は事件本人の世話を申立人に任せきりであったばかりか、暴力を振るうほどであり、適切な監護を期待し得るはずもない。その上、相手方は就職した様子もなく、経済面でも非常に不安である。相手方の両親は○○県という遠隔地に居住しており、その補助は期待できない（以上、甲1　申立人陳述書、甲6　相手方両親住民票）。
　(4)　申立人の生活状況
　　　　申立人は現在パート勤務により月○万円程度の収入があり、申立人の父親が必要な範囲で経済的に支援する意向を示している。また、申立人がパート勤務をしている日中は事件本人を幼稚園に通わせており、事件本人が現住所で一人きりになるということもない。さらに、申立人の両親の自宅は、申立人の現住所から徒歩○分程度の近距離であり、必要な援助を期待することができる（甲7　申立人父陳述書）。
　　　　事件本人は幼稚園に通い始めて○か月が経過し、幼稚園にも馴染み、何人も友人がいる。また、現住所地での生活にも慣れ親しんでいる（以上甲1）。
　(5)　以上からすると、申立人の方が相手方に比して事件本人の監護に適切であることは明らかであり、本案が認容される蓋然性は高いものといえる。
　2　保全処分の必要性
　　　　以上より、申立人は、貴庁に対し、子の監護に関する処分の申立て（貴庁平成○年（家）第○○号監護者指定、子の引渡を求める審判申立事件）をしたが、当該事件の確定を待っていたのでは事件本人の生活が非常に不安であるので、事件本人を一刻も早く申立人の元に戻すために、本申立てに及んだ次第である。

疎明方法

甲第1号証　申立人陳述書
甲第2号証　相手方健康診断結果通知書
甲第3号証　申立人診断書
甲第4号証　事件本人診断書
甲第5号証　申立人母陳述書
甲第6号証　相手方両親住民票
甲第7号証　申立人父陳述書

添付書類

甲号証の写し　　　　　　各1通
委任状　　　　　　　　　1通

3 家事審判

　ここでは、「1　家事審判の申立て」で解説した子の引渡し審判の手続の概要について解説します。

　家事審判手続においても、一般の訴訟事件同様、当事者は、自己の主張・立証を尽くすべきことになります。

　しかし、家事審判では、家庭裁判所が職権で事実の調査を行うものとされ、証拠調べも職権に基づくことになります。

　具体的には、事実調査については、多くのケースで家庭裁判所調査官による事実調査が行われ（家審規7の2・7の3）、その結果は、調査官が相当と考える意見とともに家事審判官に報告されます。

　ただし、証拠調べに関して、実務上は、当事者からの証拠申出が認められないということはほとんどありません。

◆子の引渡しの直接強制

　子の引渡しを命ずる家事審判が下された場合に、その直接強制を認めるか否かは、子の人権尊重の観点から賛否両論あります。

　しかし、東京地方裁判所の運用を見る限り、積極に解しているようです。

　ただし、このように直接強制を認めた場合であっても、子がその意思に基づいて執行に反対した場合や、債務者が子を離さないため子を物理的ないし精神的に傷つけないと執行できないような場合には、執行不能とせざるを得ず、限界があります。

　直接強制にあたっても、債務者の対応等を想定し、執行時刻・場所・方法といった具体的手順について、事前に執行官と（場合によっては債権者本人も交えて）十分な打ち合わせをしておく必要があります。

◆不服申立て

　審判に対しては、2週間以内に即時抗告を申し立てることができます（家審14）。提出先は原裁判所ですが、宛名は高等裁判所宛となります。

4 人身保護請求の申立て

(1) 人身保護請求の申立て
(2) 人身保護請求の判断基準

(1) 人身保護請求の申立て

　人身保護手続は、被拘束者の身体の自由を回復するための手続であり、子の（将来の）福祉・利益を図るための手続とは色彩が異なります。被拘束者の身体の自由を回復することを目的とするため、手続の迅速性・強制力が認められることが特徴です。手続の迅速性・強制手段の詳細については、後記「◆人身保護請求と子の引渡しを求める家事審判の比較」を参照して下さい。
　人身保護請求書の必要的記載事項は、人身保護規則7条に以下のとおり列挙されています。
① 請求者またはその代理人の氏名および住所
② 拘束者の氏名、住所その他拘束者を特定するに足りる事項
③ 被拘束者の氏名
④ 請求の趣旨
⑤ 拘束の日時、場所、方法その他拘束の事情の概要
⑥ 拘束が法律上正当な手続によらない理由
⑦ 他に救済の目的を達するのに適当な方法があるときは、その方法によって相当の期間内に救済の目的が達せられないことが明白であること
　以上の事項はいずれも必要的記載事項ですので、人身保護請求書に記載することが義務付けられます。なお、⑦については、特に夫婦間の子の引渡しをめぐる紛争については、まずは、家事審判申立てを行うべきでしょう。
　そのほかに、請求者、拘束者および被拘束者の関係や請求者、拘束者それぞれの生活状況、教育環境、適当な監護補助者の存否、子の育成状況等も主張します。
　添付資料は、疎明資料、委任状です。人身保護請求の場合、通常の訴訟と異なり、請求とともに疎明資料を提供しなければなりませんので（人保5、人保規7）、注意が必要です。
　手続費用としては、被拘束者1人につき2,000円の収入印紙（人保規9）、予納金とし

て10万円から30万円程度（当該予納金は、被拘束者の旅費、日当、国選代理人の旅費、日当、報酬等に充てられます）、予納郵便切手（郵便切手の組数等は各地方裁判所によって異なりますので、申立時に確認して下さい）が必要になります。また、請求者の資力によっては、訴訟救助（民訴82〜84）の申立てを検討すべきです。

申立書等の提出先は、被拘束者、拘束者または請求者の所在地を管轄する高等裁判所もしくは地方裁判所になります（人保4）。

◆人身保護請求と子の引渡しを求める家事審判の比較

人身保護請求と子の引渡しを求める家事審判の長短は、以下のとおりです。

人身保護請求は、手続の迅速化を図る規定が多数設けられており、拘束者に対する勾留（人保12③）といった強制手段が存する、請求者の住所地にも管轄が認められるという長所がある反面、身柄拘束の顕著な違法性の有無が判断基準であり、子の福祉・利益の視点が不十分である、他の救済方法では目的を達成できないことが必要である（人保規4但書）という短所があります。

人身保護請求の長所である迅速性・強制力は、具体的には以下のように規定されています。

まず、迅速性確保のため、①審問期日は、人身保護請求のあった日から1週間以内に開かねばならない（人保12④）、②立証は疎明で足りる（人保5・15）、③判決の言渡しは、審問終結の日から5日以内に制限されている（人保6、人保規36）、④上訴期間は3日である（人保21）と定められています。

次に、強制力については、人身保護命令に従わない拘束者に対して、勾引ないし勾留することができ、また遅延1日につき500円以下の割合による過料の制裁を科すことができる（人保18）と定められています。

これに対して、子の引渡しを求める家事審判は、家庭裁判所調査官等の専門的職員がおり、家事事件全般を取り扱う経験から、子の福祉・利益の実態に則した判断が期待できる長所がある反面、迅速性、強制力の点で不十分であるという短所があります。

◆注意点（弁護士強制主義）

人身保護請求を提起するにあたっては、弁護士強制主義が採用されています。すなわち、人身保護を請求しようとする者は、原則として弁護士を代理人として訴訟提起しなければなりません（人保3本文）。ただし、請求者は、弁護士を代理人として請求することができない特別の事情（例えば、弁護士を依頼する資力がないとか、弁護士を依頼する時間的余裕がないなど）を疎明できれば、例外的に、自ら請求することが認

められます（人保3但書）。

　なお、拘束者については、代理人の選任は必要的ではありませんが、被拘束者については弁護士を代理人とすることが要求されており（人保規31①）、かつ、例外は認められていません。

　被拘束者の代理人は、請求者の代理人と同一人でかまいません（最判昭46・11・30判時665・30）。被拘束者に任意代理人がついていない場合、裁判所は弁護士の中から国選代理人を選任します（人保14②、人保規31②）。

(2) 人身保護請求の判断基準 ■■■■■■■■■■■■■■■■■■

　人身保護請求が認められるための実体的要件は、
① 子の身体の自由が拘束されていること（人保2①）
② 拘束が法律上正当な手続によらないで行われていること（人保1・2②）
③ ②の違法性が顕著であること（人保規4）
④ 他に救済の目的を達するのに適当な方法があるときは、その方法によって相当の期間内に救済の目的が達せられないことが明白であること（人保規4但書）
です。

　特に、②および③が人身保護請求の実体的判断基準となるのですが、その内容は、請求者と被拘束者によって以下のように異なります。なお、権利者とは親権者ないし監護権者を、非権利者とは、親権も監護権も有しない者を意味する用語として用います。

請求者	拘束者	判断基準
権利者	権利者	拘束者が幼児を監護することが子の幸福に反することが明白であること（最判平5・10・19判時1477・21） より具体的には ① 拘束者に対し、家事審判規則52条の2または53条に基づく幼児引渡しを命ずる仮処分または審判が出され、その親権行使が実質上制限されているのに拘束者がその仮処分等に従わない場合 ② 幼児にとって請求者の監護の下では安定した生活を送ることができるのに、拘束者の監護の下においては著しくその健康が損なわれたり、満足な義務教育を受けることができないなど、拘束者の幼児に対する処遇が親権行使という観点から

		みてもこれを容認することができないような場合がこれにあたる（最判平6・4・26民集48・3・992）
権利者	非権利者	原則的には認められる。 例外的に、権利者の監護の下に置くことが著しく不当と認められる場合には認められない（最判昭47・9・26判時685・95）。
非権利者	権利者	拘束者による監護が不当であるなど、よほどの事情がない限り認められないものと解される（前記最判平5・10・19の趣旨）。

【参考書式28】人身保護請求書

人身保護請求書

平成○年○月○日

○○地方裁判所

　　　　　　　　請求者代理人弁護士　　甲野　太郎　㊞
　　　　〒○○○-○○○○　○○県○○市○○町1-2-3
　　　　　　　　請　　求　　者　　乙野　花子
　　　　〒○○○-○○○○　○○県○○市○○町4-5-6
　　　　　　　　○○法律事務所（送達場所）
　　　　　　　　請求者代理人弁護士　　甲野　太郎
　　　　　　　　　TEL　○○-○○○○-○○○○
　　　　　　　　　FAX　○○-○○○○-○○○○
　　　　〒○○○-○○○○　○○県○○市○○町7-8-9
　　　　　　　　拘　　束　　者　　乙野　次郎
　　　　〒○○○-○○○○　○○県○○市○○町7-8-9
　　　　　　　　（住民票上の住所）
　　　　〒○○○-○○○○　○○県○○市○○町1-2-3
　　　　　　　　被　拘　束　者　　乙野　三郎

第1　請求の趣旨
　1　拘束者は被拘束者を釈放し、請求者に引き渡す。
　2　手続費用は拘束者の負担とする。
　との判決を求める。
第2　請求の原因
　1　当事者等
　　　……
　2　拘束者による拘束の経緯及びその顕著な違法性
　　　……
　3　他に取りうる手段のないこと
　　　……
　4　請求者の許で適切な監護が期待できること
　　　……
　5　よって、人身保護法第2条及び人身保護規則第4条に基づき、被拘束者の即時釈放を求めるため、申立ての趣旨記載の請求を求める。

【参考書式29】答弁書

平成○年（人ナ）第○○号　人身保護請求事件
請求者　　乙野　花子
拘束者　　乙野　次郎
被拘束者　乙野　三郎

答　弁　書

平成○年○月○日

○○地方裁判所

〒○○○-○○○○　○○県○○市○○町4－5－6
○○法律事務所（送達場所）
拘束者代理人弁護士　　丙野　太一　㊞
ＴＥＬ　○○-○○○○-○○○○
ＦＡＸ　○○-○○○○-○○○○

　頭書事件に関する拘束者の答弁は以下のとおりである。

第1　請求の趣旨に対する答弁
　1　請求者の請求を棄却する。
　2　被拘束者を拘束者に引き渡す。
　3　手続費用は請求者の負担とする。
　との判決を求める。

第2　請求原因に対する答弁
　1　請求原因第1の事実は認める
　……

第3　拘束者の主張
　……

5 準備調査期日

　人身保護請求訴訟が提起されると、裁判所は、形式的要件および管轄等の確認を行った後、請求に理由があるかどうかを審理することになります。その事実調査の手続の1つであり、第1ステップとなるのが準備調査ということになります（人保9①）。
　準備調査は任意的なものであり、準備調査を経ずに請求棄却決定または人身保護命令が発付されることもあります。実務上は、拘束者が、請求者に対し、任意に被拘束者を引き渡すよう働きかけ、当事者間の和解を引き出すために準備調査期日が設定されることもあります。
　準備調査は、拘束者、被拘束者、請求者およびその代理人その他事件関係者のうち、裁判所が必要と認める者を審尋する形式で行われます（人保9①、人保規17）。ここでは人身保護命令（裁判所が、拘束者に対し、被拘束者を審問期日に出頭させるとともに、同期日までに拘束の事由を明らかにした答弁書の提出を命ずる決定（人保規2））を発すべきか否かを決するために必要な限度で審尋が行われることになります。
　請求者が請求時に疎明し得る拘束の事実や経緯、拘束者の特定には限界もありますので、人身保護命令を発付するか否かを決するため必要な限度で、これらの事実を調査するのが準備調査ということになります。
　なお、複数回、準備調査期日が設定されることもあります。

◆人身保護命令書の送達
　人身保護命令書の送達を公示送達によって実施することはできません（人保規24②）。したがって、請求段階で拘束者の現住所を特定できず（請求書に拘束者の現住所を明記しなければならないということはありませんが、少なくとも拘束者の特定性を確保する限度での記載は必要になります）、裁判所の職権調査によってもこれを明らかにすることができなかった場合には、人身保護命令の送達が不能となりますから、当該請求は不適法なものとして棄却されることになります（人保規21①三）。

◆人身保護命令の効力
　人身保護命令書が拘束者に送達され、その効力が発生したにもかかわらず、拘束者がこれに違反した場合には、①裁判所は拘束者を勾引し、または命令に従うまで勾留し、遅延1日につき500円以下の割合による過料に処することができ（人保18）、②拘束者が人身保護命令を無視して法による救済を妨げる行為をし、もしくは答弁書にことさら虚偽の記載をした時は、2年以下の懲役または5万円以下の罰金に処せられます（人保26）。勾留は、拘束者を刑事施設に身柄拘束するものですから（人保規39）、人身保護命令は非常に強力なものであるといえます。

6　審問期日

(1)　審問期日の指定
(2)　審問期日における審理
(3)　判決の言渡し

(1)　審問期日の指定

　審問期日の第1回期日は、人身保護請求後1週間以内で、かつ、人身保護命令送達後3日以上経過した日に指定されます（人保12④本文）。特別の事情がある場合には、この期間が短縮または伸長されることもあります（人保12④但書）。拘束者または被拘束者の現住所が遠隔地であるため、出頭に日時を要する場合などに期間が伸長されることがあります。

　1回の開廷で終結されることもあり、審理期間についての特段の制限はありません。

(2)　審問期日における審理

　審理は、原則として民事訴訟の口頭弁論の方式に従って行われ（人保規33）、審問期日における取調べは、公開されます（人保14①）。

　審理の進行は、まず、拘束者が拘束の事由を答弁書に基づいて陳述し、これに対する認否・反論等として被拘束者または請求者が反論の陳述を行うことになります（人保規29①）。被拘束者または請求者の認否・反論等は、人身保護請求書に基づいてなされるのが一般的です。

　一般の訴訟の進行では、請求書の陳述→答弁書の陳述という順序ですが、人身保護請求訴訟では、審問期日の目的が、拘束者が拘束の事由を示すことにあるため、答弁書の陳述→請求者側の認否・反論等という陳述順序となります。

　立証は疎明で足りますが、立証責任の負担については、①被拘束者が拘束者に拘束されている事実は、請求者または被拘束者が、立証責任を負担し、②その拘束の適法性は、拘束者が立証責任を負担します（人保15②、人保規29③）。

◆拘束者の不出頭

　拘束者が審問期日に出頭しない場合、審問期日を開くことはできませんので（人保規30①）、期日を延期することになります。場合によっては拘束者を勾引することになります（人保18）。一般の民事訴訟のように、欠席判決が下されることはありません。

(3)　判決の言渡し ■■■■■■■■■■■■■■■■■■■■■■■■■

　判決の言渡しは、特別の事情がない限り、審問終結の日から5日以内になされるものとされており（人保規36）、実務上は審問終結後引き続き判決が言い渡されることが多いです。

　判決内容の実現方法ですが、実務上、被拘束者が意思能力のない幼児の場合、

① 判決言渡日に被拘束者が出頭した場合には、判決前に裁判所（具体的には書記官等の職員）が幼児を一時的に預かり、判決言渡し後に、判決に従って請求者または拘束者に幼児を引き渡す

② 判決言渡日に被拘束者が出頭しない場合で、裁判所が請求認容判決を言い渡す場合には、裁判所が拘束者に対し被拘束者の釈放および請求者への引渡しを勧告するという扱いが一般的です。

　拘束者が請求認容判決に従わない場合、2年以下の懲役または5万円以下の罰金という罰則が科されます（人保26）。

　しかし、②の方法では、拘束者が従わない可能性も高く、実効性に疑問があります。そこで、拘束者が被拘束者を出頭させないことが続くような場合には、請求者は、裁判所に対して拘束者の勾留を働きかけ、被拘束者を法廷に出頭させるようにした上で、①により、その場で子の引渡しを受けることが確実であるといえます。

◆不服申立て

　人身保護請求事件についての地方裁判所ないし高等裁判所の判決に対しては、控訴はできず、最高裁判所に上告することができるのみです（人保21、人保規41①）。

　上告期間も、判決言渡しの日から3日以内に限定されています（人保21、人保規41①）。

第5　親権者・監護権者を変更する

＜フローチャート～親権者・監護権者変更の手続＞

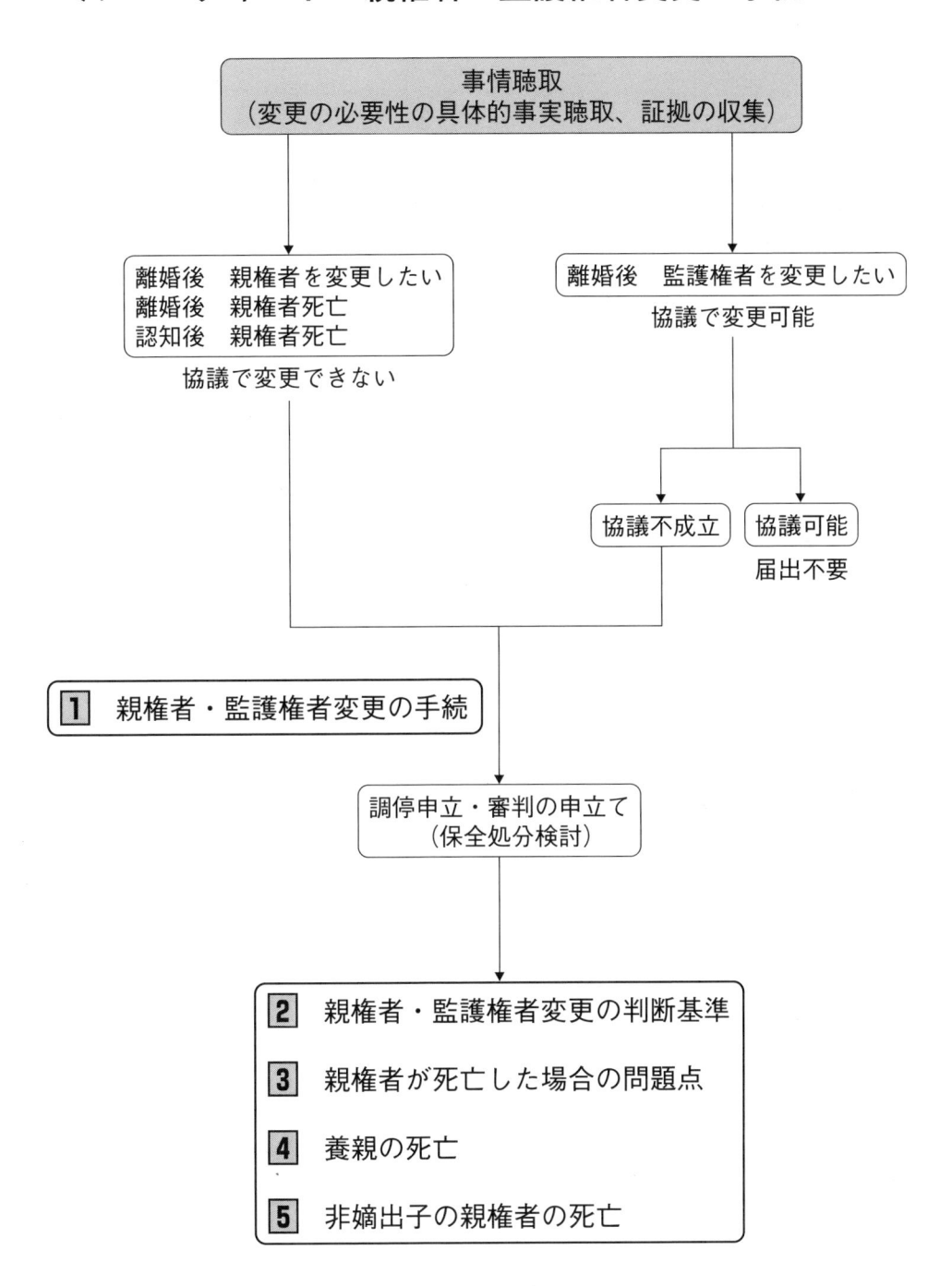

```
          事情聴取
   (変更の必要性の具体的事実聴取、証拠の収集)
         ／           ＼
離婚後　親権者を変更したい      離婚後　監護権者を変更したい
離婚後　親権者死亡              協議で変更可能
認知後　親権者死亡                   ／    ＼
協議で変更できない           協議不成立  協議可能
                                       届出不要
```

1　親権者・監護権者変更の手続

　↓

調停申立・審判の申立て
（保全処分検討）

　↓

2　親権者・監護権者変更の判断基準

3　親権者が死亡した場合の問題点

4　養親の死亡

5　非嫡出子の親権者の死亡

1 親権者・監護権者変更の手続

(1) 親権者変更の手続

　親権者の変更については、民法819条で「子の利益のため必要があると認めるときは、家庭裁判所は、子の親族の請求によって、親権者を他の一方に変更することができる」とされています（乙類調停事項（家審9①乙七））。

　離婚の際には、協議で親権者を決定することが可能でしたが（民819①）、いったん親権者が決まってしまった後は、家庭裁判所の手続を経なければ変更することはできません。

　家庭裁判所への申立ては、調停、審判のどちらでも可能ですが、審判で申し立てても、家庭裁判所は職権でいつでも調停に回すことができます（家審11）。

　調停で解決しなかった場合には、そのまま審判手続に移行し審判となります（家審26①）。子が満15歳以上の場合は子の陳述を聴かなければならないことになっています（家審規72・54）。また、裁判所は、子が15歳以下でも子の意見を聴くことがあります。

　子が虐待を受けているなど、子を保護すべき緊急の必要性がある場合には、親権者変更の申立てと同時に、審判前の保全処分を申し立て、自らを仮に監護権者と決定してもらうこと、仮の子の引渡しを求めることができます。既に子が依頼者の許で保護されており、相手方が連れ戻そうとしている場合には、ＤＶ防止法や民事保全により接近禁止の仮処分などを検討する必要があります。

【親権者変更申立手続】
①申　立　人　　子の親族（民819⑥）。
②管　轄　調　停　　相手方の住所地の家庭裁判所、または当事者が合意で定める家庭裁判所です（家審規129①）。
　　　　　審　判　　子の住所地の家庭裁判所です（家審規72・52②・60）。子が複数いる場合は、そのうちの1人の住所地の家庭裁判所となります。
③費　　用　　収入印紙　1,200円（子1名につき（民訴費3①・別表1⑮の2）））
　　　　　　　郵便切手　裁判所によって異なることもありますので、申立裁判所に確認して下さい。
④添付資料　　申立人、子の父母、子の戸籍謄本各1通、委任状

【参考書式30】親権者変更審判申立書

親権者変更審判申立書

平成○年○月○日

○○家庭裁判所　御中

　　　　　　　　　　　　　申立人代理人
　　　　　　　　　　　　　　弁護士　甲　野　太　郎　㊞

当事者の表示　別紙当事者目録記載のとおり

申立ての趣旨

未成年者○○○○の親権者を相手方から申立人に変更するとの審判を求める。

申立ての実情

第1　当事者

　　申立人と相手方は、平成○年○月○日に婚姻し、平成○年○月○日、申立人と相手方との間に未成年者が生まれた。

　　申立人と相手方は、平成○年○月○日、協議離婚した。

第2　親権者指定事情

　　上記協議離婚の際、……との事情により、相手方を親権者とすることに合意した。

第3　養育監護について

　　相手方は、平成○年○月○日から平成○年○月○日まで、未成年者を養育監護していたが、未成年者は、平成○年○月○日に、申立人方に移転し現在に至っている。

　　具体的事情は下記のとおりである。

　　……。

第4　親権者変更を必要とする理由

　　……。

　　以上のとおりであるので、相手方に未成年者を任せておくことは、子の福祉上好ましくないため、本件申立てに及んだ次第である。

添付資料

1　申立人・相手方の戸籍謄本　　各1通
2　委任状　　　　　　　　　　　　1通

(2) 監護権者変更の手続

監護権者の変更については、民法766条2項で「子の利益のため必要があると認めるときは、家庭裁判所は、子の監護をすべき者を変更し、その他監護について相当な処分を命ずることができる」とされています（乙類調停事項（家審9①乙四））。

子の引渡しおよび養育費などの財産上の給付も（家審規53）、監護権者変更と併せて申し立てることができます。

子を保護すべき緊急の必要性がある場合に、審判前の保全処分を申し立てることができることは、前述したとおりです。

【監護権者変更申立手続】
①申 立 人　父、母、監護権者（民766①）
②管　　轄　調　停　相手方の住所地の家庭裁判所、または当事者が合意で定める家庭裁判所（家審規129①）。
　　　　　　審　判　子の住所地の家庭裁判所。子が複数いる場合は、そのうちの1人の住所地の家庭裁判所（家審規52）。
③費　　用　収入印紙　1,200円（子1名につき、民訴費3①・別表1 (15の2)）
　　　　　　郵便切手　裁判所によって異なることもあるので、申立裁判所に確認して下さい。
④添付資料　申立人、相手方の戸籍謄本各1通、委任状

【参考書式31】 監護権者変更調停申立書

監護権者変更調停申立書

平成○年○月○日

○○家庭裁判所　御中

申立人代理人
弁護士　甲　野　太　郎　㊞

当事者の表示　別紙当事者目録記載のとおり

申立ての趣旨
未成年者○○○○の監護権者を相手方から申立人に変更する旨の調停を求める。

申立ての実情

第1　当事者

　　申立人と相手方は、平成○年○月○日に婚姻し、平成○年○月○日、申立人と相手方との間に未成年者が生まれた。

　　申立人と相手方は、平成○年○月○日、協議離婚した。

第2　これまでの経緯

　　離婚のいきさつ、親権者指定の事情、監護権者指定の事情

第3　監護権者変更を必要とする理由

　　……。

　　以上のとおりであるので、相手方に未成年者を監護を任せておくことは、子の福祉上好ましくないため、本件申立てに及んだ次第である。

添付資料

1　申立人・相手方の戸籍謄本　各1通
2　委任状　　　　　　　　　　1通

(3) 監護に関する処分

監護についての指定の具体的な内容については、監護権者の他に、監護期間、監護費用、監護費用負担者、面接交渉などが挙げられます。これらの事項についても、調停、審判により、監護権者同様、変更を求めることができます。

2 親権者・監護権者変更の判断基準

親権者変更の基準については、民法819条6項が「子の利益のため必要があると認めるとき」と定めています。

その判断は、事件ごとの家庭裁判所の裁量に任されることになりますが、具体的には次のような事項を検討しています。

① 養育環境（居住、教育、家庭など総合的な環境（大阪高決平3・4・4家月43・9・23））
② 子への愛情・現親権者の監護態度（または親権者に代わって実際に面倒を見ている者の監護態度）
③ 現親権者の心身の健全性
④ 子の年齢・心身の状況（札幌高決昭40・11・27家月18・7・41）
⑤ 子の精神状態の保護（親に対する感情、交友関係・学校関係、環境の継続性など）
⑥ 子の意思

監護権者を変更する基準も、親権者を決定する際と同様、「子の福祉」の観点から、あらゆる事項を総合的に考慮して、子のために監護権者の変更が適切である場合にはじめて認められます。

3 親権者が死亡した場合の問題点

　離婚の際に親権者となった者が死亡した場合、生存しているもう一方の親が当然に親権者になるわけではなく、家庭裁判所の親権者変更の手続を経なければ、もう一方の親が親権者になることはできません。

　これは、生存している親が親権者になることを希望しても、その者が「子の福祉」、「子の利益」にかなう人物であるかどうかの適性判断を行う必要があるからです。

　ところで、民法838条は、「未成年者に対して親権を行う者がないとき」に後見が開始すると定めています（未成年者に対する後見の内容は親権とほぼ同じです（民857）。

　では、親権者が死亡した場合、「未成年者に対して親権を行う者がないとき」であるとして後見が開始するのでしょうか、それとも親権者変更の手続を経ることになるのでしょうか。

　問題となる場面としては、夫婦が離婚し、父親が子の親権者となったが、その父親が死亡した場合、生存する母親から親権者変更の申立てがあり、父方の祖父母から後見人選任の申立てがある場合です。

　かつては、離婚の際、親権者とならなかった親の親権は消滅すると考えていたため、このような場合は後見が開始すると考えられていました。しかし、親権者であれ後見人であれ、「子の福祉」、「子の利益」にかなう者を親権者、後見人にする必要があります。

　福島家裁平成2年1月25日審判（家月42・8・74）は、「単独親権者の死亡後は親権者、後見人未定の状態となり、そのいずれにするかは家庭裁判所の裁量によって定まるものと解するを相当とする」との判断を示しました。この審判は、法的な理論はさておき、最も重要な「子の利益」の観点から家庭裁判所も柔軟に判断すべきとの考えを示したものです。

① 後見人選任の申立てを認め、親権者変更申立てを却下した事案
  ・熊本家裁人吉支部昭和50年2月21日審判（家月28・1・78）
  ・大阪家裁昭和53年6月26日審判（家月31・7・71）
② 親権者変更申立てを認め、後見人選任の申立てを却下した事案
  ・福岡家裁小倉支部昭和55年5月6日審判（家月33・1・70）

4　養親の死亡

　養親と実親との間でも同様の問題があります。それは、養子縁組をすれば、当然、子の親権者は養親となりますが、その養親が死亡した場合、死後離縁の手続（民811）を執らないまま実親に親権者変更が認められるかという問題です。

　親権者変更を認めたもの（札幌家審昭56・6・9家月34・11・45、宮崎家審昭56・7・24家月34・11・41、宇都宮家大田原支審昭57・5・21家月34・11・49）と後見が開始するとしたもの（名古屋高判昭52・2・15ジュリ644・6、東京高決昭56・9・2判時1021・108）があります。

　前者は、実親は養親が親権を行使する限りにおいて、その間、親権の行使が停止されているだけであると考え、養親の死亡により養親の親権が消滅すれば、実親の親権が復活すると考えます。したがって、実親への親権者変更が可能であると考えます。

　一方、後者は、養子縁組が存在している間、実親は親権者の資格を有しないと考え、養親が死亡しても養子縁組は解消しない以上、後見が開始すると考えるものです。

5 非嫡出子の親権者の死亡

　非嫡出子の親権者が死亡した場合も、未成年者の子を認知した父親が当然にその子の親権者となるわけではありません。

　非嫡出子と母親の親子関係は分娩の事実により当然に発生するとされているので、母親は当然に非嫡出子の親権者となります。

　一方、非嫡出子を認知した父親は「父母の協議で父を親権者と定めたときに限り」親権者となることができます（民819④）。

　そのため、前述した単独親権者が死亡した場合と同様、この場合も、親権者である母親が死亡した場合、後見が開始するのか、親権者の指定・変更が認められるかが問題となります。

　ただ、この問題に関しては、昭和24年3月14日民事甲3499号民事局長回答などでは、民法838条1号の「未成年者に対して親権を行う者がないとき」に該当し、すでに後見が開始しており、親権者指定の余地はないとされていました。

　しかし、家庭裁判所では、一貫して後見開始後も後見人選任前であれば、親権者指定・変更の審判をしています。

　そのため、後見人選任前に親権者変更の審判がなされ、これに基づく届出がなされれば、戸籍事務取扱者は受理せざるを得ません。そのため、戸籍実務の取扱いも、届出を受領し、これにより後見が終了するとしています。

　ちなみに、認知後親権者が死亡した場合は、親権者変更（民819⑥）となりますが、親権者死亡後に認知した場合には、民法819条5項の「協議をすることができないとき」に該当するとして、親権者指定とされています。

第 5 章
渉外離婚の処理

＜フローチャート～渉外離婚の流れ＞

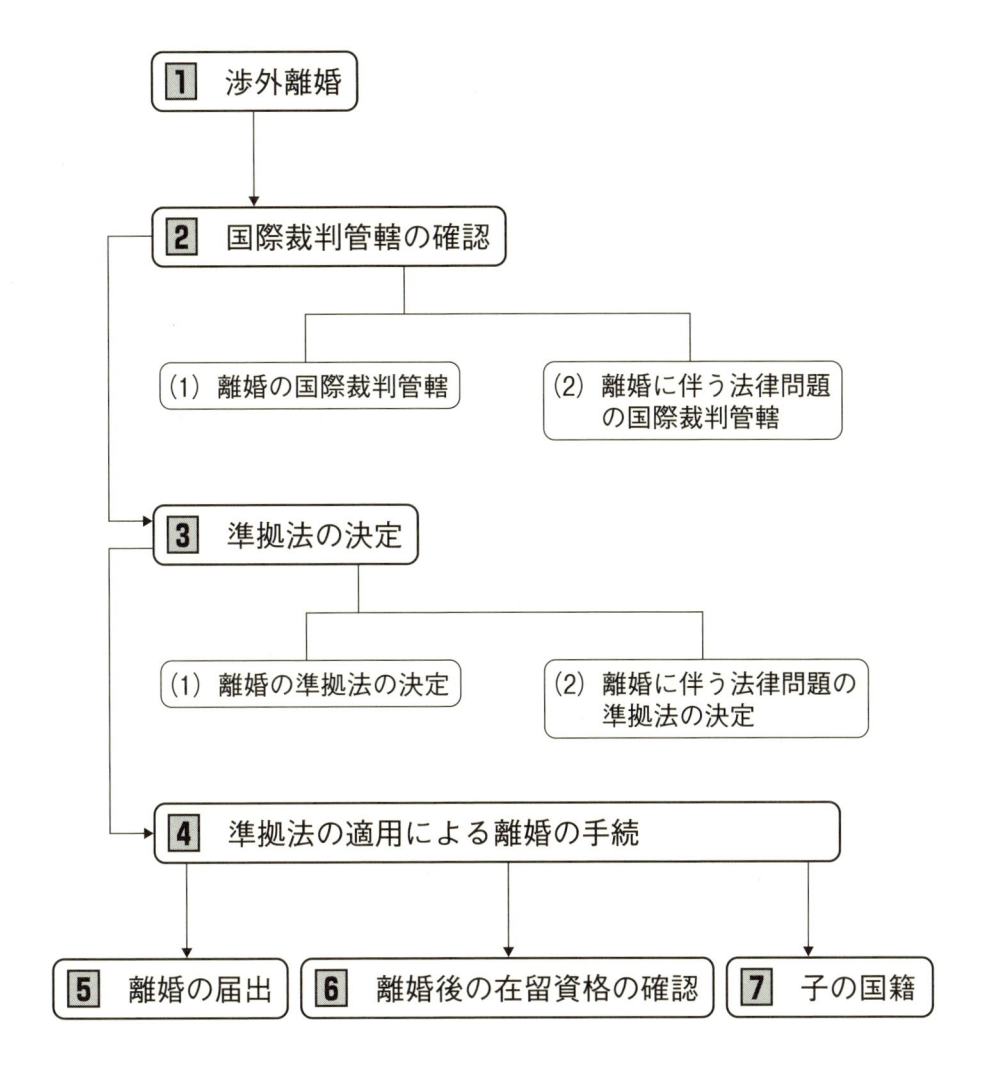

- **1** 渉外離婚
  - ↓
- **2** 国際裁判管轄の確認
  - (1) 離婚の国際裁判管轄
  - (2) 離婚に伴う法律問題の国際裁判管轄
- **3** 準拠法の決定
  - (1) 離婚の準拠法の決定
  - (2) 離婚に伴う法律問題の準拠法の決定
- **4** 準拠法の適用による離婚の手続
  - **5** 離婚の届出
  - **6** 離婚後の在留資格の確認
  - **7** 子の国籍

1 渉外離婚

いわゆる渉外離婚とは、一般的に、日本人と外国人の夫婦が離婚する場合や、日本に居住している外国人の夫婦が離婚するような場合をいいます。

また、外国に居住している日本人の夫婦が離婚する場合も、広い意味では渉外離婚ということがあります。

いわゆる渉外離婚では、まず、

① どの国の裁判所が管轄権を有するか、日本の裁判所で離婚の手続を行うことができるか、という国際裁判管轄の問題
② どの国の法律が適用されて判断されるか、日本の法律に基づいて解決できるか、という準拠法の問題

があるため、これらの点を検討する必要があります。

2 国際裁判管轄の確認

(1) 離婚の国際裁判管轄
  離婚の手続を日本で行うことができるかどうか、検討します。
(2) 離婚に伴う法律問題の国際裁判管轄
  離婚の伴う法律問題の手続を日本で行うことができるかどうか、検討します。

(1) 離婚の国際裁判管轄

離婚の国際裁判管轄に関しては明文規定がないため、条理によって解決することになりますが、判例では、①原則として被告の住所地国に管轄が認められるが、②例外的に、原告が遺棄された場合、被告が行方不明の場合、その他これに準ずる場合に限り、原告の住所地国の管轄も認めるとの一定の基準が示されています（最大判昭39・3・25判時366・11）。

具体的に「その他これに準ずる場合」にどのような場合があたるのかについては、①被告が応訴した場合、②外国の法律では婚姻が成立していないために離婚の手続ができない場合、③当事者が国外追放されている場合、などが考えられています。

また、被告が日本に住所を有する場合のほか、原告の住所その他の要素から、日本に管轄が認められると判断した判例もあります（最判平8・6・24判時1578・56）。

このような基準をふまえて、具体的な事案ごとに、日本に裁判管轄があるかどうか、検討することになります。

(2) 離婚に伴う法律問題の国際裁判管轄

◆慰謝料・財産分与

離婚の効力の問題として、離婚の国際裁判管轄と同様に考えられています。

◆親権・監護権

離婚に伴う子の親権者、監護権者の指定の国際裁判管轄がどこにあるかについては、
① 子の住所と関係なく離婚の国際裁判管轄と同じと考えてよいのか
② 子の福祉の観点からみて、子の住所地に国際裁判管轄があると考えるか
という議論があります。

子の住所が日本にある場合には、日本での国際裁判管轄を認めることにほとんど問題がありません。

子の住所が日本にはないが、離婚の国際裁判管轄が日本にあるという場合には、どこに国際裁判管轄があるかを検討することが重要になります。

ただ、日本法では、離婚の際には親権者を決めなければならないため、当事者が管轄を争わなければ、離婚訴訟を提起された裁判所がそのまま親権者・監護権者の指定についても判断していることが多いようです。

◆養育費

扶養義務の問題と考えられています。

これに関する国際裁判管轄がどこにあるかの根拠となる明文の規定はないため、解釈によって判断することになりますが、その際には、主に当事者の住所を考慮して決定されています。

3 準拠法の決定

> (1) 離婚の準拠法の決定
> 　離婚の手続を行うに当たって、どこの国の法律が適用されるか、すなわち準拠法がどの法律になるかを検討します。
> (2) 離婚に伴う法律問題の準拠法の決定
> 　離婚に伴う法律問題の手続を行うに当たって、どこの国の法律が適用されるか、すなわち準拠法がどの法律になるかを検討します。

(1) 離婚の準拠法の決定

離婚の準拠法がどの法律になるかは、次の事項を順番に検討して決定します（通則27・25）。

① 夫婦の本国法が同一であるときには、その本国法（共通本国法）
② 夫婦の共通本国法がないときは、夫婦の共通常居地法
③ 共通常居地法がないときは、夫婦に最も密接な関連のある地の法律
④ ただし、夫婦の一方が日本に常居所を有する日本人の場合は日本法

──ケーススタディ──

【ケース1】

Q 重国籍者の本国法は。

A 法の適用に関する通則法38条1項により、次のとおり検討して判断します。
　① 複数の国籍国に当事者が常居所を有するときは、その国の法が本国法
　② 複数の国籍国の中に常居所がない場合には、その者に最も密接に関係する国の法令（最密接関係地法）が本国法
　③ 当事者の国籍国の中に日本が含まれる場合には、日本法が本国法

【ケース2】

Q 無国籍者の本国法は。

A 法の適用に関する通則法38条2項により、無国籍者で、その本国法が決定し得ない場合には、常居所地法となります。

ただし、法の適用に関する通則法25条（26条1項と27条の場合も含みます）や同法32条では適用が除外されていますので、無国籍者の常居所地法と、相手方の本国法が同一であっても、その本国法が準拠法にはなりません。

◆「常居所」とは

「常居所」とは、定義は規定されていませんが、通常、「人が相当長期間にわたって居住し、現実に生活している場所」とされています。

ケーススタディ

Q 具体的な認定は。

A 通達に基づいて、次のとおりの認定がされています（平元・10・2民二3900民事局長回答）

① 日本人の場合

日本に住民登録があるときには、日本に常居所があるとされています。

② 外国人の場合

在留資格ごとに滞在期間の条件を設けて、常居所が認められるとされています。

a 出入国管理及び難民認定法2条の2ならびに別表第1に記載されている在留資格（ただし、「外交」「公用」（別表第1の1）、「短期滞在」（別表第1の3）の場合を除きます）をもって日本に在留していて、引き続き、5年以上日本に滞在している場合、日本に常居所があると認められます。

b 同法別表第2に記載されている在留資格をもって日本に在留していて、引き続き1年以上日本に滞在している場合には、日本に常居所があると取り扱われるとされています。

(2) 離婚に伴う法律問題の準拠法の決定

◆慰謝料

　離婚そのものによる慰謝料、いわゆる離婚慰謝料の準拠法は、離婚の際における財産給付の一環であるとして、離婚の準拠法によると考えられています（横浜地判平3・10・31判時1418・113）。

　そのため、どの国の法律が適用されるのかは、離婚の場合と同じになります。

――― ケーススタディ ―――

Q 　離婚の原因となった個々の不法行為に基づく慰謝料を請求する場合の準拠法は。

A 　離婚の問題ではなく、不法行為に関する問題であるとして、個々の不法行為が発生した地の法律が適用されるとする考え方もあります（神戸地判平6・2・22判タ851・282）。

　そこで、個々の不法行為に基づいて慰謝料を請求する場合には、離婚の準拠法とは別に、どの国の法律が適用されるのかを検討する必要があります。

◆財産分与

　財産分与は、清算的な財産分与であるか、扶養に関する財産分与であるかにかかわらず、離婚の際における財産分与の一環として、離婚の準拠法によるべきであるとするのが一般的な考えです。

　どの国の法律が適用されるのかについては、離婚の場合と同じになります。

◆親権、監護権

　子の親権、監護権の帰属、分配の問題とその内容、行使の問題はいずれも、親子間の関係に関する問題と捉えて、準拠法を決めるという考えが一般的です（通則32）。

　この考えに基づくと、子の親権、監護権の準拠法は、次の事項を順番に検討して決定することになります。

① 　子の本国法が父または母の本国法と同一の場合は、子の本国法
② 　父母の一方がいないときは、他の一方の本国法と子の本国法が同一の場合においては子の本国法
③ 　その他の場合には、子の常居所地法

ケーススタディ

Q 子が重国籍の場合の本国法は。

A 法の適用に関する通則法38条によって判断されます。
重国籍のいずれかが日本の国籍であれば日本法がその子の本国法となります。

◆養育費

養育費の準拠法は、扶養義務の準拠法に関する法律によって決められます。
この法律に基づいて、養育費の準拠法は、次の事項を検討して決定します（扶養義務の準拠法に関する法律2）。
① 扶養権利者の常居所地法
② ①によって扶養が受けられないときには、当事者の共通本国法
③ ①、②によって扶養が受けられないときには、日本法

4 準拠法の適用による離婚の手続

(1) 日本法が準拠法の場合
　主な問題は、日本法に基づいて行った離婚が当事者の本国で認められるかどうかという点であり、これを検討します。
(2) 外国法が準拠法となる場合
　外国法の内容を検討し、そもそも離婚が認められるか、どのような離婚手続を取るべきかを検討します。
(3) 調停前置主義との関係
　渉外離婚の手続の場合でも、調停前置主義が適用されるのか、確認します。
(4) 調停の申立て・訴訟提起
　渉外離婚の調停申立てや訴訟提起に必要な書類や外国への送達の手続を確認します。

(1) 日本法が準拠法の場合

◆協議離婚の方法をとる場合

準拠法が日本法であれば、日本の法律に従って、協議離婚をすることができます。

> ケーススタディ

Q 当事者の本国の法律では、裁判離婚のように裁判所での手続が離婚の要件とされている場合は。

A このような場合、日本の法律に基づいて行った協議離婚が、当事者の本国では、有効と認められないことがあります。

そこで、準拠法が日本法で、協議離婚の方法を選べる場合でも、当事者の本国がどの国なのかを確認した上で、その国の法律で協議離婚が認められていない場合には、裁判離婚などの手続をとることを検討することになります。

そのため、事前に外国公館に照会する、文献を検討するなどして、離婚に関する法律について調べることが必要です。

◆調停離婚、審判離婚、裁判離婚

協議で離婚が成立しない場合、また、協議離婚ができる場合でも本国で離婚が有効と認められるようにするために、家庭裁判所に調停の申立てや離婚訴訟の提起をすることが考えられます。

この場合には、国際裁判管轄が日本にあることが確認できれば、日本で、手続を行うことになります。

日本では、法的に有効な離婚でも、当事者の本国で離婚が有効と認められるかどうかは、その国の法律によります。

(2) 外国法が準拠法となる場合

◆離婚が認められるかどうか

離婚の準拠法として選ばれた外国の法律によっては、たとえば、フィリピンのように、法律で離婚が認められていない国があります。

このように法律で離婚が認められていない国の法律が離婚の準拠法となった場合、日本でも、離婚が認められないことになります。

ただ、判例では、公序良俗に著しく違反する場合には、離婚を認めない外国法の適用を排除して、日本法を適用することによって離婚を認めることで、解決を図って来

ています（通則42〔旧法例33条〕、フィリピン法の適用を排除した判決として、東京地判昭60・6・13判時1206・44）。

◆調停や審判による離婚ができるかどうか
　準拠法となった外国法で、離婚の方法について、裁判離婚しか認められていない場合があります。
　この場合、日本の調停離婚や審判離婚の手続で離婚をすることが認められるかどうか、という点を検討する必要があります。
　このような場合、判例では、調停離婚も審判離婚も裁判所の一定の関与があることを理由として、裁判離婚と同様に考えることができるとして、調停調書の中に、「確定判決と同一の効力を有する」と記載したり、審判離婚を行う、という取り扱いをしていることが多く見られます。
　ただ、このような取り扱いをした場合でも、裁判離婚と同様に扱われるかどうかは、確実ではありません。
　そのため、まずは、日本における調停離婚や審判離婚が、当事者の本国でも認められるのかどうかを外国公館に照会するなどして調べることが必要でしょう。

(3) 調停前置主義との関係 ■■■■■■■■■■■■■■■■■■■■

　調停前置主義は、手続に関する問題であると考えると、法廷地である日本の家事審判法に基づいて調停前置の手続をする、と考えるのが自然です。
　ただ、国籍や事案の性質などから、調停をしても当事者の本国で効力が認められない場合には、家事審判法18条2項但書によって、調停を行わずに、離婚訴訟を提起できるとする考えもあります。

(4) 調停の申立て・訴訟提起 ■■■■■■■■■■■■■■■■■■■■

◆添付書類の準備
　渉外離婚について調停や訴訟の申立を行う場合、日本人の夫婦の調停の申立や訴訟提起を行う場合に必要な書類のほかにも、以下の書類を添付することが必要となる可能性があります。
　渉外離婚の調停申立・訴訟提起に添付が必要と考えられる書類
① 日本人当事者について、戸籍謄本
　　外国人当事者について、外国人登録証明書
② 婚姻証明書
③ 未成年の子がいる場合、出生証明書

④　準拠法となる外国法の離婚に関する部分の抜粋

なお、文書が外国語で記載されている時には、日本語の訳文を添付することが必要です。

◆外国への書類の送達

外国にいる当事者を相手にして訴訟を提起する場合、外国で送達の手続を行うことになります。その方法としては、

① 領事送達
② 中央当局送達
③ 指定当局送達

などの方法があります。

ただ、国によってどの方法をとることができるか、送達に必要となる費用や期間に違いがあるため、実際に訴訟を提起する際に裁判所に問い合わせてから手続を行ったほうが確実です。

また、外国にいる相手方への時間がかかることが予測されます。

そこで、訴訟を提起したときに、口頭弁論期日だけでなく、判決言渡期日までの期日を指定してもらい、訴状や書証、人証申立書もすべて準備した上で、裁判所の作成する呼出状等の書類も一括して送達することによって、送達回数を少なくする運用がなされています。

被告の住所が不明である場合などは、公示送達の手続をとることができます(民訴110以下)。

外国で行うべき送達について行った公示送達の効力が発生する時期は、掲示を始めた日から6週間とされています。

> ケーススタディ

Q 住居が不明であるかどうかを証明する資料を集める方法は。

A 弁護士法23条の2の照会によって、相手方の出入国記録や外国人登録の有無を調査することが考えられます。

5 離婚の届出

(1) 日本で離婚する場合
　日本で離婚した場合の届出の方法を確認します。
(2) 外国で離婚する場合
　外国で離婚した場合の届出の方法を確認します。
(3) 離婚後の氏
　外国人との婚姻により氏を変更している場合について、離婚の際に変更する場合を確認します。

(1) 日本で離婚する場合 ■■■■■■■■■■■■■■■■■■

◆夫婦の一方が日本人の場合

　夫婦の一方が日本人の夫婦で、日本で離婚する場合、日本人の当事者が日本に常居所がある場合は、準拠法は日本法となり、日本の法律で定める方法で、協議離婚の届出が受理することができるとされています。

　夫婦のいずれも日本に常居所がなく、外国にも共通常居所がなく、その夫婦の密接関連地が日本であることが認められる場合は、協議離婚の届出を受理することができることになります（密接関係地の認定、平5・4・5民二2986民事局第2課長通知）。

　また、調停離婚、審判離婚、裁判離婚を行った場合、それぞれ報告的な届出として、離婚届の提出をすれば、受理されます。

◆外国人夫婦の場合

　外国人夫婦が、日本で協議離婚の届出をする場合、夫婦の本国法によって協議離婚を日本の方式に従ってすることができる証明書があるときには、協議離婚の届出を行うことができます（平6・2・25民二1289民事局長回答）。

　なお、国籍が韓国、中国、中華民国の場合には、このような証明書がなくても、協議離婚の届出を受理する取扱いがされています。

　上記の証明書以外の一般的な添付書類は次のとおりです。

① 国籍証明書

② 外国人登録証明書
③ 婚姻証明書
④ 本国の法令

　また、外国人の夫婦でも、本国法が共通でない場合には、
① 夫婦の双方が日本に常居所を有すると認められる場合や
② 夫婦の一方が日本に常居所を有しており、また、他方が日本との往来があると認められる場合その他当事者の提出した資料などから夫婦が共通常居所を有しておらず、かつその夫婦の密接関連地が日本にあると認められる場合には、離婚の準拠法が日本法となるので、協議離婚届が受理されます（密接関係地の認定、平5・4・5民二2986民事局第2課長通知）。

　外国人の本国法で裁判離婚しか認められていない場合には、調停離婚や審判離婚を裁判離婚と同視してよいか、これに基づいて届出が受理されるのかについては争いがあります。

　　（以上、全般につき、平元・10・2民二3900民事局長通達）

(2) 外国で離婚する場合

◆外国に居住している日本人夫婦が協議離婚する場合

　在外公館外国駐在日本大使、公使または領事に対して、離婚届を提出すればよいことになっています（民741、昭27・3・5民事甲239）。

　また、日本人夫婦の場合、郵送で協議離婚の届出をすることもできます。

──── ケーススタディ ────

Q 夫婦の一方が外国人である場合は。

A 在外公館外国駐在大使、公使または領事に対する届出という方法での離婚届はできません（昭26・9・13民甲1793民事局長回答）。

　　ただし、夫婦の一方が日本人で、準拠法が日本法になる場合に限っては、外国からの郵送による協議離婚届をすることが認められます（平元・10・2民二3900民事局長通達参照）。

◆**裁判離婚の場合**

外国でなされた離婚判決は、民事訴訟法118条1号から4号の要件を具備すれば、日本で承認されることになります（昭51・1・14民二280）。

民事訴訟法118条に定められた要件は次のとおりです。

① 外国裁判所の裁判権が認められること（1号）
② 送達を受けたこと（2号）
③ 公序良俗に反しないこと（3号）
④ 相互の保証（4号）

外国でなされた離婚判決がこのような要件を備えて日本でも承認されると、有効と扱われ、その結果は戸籍に記載されることになります。

外国における離婚判決に基づいて、離婚届をするためには、原則として、判決の謄本、判決確定証明書、日本人の被告が呼出しを受け、または応訴したことを証する書面ならびにそれらの訳文の添付が相当とされています（昭51・1・14民二280）。

判決は確定の終局裁判であることが必要とされています。

ケーススタディ

Q 確定証明制度が存在しない場合には。

A その判決がなされた国の法令（例えば、判決が裁判所で登録されれば確定したものとみなされる）や、現地の裁判所職員や弁護士による事実上の証明によるしかないとされています。

(3) 離婚後の氏

外国人との婚姻により、変更した氏について、離婚の際に変更する場合は、次のとおりです。

① 「やむを得ない事由」があり、家庭裁判所の許可があれば結婚前の氏への変更が認められます（戸107①）。
② 離婚の日から3か月以内であれば、家庭裁判所の許可を得ないで元の氏に戻すことができます（戸107③）。

6 離婚後の在留資格の確認

「日本人の配偶者等」の在留資格で日本に在留している外国人は、離婚することによって、それ以降は、その在留資格では更新の許可を受けることができません。

離婚後も日本に住むためには、在留資格の変更を入国管理局に申請しなければ、日本に在留できないことになります。

この点、平成8年7月30日に法務省入国管理局から出された通達によれば、未成年かつ未婚の実子を扶養するために、日本に在留を希望する外国人親については、その親子関係、当該外国人が当該実子の親権者であること、現に当該実子を養育、監護していることが確認できれば、「定住者」への在留資格の変更を許可され、この資格によって日本に在留することができることとされています。

◆再婚と在留資格

離婚後に日本人と再婚して、「日本人の配偶者等」の在留資格を得ることも考えられます。

ただ、この際、特に外国人女性の場合には、本国の待婚期間の制約を受けることがあり、離婚の時期によっては、在留期間があるうちに再婚の手続をとれず、在留期間を超えてしまい、一度出国しなければならない可能性もあります。

7 子の国籍

日本の国籍法上では、婚姻や離婚によって国籍が変動することはありません。

ただ、婚姻期間中に生まれて、日本国籍と外国国籍の重国籍を生じた子の重国籍を解消する必要があります。

22歳に達するまでに、

① 外国国籍を選択する場合には、日本国籍を離脱することまたは外国の法令に従い外国の国籍を選択すること

② 日本国籍を選択する場合には、外国国籍を離脱することまたは日本の国籍を選択し、かつ、外国の国籍を放棄する旨の宣言をすること

が必要です（国籍14）。

また、外国で出生した重国籍の子が出生後3か月以内に日本国籍を留保しなかったため、日本国籍を失った場合には、その後、日本に住所を有し、かつ再取得の届出の際に20歳未満であれば帰化の手続によらなくても、法務大臣に届出をすることによって日本国籍を再取得することができるとされています（国籍17①、戸102①）。

第 6 章

DV（ドメスティック・バイオレンス）への対応

＜フローチャート～ＤＶ相談処理の流れ＞

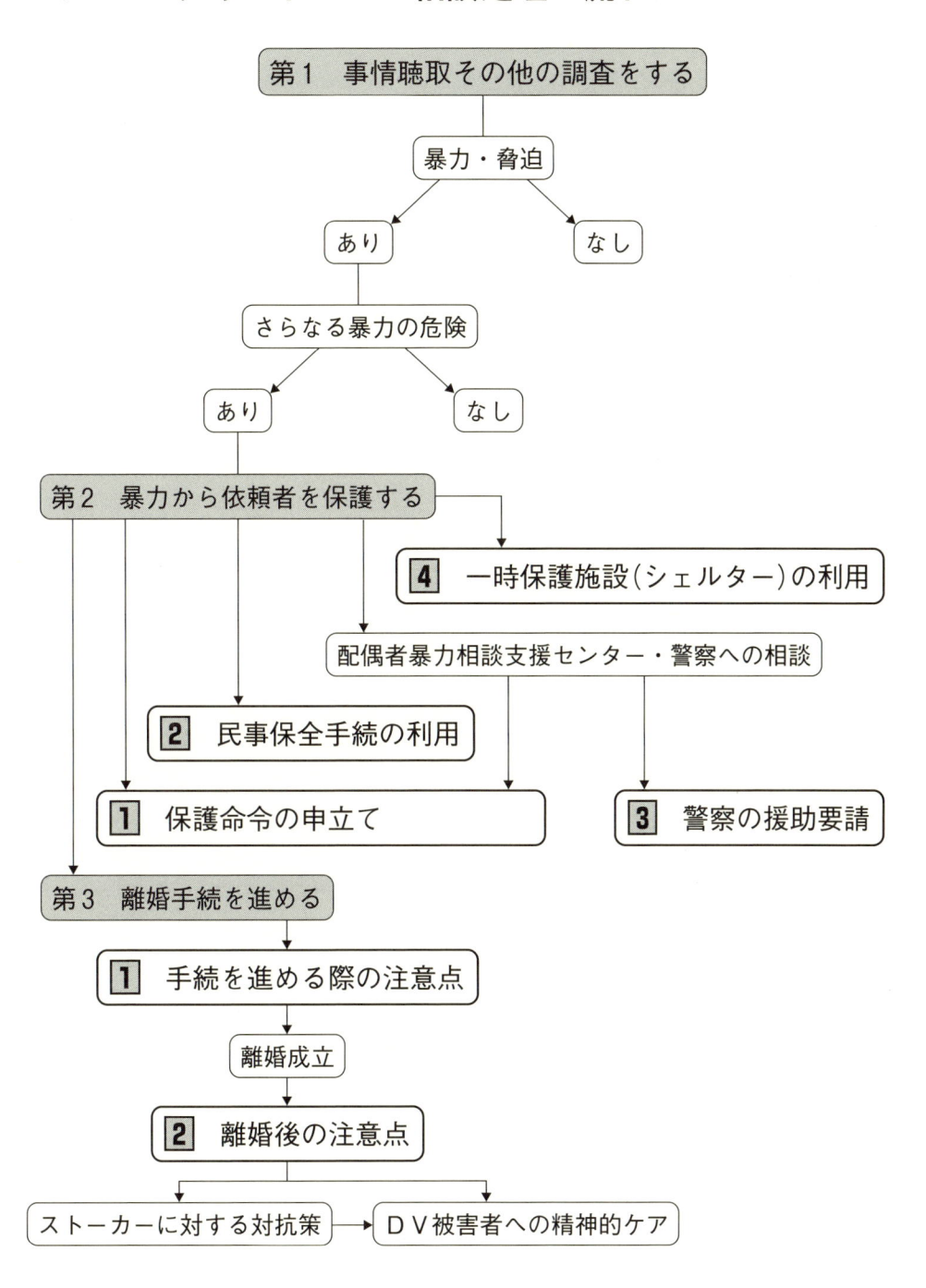

```
第1 事情聴取その他の調査をする
           │
        暴力・脅迫
         ┌─┴─┐
        あり    なし
         │
    さらなる暴力の危険
       ┌─┴─┐
      あり    なし
       │
第2 暴力から依頼者を保護する ──┐
       │              │
       │         ┌────┴────────┐
       │         │ 4 一時保護施設（シェルター）の利用 │
       │         │
       │    配偶者暴力相談支援センター・警察への相談
       │         │
       │    ┌────┼────┐
       │ 2 民事保全手続の利用
       │    │         │
   1 保護命令の申立て      3 警察の援助要請
       │
第3 離婚手続を進める
       │
   1 手続を進める際の注意点
       │
     離婚成立
       │
   2 離婚後の注意点
     ┌──┴──┐
 ストーカーに対する対抗策 → ＤＶ被害者への精神的ケア
```

第1　事情聴取その他の調査をする

　DVの場合には、通常の離婚のみの相談とは異なり、暴力や脅迫を伴うため、まず本人の置かれている状況を把握し、適切に助言や対応を行うことが必要になります。相談者の身の安全を確保することをいつも頭において、相談、受任を考えます。

◆ドメスティック・バイオレンス（DV）の定義と範囲
　DVとは、夫婦や恋人といった親密な間柄において行われる身体的・精神的・性的な暴力を指します。
　これに対してDV防止法では、「配偶者からの身体に対する暴力又はこれに準ずる心身に有害な影響を及ぼす言動（「身体に対する暴力等」という）」（配偶者暴力1①）として配偶者間の暴力に限定し、内縁関係における暴力は含みますが、単なる恋人関係による暴力は対象外としています。平成16年の改正により、婚姻中に配偶者から身体に対する暴力等を受け離婚した者が元配偶者から引き続き受ける身体に対する暴力等も含まれることになりました。
(1)　相談者がどの程度の暴力や脅迫を受けているかを把握して、相談者の状況に応じた助言や対応を考えます。

◆緊急性がある場合
　「今、逃げ出してきたところです」など緊急性が高い場合は、身体的な外傷があるか、避難先が確保できているかなどを確認します。確保されていない場合には、警察や配偶者暴力相談支援センターに連絡をとり、まずは身の安全を図り、緊急一時保護などの手配ができるように助言します。

(2)　配偶者（加害者）と既に別居しているか、別居している場合でも、加害者が押しかけるなど、更なる暴力の恐れがあるかなど事実関係を聴取します。
(3)　被害者の身の安全を守るために保護命令を申し立てる必要があるかどうかを検討します。
　　法的な措置をとるためには、DV被害に関する証拠を収集する必要があるので、どのような証拠があるかを検討します。
(4)　DVのケースでは、暴力から逃れることが一番の目的であり、離婚はむしろその一過程で、離婚成立ですべて解決終了というものではない場合が少なくありません。

保護命令、離婚手続、福祉の援助、警察の支援など、離婚手続だけでなく総合的な対応も必要になります。

(5) 相談者が何を求めているかをきちんと把握することが必要です。

相談者の心が揺れ動く場合があること、ＤＶにおいては被害者のそのような心情を理解して、弁護士の考えを命令的に一方的に押しつけたりしないこと。相談者の決意を見定めながら進んでいくようにします。離婚の決意が固まれば、離婚の手続に進みます。

アドバイス

○被害者からの事情聴取
　暴力が日常化し、いつ、どのような事実があったのかを、きちんと話せないことがよくあります。要領よく話ができなくても、そのまま受け止め、時間をかけて被害者がゆっくり安心して事実関係を話すことができるように配慮することが必要です。

○加害者からの分離
　暴力から身を守るには、加害者から離れることが一番です。深刻なＤＶケースであれば、なおさら加害者から離れることが必要になります。暴力の危険が高ければ相談者が同居を続けたいと希望していても、別居の必要性があることを説明し、相談者の納得が得られるようにしていくことが大切です。生活できるのかといった不安からなかなか踏み切れずにいる場合もあります。緊急一時保護施設もあること、配偶者暴力相談支援センターによる支援や警察の支援が受けられるなどの情報を提供し、関係諸機関と連携して被害者の保護を図り、保護命令などの法的な措置をとることができることを説明します。

○被害者のサポート
　相談者本人が何を求めているかを把握し、ＤＶ被害者の揺れてしまいがちな心情や行動のパターンを理解しながら、進めていくことが要請されます。二次被害を起こさないように注意しましょう。

○安全の確保
　常に被害者の身の安全確保を意識して、できることは何かを考えて行動をするようにします。また、ＤＶ加害者による代理人弁護士に対する業務妨害事件や傷害事件も発生していますので、弁護士も身の安全の確保に注意を払う必要があります。

> ケーススタディ

Q 加害者から逃げたい。身を隠したいとの相談を受けたときは。

A 相談者の身の安全の確保を図ることを第一に置き、避難後の生活についてのアドバイスをするようにします。

① 避難する際の相談機関として
・配偶者暴力相談支援センター　・警察署　・福祉事務所
　　緊急性の高い場合には、最寄りの警察に援助を求めれば、警察からシェルターなどに連絡してもらえます。
・全国共通DVホットライン
　　民間団体が開設しているもので、全国どこからでも通話料無料でDVの電話相談が可能です。
　　　　フリーコール　0120-956-080
　　　　月～土　　　10：00～15：00

② 避難する際の注意として、心の準備ができたら、見つからないように家を出ること。子どもの親権を取得したい場合には、できるだけ子どもも一緒に連れて出るようにします。親族や友人にも避難先は秘密にします。
・家を出るときに持って出るとよい物
現金、預金通帳と印鑑（本人名義、子ども名義）、キャッシュカード
実印、印鑑登録カード、クレジットカード、
健康保険証、常備薬、処方箋、運転免許証・パスポートなどの身分証明書
相談機関や知人等の住所録・電話番号リスト、手帳
財産に関する重要書類のコピー（不動産権利証等）
調停や裁判で証拠となるもの（診断書、被害写真、被害届、日記等）

第1　事情聴取その他の調査をする　293

配偶者からの暴力の防止および被害者の保護に関する法律の概要（チャート）

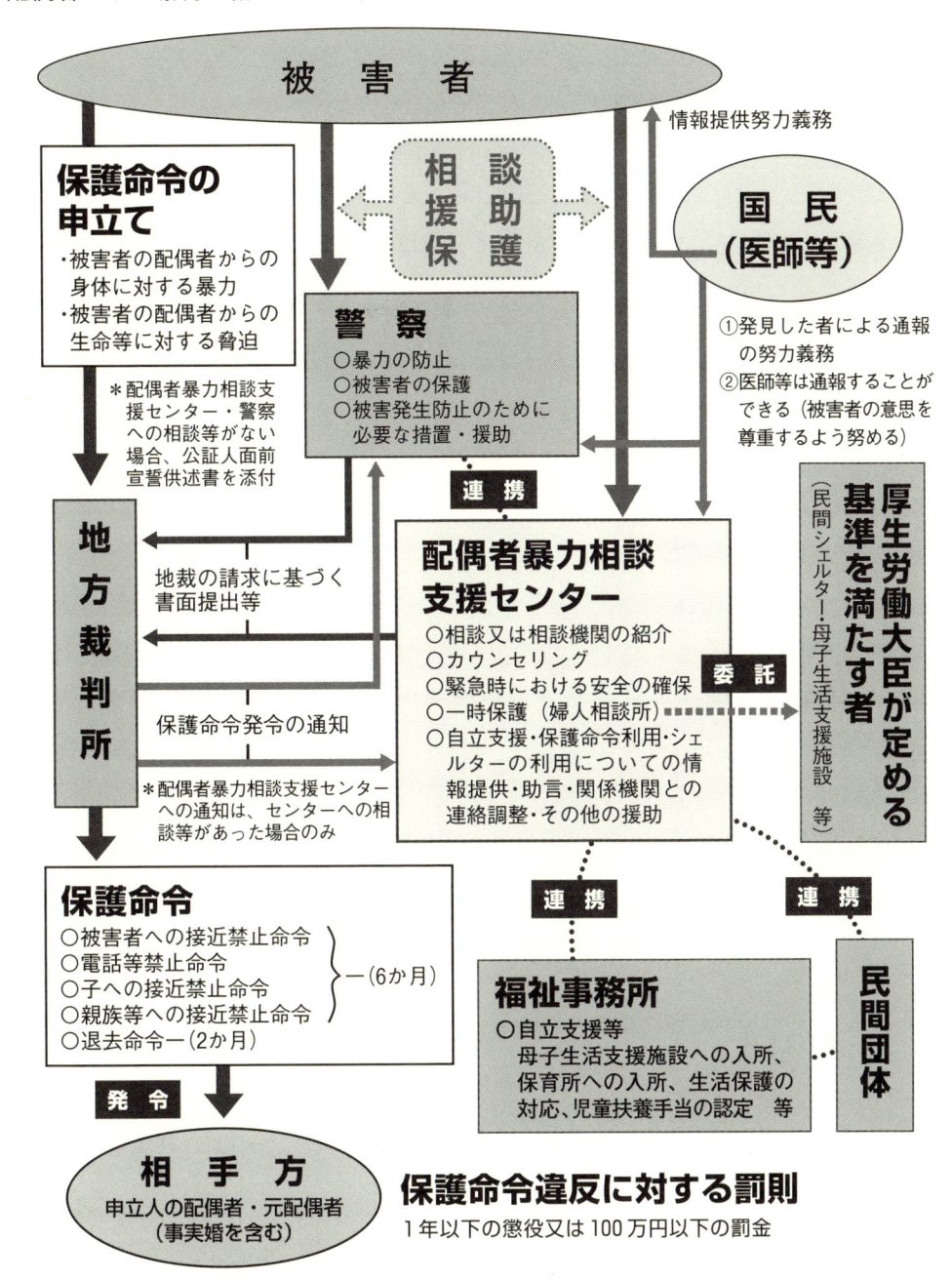

```
                            被　害　者
                               ↕
                            相談
          ┌──────────┐     援助  ←→  情報提供努力義務
          │保護命令の │     保護           ┌────────┐
          │申立て    │       ↕            │国　民    │
          │・被害者の配偶者からの          │（医師等）│
          │  身体に対する暴力              └────────┘
          │・被害者の配偶者からの          ①発見した者による通報
          │  生命等に対する脅迫            　の努力義務
          └──────────┘    ┌────────┐  ②医師等は通報することが
                 │         │警　察  │    できる（被害者の意思を
          ＊配偶者暴力相談支│○暴力の防止│  尊重するよう努める）
          援センター・警察 │○被害者の保護│
          への相談等がない │○被害発生防止のために│
          場合、公証人面前 │  必要な措置・援助│
          宣誓供述書を添付 └────────┘
                 │            連携           ┌─────────────┐
                 ↓                           │厚生労働大臣が定める│
          ┌────┐                            │基準を満たす者      │
          │地  │  地裁の請求に基づく         │（民間シェルター・  │
          │方  │  書面提出等                 │  母子生活支援施設  │
          │裁  │←────── ┌──────────────┐  │  等）              │
          │判  │           │配偶者暴力相談  │←┤ 委託              │
          │所  │           │支援センター    │  └─────────────┘
          │    │  保護命令発令の通知│○相談又は相談機関の紹介│
          │    │───────→│○カウンセリング│
          │    │           │○緊急時における安全の確保│
          │    │           │○一時保護（婦人相談所）│
          │    │  ＊配偶者暴力相談支援センター│○自立支援・保護命令利用・シェ│
          │    │  への通知は、センターへの相  │ ルターの利用についての情│
          │    │  談等があった場合のみ       │ 報提供・助言・関係機関との│
          │    │                              │ 連絡調整・その他の援助│
          └────┘                              └──────────────┘
                 │                                ｜連携    ｜連携
                 ↓                                ↓         ↓
          ┌──────────┐                 ┌────────┐  ┌────┐
          │保護命令          │             │福祉事務所│  │民間│
          │○被害者への接近禁止命令│         │○自立支援等│  │団体│
          │○電話等禁止命令   │─（6か月）│  母子生活支援施設への入所、│  │    │
          │○子への接近禁止命令│          │  保育所への入所、生活保護の│  │    │
          │○親族等への接近禁止命令│       │  対応、児童扶養手当の認定 等│ │    │
          │○退去命令─（2か月）│          └────────┘  └────┘
          └──────────┘
                 │発令
                 ↓
          ┌──────────┐
          │相　手　方│    保護命令違反に対する罰則
          │申立人の配偶者・元配偶者│ 1年以下の懲役又は100万円以下の罰金
          │（事実婚を含む）│
          └──────────┘
```

┌───┐
│国や地方公共団体は…   │
│◎ 主務大臣（内閣総理大臣、国家公安委員会、法務大臣、厚生労働大臣）による基本方針の策定│
│◎ 都道府県・市町村による基本計画の策定（市町村については努力義務）   │
└───┘

（出典：内閣府男女共同参画局ＨＰより）

第2　暴力から依頼者を保護する

1　保護命令の申立て

> 保護命令の申立ては、ＤＶ防止法によります。
> 配偶者から暴行罪もしくは傷害罪に当たるような暴行を受けたことがあるか、または生命・身体に対して害を加える旨の脅迫を受けたことがあり、今後、配偶者からの身体に対する暴力によりその生命・身体に危害を受けるおそれが大きいときに、被害者は保護命令を申し立てることができます。
> 保護命令の違反には、刑事制裁を加えることで、被害者の生命または身体の安全を確保しようとする制度です。

(1)　保護命令の種類

保護命令には次の5種類があります。

① 被害者本人への接近禁止（配偶者暴力10①一）

配偶者に対し6か月間、被害者の住居（退去命令の対象となる被害者と配偶者が生活の本拠を共にする住居を除きます）その他の場所において被害者の身辺につきまとい、または被害者の住居、勤務先その他の通常所在する場所の付近をはいかいしてはならないことを命ずるものです。

なお、生活の本拠としている住居とは当事者が生活の拠り所としている主たる住居のことで、例えば被害者が一時保護所や親戚、友人宅に避難しているといった場合は、従来配偶者と住んでいた場所が生活の本拠になります。

② 被害者への電話等禁止（配偶者暴力10②）

被害者への接近禁止命令の期間中、配偶者に対して、以下のいずれの行為も禁止する保護命令です。①の被害者本人への接近禁止命令と併せて（同時または被害者への接近禁止命令発令後）発令されます。

a　面会の要求
b　その行動を監視していると思わせるような事項を告げ、またはその知り得る状態に置くこと

c 著しく粗野または乱暴な言動をすること
d 電話をかけて何も告げず、または緊急やむを得ない場合を除き、連続して、電話をかけ、ファクシミリ装置を用いて送信し、もしくは電子メールを送信すること
e 緊急やむを得ない場合を除き、午後10時から午前6時までの間に、電話をかけ、ファクシミリ装置を用いて送信し、または電子メールを送信すること
f 汚物、動物の死体その他の、著しく不快または嫌悪の情を催させるような物を送付し、またはその知り得る状態に置くこと
g その名誉を害する事項を告げ、またはその知り得る状態に置くこと
h その性的羞恥心を害する事項を告げ、もしくはその知り得る状態に置き、またはその性的羞恥心を害する文書、図画その他の物を送付し、もしくはその知り得る状態に置くこと

③ 被害者の同居の子への接近禁止（配偶者暴力10③）

被害者への接近禁止命令の期間中、被害者と同居している未成年の子への接近禁止を命ずる保護命令です。

被害者本人への接近禁止命令と併せて（同時または被害者への接近禁止命令発令後）発令されます。

配偶者が被害者と同居している子を連れ戻す疑いなどがある事情により、将来、この身上を監護するため被害者が配偶者と面会をせざるを得ない事態が生じるおそれがある場合に、被害者の生命または身体に対する危険を防止するために発せられます。

④ 被害者の親族等への接近禁止（配偶者暴力10④）

被害者への接近禁止命令の期間中、被害者の親族その他の被害者と社会生活において密接な関係を有する者（以下「親族等」といいます）の身辺につきまとい、またはその通常所在する場所の付近をはいかいしてはならないことを命ずる保護命令です。

被害者本人への接近禁止命令と併せて（同時または被害者への接近禁止命令発令後）発令されます。

当該親族等が被害者の15歳未満の子である場合を除き、当該親族等の同意があるときに限ります。当該親族等が15歳未満または成年被後見人である場合には、その法定代理人の同意が必要です。

配偶者がその親族等の住居に押しかけて著しく粗野な、または乱暴な言動を行っていることその他の事情があることから、被害者がその親族等に関して配偶者と面会せざるを得ない事態が生じるおそれがある場合に、被害者の生命または身体に対する危険を防止するために発せられます。

⑤ 退去命令（配偶者暴力10①二）

配偶者に対し、2か月間、被害者と共に生活の本拠としている住居から退去すること、および当該住居の付近をはいかいしてはならないことを命ずる保護命令です。

ただし、この退去命令は、申立時に被害者と当該配偶者が生活の本拠を共にしている場合に限られます。

(2) 要件

① 実質的要件
a　申立人が被害者であること。
b　配偶者から身体に対する暴力または生命もしくは身体に対し害を加える旨を告知してする脅迫を受けたこと。
c　更なる配偶者からの身体的に対する暴力または生命等に対する脅迫を受けた後の配偶者から受ける身体に対する暴力により、その生命または身体に重大な危害を受けるおそれが大きいこと。

ここでいう「配偶者」には、婚姻の届出をしていないが事実上婚姻関係と同様の事情にある者も含まれます（配偶者暴力1③）。

「被害者」には、配偶者からの暴力を受けた後に婚姻を解消した者であって、当該配偶者から引き続き生命または身体に危害を受けるおそれがある者を含みます。元配偶者に対して保護命令を発するかどうかは婚姻中に受けた身体に対する暴力と離婚後の身体に対する暴力が一連のものとして評価されるかなどにより決せられると解されています。

ある程度暴力がない期間があったとしても、保護命令が発せられなくなるわけでもありません。

② 形式的要件
a　配偶者暴力相談支援センターまたは警察の職員に相談したり、援助もしくは保護を求めた事実があること。
b　aの事実がない場合には、供述書面を作成し、公証人に認証してもらうこと（宣誓供述書）。

(3) 管轄裁判所

以下の地を管轄する地方裁判所の管轄に属します。
a　相手方である「配偶者」の住所（配偶者暴力11①）

日本国内に相手方の住所がないときまたは住所が知れないときは、居所（配偶者暴力11①）
b　申立人の住所または居所の所在地（配偶者暴力11②一）
c　配偶者から身体に対する暴力または生命等に対する脅迫を受けた地（配偶者暴力11②二）
d　被害者への電話等禁止命令または被害者の同居の子もしくは親族等への接近禁止命令の申立ては、被害者への接近禁止命令を発令する裁判所または発令した裁判所（配偶者暴力10②〜④）

(4)　申立書に記載すべき事項 ■■■■■■■■■■■■■■■■■■■■

① 配偶者からの身体に対する暴力または生命等に対する脅迫を受けた状況
② 更なる配偶者からの暴力により生命または身体に重大な危害を受けるおそれが大きいと認めるに足りる事情
③　a　配偶者相談支援センターの職員もしくは警察職員に対し、配偶者からの暴力に関して相談し、または援助もしくは保護を求めた事実の有無およびその事実があるときは、次に掲げる事項
ⓐ　当該配偶者暴力相談支援センターまたは当該警察署員の所属官署の名称
ⓑ　相談し、または援助もしくは保護を求めた日時および場所
ⓒ　相談または求めた援助もしくは保護の内容
ⓓ　相談または申立人の求めに対して執られた措置の内容
　　注意：本人の居所が特定されたり、または担当職員が判明すると嫌がらせ等のおそれがあるため、あまり詳細に書かないほうがよい。職員名は特定せず、また、内容も「援助を求めた」程度でよい。
　b　前項の事実がない場合には、①、②に掲げた事項について申立人の供述を記した書面で公証人の認証を受けたもの（公証58ノ2①）を添付。公証人による宣誓供述書の認証には、別途、費用がかかります（現在は、1万1,000円（公証手数料34））。
④ 申立書に虚偽の記載をした場合には、10万円以下の過料（配偶者暴力30、行政処分）

【参考書式32】　配偶者暴力に関する保護命令申立書

印紙貼付欄 １０００円	受付印	収入印紙　　　　　　円	確認印
		予納郵券　　　　　　円	
		備考欄	

配偶者暴力に関する保護命令申立書

東京地方裁判所民事第９部弁論係　御中

　　　　平成 〇 年 〇 月 〇 日

　　　　　申　立　人　　　<u>川　田　亜　矢　子</u>㊞

　　　　　当　事　者　の　表　示
　別紙「当事者目録」記載のとおり

　　　　　申　立　て　の　趣　旨
　別紙「申立ての趣旨」記載の裁判並びに手続費用負担の裁判を求める。
　　なお，申立人は，相手方と
　☑　生活の本拠を共にする（**同居**）　　（☑　ただし，**一時避難中**）
　□　生活の本拠が異なる（**別居**）　　　　　　　　　　　　ものです。

　　　　　申　立　て　の　理　由
　別紙「申立ての理由」記載のとおり

- - -

　添　付　書　類（□内にレを付したもの。）
　☑　申立書副本　　　　　　　　　　　　　　　　　１通
　□　子（子が１５歳以上の場合）・親族等の同意書　　１通
　□　　　　　　　　　　　　　　　　　　　　　　　通
　☑　甲号証写し　　　　　　　　　　　　　　　各２通
　　＊　戸籍謄本，住民票の写し，市区町村発行の外国人登録事項証明書は１通を原本提出
　☑　戸籍謄本　　（甲第 **1** 号証）　　　☑　写真（甲第 **4** 号証）
　☑　住民票の写し（甲第 **2** 号証）　　　☑　診断書（甲第 **3** 号証）
　□　外国人登録事項証明書（甲第　　号証）　□　陳述書（甲第　　号証）
　□　子・親族等の同意書（甲第　　号証）
　□　子・親族等の署名を確認する書類（甲第　　号証）
　□　　　　　　　（甲第　　号証）　　□　　　　　　　　（甲第　　号証）

申 立 て の 趣 旨
(ただし□については□内にレを付したもの)

☑ 〔退去命令〕
　相手方は，命令の効力が生じた日から起算して2か月間，別紙住居目録記載の住居から退去せよ。
　相手方は，命令の効力が生じた日から起算して2か月間，前記記載の住居の付近をはいかいしてはならない。

☑ 〔接近禁止命令〕
　相手方は，命令の効力が生じた日から起算して6か月間，別紙住居目録記載の申立人の住居（相手方と共に生活の本拠としている住居を除く。以下同じ。）その他の場所において申立人の身辺につきまとい，又は申立人の住居，勤務先その他その通常所在する場所の付近をはいかいしてはならない。

☑ 〔子への接近禁止命令〕
　相手方は，命令の効力が生じた日から起算して6か月間，下記子 川田由美 の住居（相手方と共に生活の本拠としている住居を除く。以下同じ。）その他の場所において同人　の身辺につきまとい，又は同人　の住居，就学する学校その他その通常所在する場所の付近をはいかいしてはならない。

□ 〔親族等への接近禁止命令〕
　相手方は，命令の効力が生じた日から起算して6か月間，下記親族等の住居（相手方と共に生活の本拠としている住居を除く。以下同じ。）その他の場所において同人　の身辺につきまとい，又は同人　の住居，勤務先その他その通常所在する場所の付近をはいかいしてはならない。

記

[子への接近禁止を求める場合の子の表示]
(1) 氏 名（ふりがな　かわ　た　ゆ　み）
　　　川　田　由　美　　　（平成 ○年 ○月 ○日生）
　　　　　　　　　　　　　（満 4 歳6か月）
(2) 氏 名（ふりがな）　　　（平成　年　月　日生）
　　　　　　　　　　　　　（満　歳　か月）
(3) 氏 名（ふりがな）　　　（平成　年　月　日生）
　　　　　　　　　　　　　（満　歳　か月）

[親族等への接近禁止を求める場合の親族等の表示]
(1) 住 所　（住所が知れていないときは，勤務先・学校等の所在地・名称）

　　氏 名（ふりがな）　　　（昭和　年　月　日生）
　　（申立人との関係：　　　　　　　　　　　　　）
(2) 住 所　（住所が知れていないときは，勤務先・学校等の所在地・名称）

　　氏 名（ふりがな）　　　（昭和　年　月　日生）
　　（申立人との関係：　　　　　　　　　　　　　）

☑〔電話等禁止命令〕
　　相手方は，申立人に対し，命令の効力が生じた日から起算して６か月間，次の各行為をしてはならない。
① 面会を要求すること。
② その行動を監視していると思わせるような事項を告げ，又はその知りうる状態に置くこと
③ 著しく粗野又は乱暴な言動をすること
④ 電話をかけて何も告げず，又は緊急やむを得ない場合を除き，連続して，電話をかけ，ファクシミリ装置を用いて送信し，若しくは電子メールを送信すること。
⑤ 緊急やむを得ない場合を除き，午後１０時から午前６時までの間に，電話をかけ，ファクシミリ装置を用いて送信し，若しくは電子メールを送信すること。
⑥ 汚物，動物の死体その他の著しく不快又は嫌悪の情を催させるような物を送付し，又はその知りうる状態に置くこと。
⑦ その名誉を害する事項を告げ，又はその知り得る状態に置くこと。
⑧ その性的羞恥心を害する事項を告げ，若しくはその知り得る状態に置き，又は性的羞恥心を害する文書，図画その他の物を送付し，若しくはその知りうる状態に置くこと。

申 立 て の 理 由
(ただし□については□内にレを付したもの)

1 私と相手方との夫婦関係は，次のとおり。
 (1)☑ 私と相手方は，平成 ○年 ○月 ○日婚姻届を提出した夫婦です。
    □ 私は相手方とは婚姻届を提出していませんが，平成　年　月　日から夫婦として生活しています。
    □ 私は平成　年　月　日相手方と離婚しました。
 (2)　同居を開始した日：平成 ○年 ○月 ○日
 (3)☑ 私と相手方は，現在，同居しています。
       ☑ ただし，平成 ○年 ○月 ○日から一時的に避難しています。
    □ 平成　年　月　日から別居しています。

2 相手方から今までに受けた暴力又は生命・身体に対する脅迫は次のとおり。
 (1)① 平成 ○年 ○月 ○日午　時ころ
    ② 場所は，☑ 現住居で
             □ （上記以外の）　　　　　　　　　　　　　　　　　　　　　で
    ③ 暴力・脅迫の内容は，平成○年○月○日に、夫は勤務する会社内で職務異動があったが、この頃より飲酒の量が増え、泥酔して帰宅すると、すぐに怒鳴ったり、私に物を投げつけたり、或いは顔面を平手で殴ったりする等の暴力を頻発するようになったの
                                                                  です。
    ④ ③の暴力・脅迫により
                                 という被害（怪我）を受けました。
    ⑤□ 医師の治療（入通院先：　　　　　　　　）を受けました。
       （治療日数・全治）　　　　　　　　　　　　　　　　　です。
      □ 受傷等についての証拠は，□ 診断書　□ 写真　□
       （甲第　号証）です。

(注：暴力等につき欄が不足する場合には，このページをコピーして使用してください。)

(2) ① 平成 ○年 ○月 ○日午後9時ころ
② 場所は，☑ 現住居で
　　　　　　□　（上記以外の）　　　　　　　　　　　　　　　　　　　　　で
③ 暴力・脅迫の内容は，私が体調がすぐれなかったため、自宅（別紙住居目録記載の住居）にて横になっていたところ、酒気を帯びた夫が帰宅し、「何故、寝ているのか。食事の用意をしろ。」と罵倒しながら、私の頭部や腰部を足蹴りしたの　　　　　　　　　　　　　　　　　　　　　　　　　　　　　　　　　　　　です。
④ ③の暴力・脅迫により，頭部及び腰部打撲

　　　　　　　　　　　　　　　　　　　　　　という被害（怪我）を受けました。
⑤☑ 医師の治療（通院先：××医院　　　　　　　　）を受けました。
　（治療日数・全治）2週間　　　　　　　　　　　　　　　　　　　　　です。
　☑ 受傷等についての証拠は，☑ 診断書　□ 写真　□
　（甲第　3号証）です。

(3) ① 平成 ○年 ○月 ○日午後6時ころ
② 場所は，☑ 現住居で
　　　　　　□　（上記以外の）　　　　　　　　　　　　　　　　　　　　　で
③ 暴力・脅迫の内容は，前日の夫からの暴力による外傷を治療に××医院を受診し、帰宅すると夫が在宅しており、私に「どこへ行っていた。実家に俺の悪口を言いに行ったのか。」と怒鳴りながら、腹部を足蹴りし、顔面を2・3回殴打し、首を数秒間しめた後、頭部を壁に強くぶつけた。私はしばらく意識を失ったが、意識が戻った後、長女を伴い友人のところに逃げ、傷の写真を撮ってもらったの　です。
④ ③の暴力・脅迫により

　　　　　　　　　　　　　　　　　　　　　　という被害（怪我）を受けました。
⑤□ 医師の治療（入通院先：　　　　　　　　　　）を受けました。
　（治療日数・全治）　　　　　　　　　　　　　　　　　　　　　　　　です。
　☑ 受傷等についての証拠は，□ 診断書　☑ 写真　□
　（甲第　4号証）です。

(　) ① 平成　年　　月　　日午　　時ころ
② 場所は，□ 現住居で
　　　　　　□　（上記以外の）　　　　　　　　　　　　　　　　　　　　　で
③ 暴力・脅迫の内容は，

　　　　　　　　　　　　　　　　　　　　　　　　　　　　　　　　　　　です。
④ ③の暴力・脅迫により

　　　　　　　　　　　　　　　　　　　　　　という被害（怪我）を受けました。
⑤□ 医師の治療（入通院先：　　　　　　　　　　）を受けました。
　（治療日数・全治）　　　　　　　　　　　　　　　　　　　　　　　　です。
　□ 受傷等についての証拠は，□ 診断書　□ 写真　□
　（甲第　　号証）です。

3　私が今後，相手方から暴力を振るわれて私の生命，身体に重大な危害を受けるおそれが大きいと思う理由は，次のとおり。

　□（離婚又は内縁解消の場合）　私が相手方との関係解消後引き続いて，相手方から身体的暴力を受けるおそれが大きいと思う理由は，次のとおり。

①夫は、飲酒すると、些細なことに立腹しては私に暴力を振るうことが度々あったが、平成○年○月以降、その暴力はエスカレートし、○月○日には、私の顔面を殴打する等した上、首をしめつけるにまで及んだ。

②私は○月○日以降、生命の危険を感じ、長女を連れて友人のところに身を寄せているが、夫は、私の両親宅に電話し、「覚えていろ。絶対に許さないからな。」「どこにいる。居所を突き止めてひどい目に遭わせてやる。」等と言い、その後、私の友人宅に片っ端から電話して私の行方を捜している。

4　私は，相手方に対し，申立ての趣旨記載の私と同居している子への接近禁止命令を求めます。私がその子に関して相手方と面会を余儀なくされると考えている事情は，次のとおり。

　　長女由美は、××保育園の年中組に在籍しているが、○月○日以降、私の友人宅に私と一緒に身を寄せてから保育園を休んでいる。夫は、○月○日の降園時間に、××保育園の正門前で長女を待ち伏せして、長女に対し「一緒に家に帰ろう」と声をかけ、手を強く引いた。長女は驚いて園内に逃げ込んだため、事なきを得たが、もし、夫に連れ去られていたら、長女に会うためには、私は夫のところに行かなければならなかった。

5　私は，次のような理由から，相手方に対し，申立ての趣旨記載の私と社会生活上密接な関係がある親族等への接近禁止命令を求めます。

(1)氏　名（ふりがな）

　　申立人との関係：

　　私が同人に関して相手方と面会を余儀なくされると考える事情

(2)氏　名（ふりがな）

　　申立人との関係：

　　私が同人に関して相手方と面会を余儀なくされると考える事情

6　私が相手方に対し電話等禁止命令を求める事情は，次のとおり。

7　配偶者暴力相談支援センター又は**警察**への相談等を求めた事実は，次のとおり
　(1)①　平成 ○ 年 ○月 ○日午前10時ころ
　　②　相談機関　☑　東京ウィメンズプラザ　　□　東京都女性相談センター
　　　　　　　　　□　警視庁　　　　警察署　□
　　③　相談内容　☑　相手方から受けた暴力，生命・身体に対する脅迫
　　　　　　　　　☑　今後，暴力を受けるおそれがあること
　　　　　　　　　☑　子への接近禁止命令を求める事情
　　　　　　　　　□　親族等への接近禁止命令を求める事情
　　　　　　　　　□
　　④　措置の内容　☑　一時保護
　　　　　　　　　　☑　保護命令制度についての情報提供
　　　　　　　　　　□　　　　　　　　　　　　　　　　　を受けました。

　(2)①　平成　　年　　月　　日午　　時ころ
　　②　相談機関　□　東京ウィメンズプラザ　　□　東京都女性相談センター
　　　　　　　　　□　警視庁　　　　警察署　□
　　③　相談内容　□　相手方から受けた暴力，生命・身体に対する脅迫
　　　　　　　　　□　今後，暴力を受けるおそれがあること
　　　　　　　　　□　子への接近禁止命令を求める事情
　　　　　　　　　□　親族等への接近禁止命令を求める事情
　　　　　　　　　□
　　④　措置の内容　□　一時保護
　　　　　　　　　　□　保護命令制度についての情報提供
　　　　　　　　　　□　　　　　　　　　　　　　　　　　を受けました。

当 事 者 目 録

（郵便番号）　100-0013
（住所）　　　東京都千代田区霞が関○丁目○番○

　　　　　　申　立　人　　川　田　亜　矢　子

（郵便番号）　100-0013
（住所）　　　東京都千代田区霞が関○丁目○番○

　　　　　　相　手　方　　川　田　健　太　郎

住 居 目 録

〒100-0013　　東京都千代田区霞が関○丁目○番○

(5) 保護命令の手続

裁判所は、保護命令の申立てに係る事件については、速やかに裁判をするものとされています（配偶者暴力13）。手続は下記のように進めます。

① 原則として、口頭弁論または相手方が立ち会うことができる審尋期日を経ることとします。ただし、その期日を経ることによって保護命令の申立ての目的を達することができない事情があるときは、この限りではありません。

　審尋等の期日が指定された場合には、当事者の主張を記載した書面等の写しを他方の当事者に送付しなければならないとされています（配偶者暴力規4）。直送は認められていませんし、この手続においては、訴訟上の和解をすることはできません。

② 裁判所から配偶者暴力相談支援センターまたは警察署に対する書面の提出請求およびこれに対する書面提出

　必要があるときは、裁判所は、配偶者暴力相談支援センターまたは警察署の長に、さらに説明を求めることができます。

③ 発令の要件としては、疎明ではなくて証明が必要です。

④ 相手方に対する期日における言渡し、または決定書の作成・送達により効力が発生します。

⑤ 本部長に対し、保護命令発令を通知します（警察は保護命令発令の有無を知る必要があります）。

⑥ 申立人が配偶者暴力相談支援センターに相談等をした旨の記載が申立書にされている場合には、裁判所は、速やかに保護命令を発令した旨およびその内容を当該支援センターに通知します。

⑦ 保護命令の申立ての手数料等

保護命令の申立てに要する手数料は、1,000円（民訴費3①・別表1⑯）。

(6) 事件記録の閲覧謄写

当事者には、記録の閲覧、謄写請求権があります。ただし、保護命令の申立てに関して口頭弁論もしくは審尋期日の指定があり、または相手方に対する保護命令の送達があるまでの間はこの限りではないとされています。

したがって、申立書その他の裁判所に提出する書類は相手方の目に触れることを前提に作成しなければなりません。避難先を秘匿する場合には細心の注意を払う必要があります。診断書の病院の所在地が分からないように消すとか、地域を特定されるよ

うな背景が移った写真、表現は使用しないように注意します。

(7) 保護命令の効力

保護命令に違反した場合には、1年以下の懲役または100万円以下の罰金に処せられます（配偶者暴力29）。

(8) 即時抗告

保護命令申立てについての裁判に対して不服のある者は、高等裁判所に対して即時抗告をすることができます（配偶者暴力16①、裁16二）。

即時抗告は、裁判の告知を受けた日から1週間以内に、原裁判所に抗告状を提出しなければなりません（配偶者暴力21、民訴332）。

即時抗告には保護命令の効力を停止させる効力はありません（配偶者暴力16②）。停止のためには、別途申立てが必要です（配偶者暴力16③）。

(9) 保護命令の取消し（配偶者暴力17）

① 申立人からの申立てによる場合（配偶者暴力17①前段）

相手方からの脅迫等がないか、注意が必要です。保護命令の取下げとは異なります。取下げは保護命令の言渡し、または相手方への決定書の送達の前に申立人が行うものです。

② 相手方からの申立てによる場合（配偶者暴力17①後段）

接近禁止命令は発令から3か月経過後、退去命令は、発令から2週間経過後に申し立てることができます。申立人（被害者）に異議のないことを裁判所が確認後、取消しを行います。

(10) 保護命令の再度の申立て（配偶者暴力18）

発令の要件

接近禁止命令	最初の保護命令の申立ての手続と同じです。
退去命令	① 転居しようとしている被害者がその責めに帰することのできな

	い事由により当該住居から2か月以内に転居を完了することができないことその他の退去命令を再度発することが必要であると認めるべき事情があること（配偶者暴力18①本文） ② 再度の退去命令を発することで相手方の生活に特に著しい支障を生ずると認められないこと ②については、相手方配偶者が主張立証しなければなりません（配偶者暴力18①ただし書）。

2　民事保全手続の利用

> 民事保全法による仮の地位を定める仮処分（民保1・23②）として、接近禁止命令等の手続を利用することも可能です。ただ、ＤＶ防止法により保護命令が創設され、その後の改正を経て、被害者本人のみならず、子どもへの接近禁止命令、さらに電話等の禁止や、親族への接近禁止命令も発令することが可能になったことから、民事保全手続を利用する場面は少なくなっているものと思われます。もっとも、ＤＶ防止法の保護命令の適用対象外とされる事案については、なお民事保全手続を利用することが考えられます。

(1) 管　轄

①　債務者（加害者）の住所地
②　債権者（被害者）の住所地

(2) 被保全権利

生命、身体の安全、平穏な私生活を営む権利、すなわち人格権です。

(3) 保全の必要性

債権者（被害者）に生じるおそれの高い著しい損害、または急迫の危険を避けるために必要であること（民保23②）。

(4) 疎明方法

① 具体的な記述が必要です。
② 陳述書のほか、被害者の日記、メモ等の詳細な場所、時間、状況が明らかになるもの
・暴行現場の写真、ビデオ、録音テープ、電子メール
・加害者によって壊された室内や物品の写真
・目撃した近隣住人の証言
・診断書（負傷した場合）
　など

(5) 債権者審尋

債務者審尋のため加害者が同時に裁判所に居合わせる、あるいは債権者審尋を知って加害者が押しかけるという可能性があります。被害者と加害者を接触させないため、債権者（被害者）を同行させずに、もっぱら代理人が対応するようにします。

(6) 債務者審尋

債務者審尋を経ることを原則としていますが、その期日を経ることで仮処分命令の申立ての目的が達せられないような事情があるときは、債務者審尋を省略することができるとされます。

(7) 審尋期日

ＤＶの場合には、緊迫した状況にあることが多く、事情を説明し早期に期日を指定するよう、代理人から裁判所に申入れをしておきます。

(8) 担　保

被害者は多くの場合、経済的に余裕がないので、高額の保証金の準備を強いることは困難です。代理人として、できる限り無担保か、低額にしてもらうよう、裁判所に申入れを行います。

(9) 仮処分手続の効果

① 法的効果
・接近禁止の仮処分

　　債権者の住所もしくは勤務先に電話をかけたり、訪問したり、または立ち入るなどの方法により債権者へ接近することを禁止することができます。
・接近禁止を併用した暴力・脅迫行為等の禁止を求める仮処分

　　債権者およびその家族に対して、物を投げつけたり、殴打するなどの暴力行為を、自宅や勤務先に上がりこみ、居座り、もしくは大声を出すなどの暴力、脅迫、威圧等を用いる一切の行為を、または待ち伏せを含むつきまといなどのストーカー行為を、債権者の親族・勤務先の上司等を含む第三者に対して債権者の名誉・信用を毀損する誹謗中傷行為を、禁止することができます。
・間接強制

　　仮処分決定に違反しても、保護命令と異なり、罰則がないことから、その効果をより確実にするために、例えば、「禁止行為を行った場合は当該違反行為の１日につき金〇〇万円の割合による金員を支払え」といった仮処分決定を取得することも可能です。

② 心理的効果
・加害者に心理的な効果を与える。

　　仮処分を裁判所に申し立てることにより、加害者に心理的に影響を与え、ＤＶが改まることがあります。また、審尋の席上で和解に至ることもあり得ます。
・警察への援助要請をしやすい。

　　仮処分決定が出されると、加害行為は決定に違反することが明確になって、警察への出動要請を行いやすく、警察も仮処分の内容に応じて援助しやすくなります。
・学校等への対応要請をしやすい。

　　子へのつきまとい等についても、仮処分決定による法的根拠を得ることで、通学する学校に加害者に子を引き渡さないよう要請することが容易になります。

3 警察の援助要請

(1) 警察の役割

　ＤＶ防止法が制定される以前は、「民事不介入」の原則により警察がＤＶ被害者を援助することはあまり行われていませんでした。しかし、ＤＶ防止法により警察官による暴力の防止努力義務が規定され、警視総監もしくは道府県本部長または警察署長は、配偶者から身体に対する暴力を受けている者から、配偶者からの暴力による被害を自ら防止するための援助を受けたい旨の申出があり、その申出を相当と認めるときは、被害者の意思を踏まえて、加害者の暴力防止に必要な援助を行うこととされています。都道府県警察本部または各警察署に、「援助申出書」を提出することになります。

(2) 警察の具体的対応

次の対応の中から適切なものを採ることとされています。
① 被害者に対し、配偶者からの暴力による被害を自ら防止するため、その状況に応じて避難その他の措置を教示すること
② 加害者に被害者の住所または居所を知られないようにすること
③ 被害者が配偶者からの暴力による被害を防止するための交渉を円滑に行うための措置（被害者に対する助言、加害者に対する必要な事項の連絡または交渉場所としての警察施設の供用）
④ その他申出に係る配偶者からの暴力による被害を自ら防止するために適当と認められる援助

(3) 緊急対応

緊急時には、110番通報するか、最寄りの警察署、交番に駆け込みます。

(4) 刑事処罰を求める場合

　加害者の行為が暴行や傷害、脅迫など刑罰法令に違反する場合は、処罰を求めることも可能です。

4 一時保護施設（シェルター）の利用

(1) 配偶者暴力相談支援センター、婦人相談所等における一時保護

① 配偶者暴力相談支援センターは施設というよりは社会的機能であり、その一時保護のための主たる施設としては婦人相談所があります。

「婦人相談所」、「女性相談所」、「女性相談センター」など実際の名称は、都道府県によって異なります。婦人相談所は夫、パートナーからの暴力被害者を含め、家庭環境の破壊、生活の困窮など、正常な社会生活を営む上で困難な問題を有しており、かつその問題を解決すべき機関が他にないために、現に保護、援助を必要としている状態にあると認められる者について広く相談に応じ、当該女性の問題の内容に即して保護・援助を行っています。

② 婦人相談所の一時保護は被害者の意思に基づき次の場合に行われます。
・適当な寄宿先がなく、当該者に被害が及ぶことを防ぐため緊急に保護することが必要であると認められる場合
・一時保護所での短期間の生活指導自立に向けた援助が有効であると認められる場合
・心身の健康回復が必要であると認められる場合

③ 保護期間は、婦人保護施設や母子生活支援施設への入所等ができるまでの必要最小限の期間とされていますが、入所者の状況により柔軟に対応するよう配慮すべきとされています。また、加害者の追跡が厳しく安全を確保することが困難な場合は、被害者本人の希望に基づいて都道府県境を越えて一時保護を行っています。

(2) 民間シェルター

ＤＶ被害者が緊急一時的に避難できる施設で、民間団体によって運営されているものが、いわゆる民間シェルターです。公益法人、ＮＰＯ法人、法人格のない任意団体など、形態はさまざまです。被害者の安全確保のため所在地は非公開になっている場合もあります。利用料が必要となるところもあります。民間シェルターにより、利用期間、同伴家族の受け入れ可能な年齢など、婦人相談所等の公的機関よりもさらに柔軟な対応が可能となりますので、十分な情報の収集が必要です。現在、民間シェルターでは被害者の一時保護に止まらず、相談への対応、被害者の自立に向けたサポートなど、被害者に対するさまざまな援助を行っています。

(3) 避難によって生じる問題への対処

① 加害者が居所を追跡している場合

重要なことは逃げ切るということです。

避難する際に、近くに逃げないこと、居所を探られる手がかりを残さないようにすることが大切です。

被害者が加害者と、決して連絡をとらないようにします。また、知人や親戚に連絡をとらねばならない場合にも、用件のみの連絡にとどめ、居所は知人や親戚にも明らかにしないよう十分注意します。

② 加害者が捜索願を出した場合

加害者が、捜索願を悪用して被害者の居所を探ろうとすることがあります。これに対しては、警察署に援助申出書を提出し、ＤＶであるから、被害者の居所を知られないようにするため、具体的には、捜索願を受理しない、手配登録の解除をする、被害者の意思に従い被害者が「生きている」のみの連絡にとどめるなどの措置を講じてもらうようにします。

第3 離婚手続を進める

1 手続を進める際の注意点

　DVの被害者の多くは女性です。経済的な理由や子どものことだけでなく、さまざまな心理的な要因も関係して、被害者はいったん離婚を決意しても、いざとなると気持ちが揺れることも多く見られます。

　暴力から逃れて、一時保護施設に保護され、離婚手続を依頼しながら、いざ代理人弁護士が離婚調停の申立てをすると、取下げをして欲しいと途中で言われることもあります。加害者の元に戻ってしまうこともあり、再び暴力を受けて、逃げ出すということを繰り返す場合もあります。

　解決の目途がたっての中止ではなく、結局戻っても再び暴力に遭い、数年後には離婚することになるケースが多いので、被害者の心情を理解することは大切ではありますが、こうしたDVの特質や背景を理解して、客観的なアドバイスを心がけることも必要です。

　離婚調停の申立てを行うと、加害者からの暴力が一層ひどくなる傾向があるので、申立てをする以前に被害者の身の安全と生活を確保しておくことが必要です。生活費についても、婚姻費用分担請求を申し立てます。

(1) 調停段階での注意事項 ■■■■■■■■■■■■■■■■■■■■■

① 調停前置主義とDV離婚

　離婚は、調停前置主義がとられていますが、DVの場合には、この調停制度が適さない場合があります。当事者の話合いによる解決は、対等で冷静な判断力をもった当事者を前提としています。しかし、DVではその前提を欠き、相手方からの暴力等の危険もあり、関係者がDVに理解がない場合にはいたずらに解決が遅れることになります。

　離婚を第一の目的とする場合には、調停に長時間を費やすよりも早期に調停不成立として、訴訟に移行させることを考えます。

② 提出書面で被害者の住所・居所を相手に知られない。

　調停や訴訟において、提出する書面で被害者の住所や居所が知られないように十分に注意して下さい。

　DV事件では、執拗に加害者が被害者の居場所を探し回る場合が少なくありません。

調停申立てにあたっても、手続の中で居場所が漏れないように細心の注意を払う必要があります。
a 被害者の住民票は移転せず、住所としては住民票記載地を記入し、連絡先は弁護士事務所などにします。別居していながら住所地が相手方と同じとなり、一見すると不自然ですが、裁判所にDV事件であることを説明すれば、被害者の居所を裁判所に伝えずに手続を進めることができます。
b 家庭裁判所に居所を伝えた場合には、家裁から相手方に居所を知られないように配慮するように申入れを行っておきます。また、裁判官、調停委員、書記官からも漏れないよう念のため注意を促しておきます。調停では申立書副本を相手方に送達しませんが、閲覧される場合も考えて、提出する書類等には細心の注意を払い、相手方が閲覧したとしても居所を知られることがないように注意を払う必要があります。また家庭裁判所にも、注意を促す上申書を提出しておきます。相手方にも代理人が就いていると、書面を相手方代理人に渡すように言われることがありますが、代理人が就いているからといって安心することのないように特に注意をする必要があります。
③ 相手方との接触はできる限り避ける。
手続中に相手方からの暴力や脅迫にあわないようにするため、また、連れ戻されたりしないようにするため、当事者の接触する機会を可能な限りなくすようにします。
a 調停や訴訟の申立時に、DVケースであることを上申書により、あらかじめ裁判所に知らせておきます。現在は、裁判所でも一定の配慮をしてくれます。例えば、東京家庭裁判所では、初回の調停の日時を別の日に指定したり、調停室の階や時間をずらすなど配慮をしています。

また、調停終了後に、第三者が待ち伏せして後をつけるといった危険性もあるので、相手方本人が後をつけることを注意するだけでなく、第三者を利用する場合もあることにも注意をしておきます。その危険性があれば、別期日を指定してもらうなど、いずれも裁判所に配慮を事前に申し入れ、協議をしておきます。
b 調停をしても意味がない場合には、1～2回で調停を打ち切ってもらい、訴訟に持ち込むようにします。
c 調停が何回か実施される場合は、裁判所と事前に折衝し、代理人のみが出席するようにします。
d 裁判官や調停委員に対して、DVについての理解を求めていくようにします。
e 経済的理由などでどうしても離婚に踏み切れない事情がある場合には、夫婦関係調整調停と婚姻費用分担請求で別居調停を成立させることも、場合によっては検討

します。この場合には、調停条項の中に接近しない旨の条項を加えるようにします。

(2) 訴訟段階での注意点 ■■■■■■■■■■■■■■■■■■■■■

① 訴訟でも相手方との接触をできるだけ減らすようにします。

　訴訟になっても、相手方との接触は可能な限り避け、短期間で終了させるよう努力します。尋問期日に本人が出頭せざるを得ないとしても、陳述書や診断書を利用して、できる限り尋問時間を短縮するようにします。陳述書を利用して、相手方が法廷にいると陳述しづらいことも陳述書に盛り込んで裁判所に伝えるようにします。

　また、尋問の際に法廷内にいては、恐怖を感じるなど、その影響を受けることから、尋問の場所から離れた傍聴席に座らせるとか、当事者の間に衝立を置くなどの措置を講じるよう裁判所に申し入れておきます（民訴210・203の3）。

　さらに、映像等の送受信による尋問を申し入れることも考えられます（民訴210・204）。

② 待ち伏せや尾行への配慮

　出頭日を利用して、相手方が待ち伏せしたり尾行をする危険があるので、注意が必要です。第三者に依頼する場合もあるので、第三者や弁護士が付き添い、場合によっては法廷警備を要請し、また、退廷の時間差を指揮してもらうとか、出口を配慮してもらうなどします。

③ 裁判の早期終結を目指し、訴状提出時にできるだけ下記のような証拠を提出しておきます。また、時系列に従った詳細な記録を作成してもらい、陳述書を作成するようにします。証拠の収集は、受任直後から指示をしておきます。

a　医師の診断書
b　外傷等の状況がわかるカラー写真
c　室内を損壊した写真
d　録音テープ
e　陳述書
f　相手方とのメールでのやりとり
g　近隣の人や友人、知人の陳述書
h　その他

(3) 離婚に伴う諸問題への対応 ■■■■■■■■■■■■■■■■■

① 親権および子どもへの面接交渉権

　ＤＶの場合、加害者である夫が、ことさらに嫌がらせのために、子の親権を主張することがよくあります。子の福祉のためにも暴力的な親のもとで養育が行われることはふさわしいことではないことを裁判所に積極的に訴えていきます。

　また、子の面接交渉を夫が求めた場合に、父親であるから面接はやむを得ないと安易に考えるべきではありません。夫が約束を守らず、面会を口実に、その機会に子を奪う危険性もあります。したがって、できる限り面接は避け、会わざるを得ない場合にも、短時間にして、裁判所や代理人の立会いのもとでのみ会わせるようにします。また、子から妻の居所が知られないように、注意を払う必要があります。

② 就労支援、経済的支援

・就労支援

　暴力を逃れ自立した生活を始めるためには職を確保することが重要になります。公的な就業支援機関としては、全国にハローワーク（公共職業安定所）がありますが、配偶者暴力相談支援センターでは就業促進についての情報提供も行なっています。

・経済的支援

　生活保護制度、児童扶養手当、児童手当は、離婚前後を問わず利用が可能な制度です。この他にも、母子福祉資金貸付金制度や生活福祉資金貸付金制度があります。

　「第4章 第2　社会保険等の手続をする」を参照して下さい。

2 離婚後の注意点

(1) 手続終了後の問題 ■■■■■■■■■■■■■■■■■■■■■■

① 住民票、本籍地の移動に関する注意点

離婚が成立したとしても、相手方からの暴力等の危険性がなくなるわけではなく、居所を探し回り、復縁を迫ったり、暴力行為や脅迫行為を行ったり、子との面接交渉を求めてくることもあります。

こうした危険性を少しでも減らすために、まず、相手方に居所を知られることがないように細心の注意を払う必要があります。

居所に本籍地を移したり、住民票をすぐに移したりすると、見つけられる危険があります。本籍地や住民票はいったん実家の本籍地や住所地に移し、その後さらに移転させると、元配偶者の戸籍や住民票に記載されません。

また、ＤＶ被害者やストーカー被害者からの申請があった場合に、加害者による住民票や戸籍の附票の閲覧、交付申請を役所が拒否することができるようになっています（以下「支援措置」といいます）。

加害者の代理人弁護士からの請求に対しても拒否が可能です。これにより住民票や戸籍の付票の閲覧や交付により現住所を突き止めてしまうことを、ある程度防止することは可能ですが、第三者を通じての交付申請まで完全に防止することは不可能です。

また、この支援措置を受けるには被害者本人による申出が必要であり、それを受けて市町村長が警察に意見を聴くなどして必要性を判断した上で決定しています。措置の期間は１年間で、期間の延長を希望する場合には、期間満了の１か月前に、延長の申出を行わなければならないので注意して下さい。

② 離婚後の荷物の引取り

ＤＶの場合には、身一つで家から逃れる場合も多く、離婚成立後に、荷物の引渡しを受けることになります。

できれば弁護士が代わりに立ち会うなどして荷物を引き取り、本人同士が接触するのを避けます。また、どうしても本人の立会いを要する場合も、弁護士が立ち会い、相手方代理人弁護士がいれば、弁護士の立会いを求め、危険性が生じないようにします。

運送業者から荷物の運び先を知られないように、業者に周知徹底しておきます。家財道具はどう分けるか争いが生じやすいので、事前にどう分けるかを調整しておく方

が紛争を回避することができます。

③　離婚後の子の面接交渉について

　離婚後の子との面接交渉には大変難しい問題があります。

　母親に危害を加える可能性がある場合には、できるだけ面接交渉を認めない方がよいでしょう。ただ、将来的には、子も父親に会いたいという意向を示し、父親も落ち着いてきた場合には、第三者の立会いのもとで会わせることも検討課題となります。

(2) ストーカーに対する対抗策

　ＤＶ防止法による保護命令のほかにも、元配偶者からのストーカー行為に対して、ストーカー行為等の規制等に関する法律（以下「ストーカー規制法」といいます。）に該当する場合には、この法律を利用することもできます。

　ストーカー規制法は、「特定の者に対する恋愛感情その他の好意の感情又はそれが満たされなかったことに対する怨恨の感情を充足する目的」で当該特定の者等に対するつきまとい、交際の要求、無言電話、名誉・性的羞恥心を害する事項を告げること等の行為を「つきまとい等」と、「つきまとい等」を反復等して行うことを「ストーカー行為」と定義し、「ストーカー行為」について、罰則を設けるとともに、「つきまとい等」について、警察が警告、禁止命令等の行政上の措置を講じます。禁止命令に違反した場合には刑事罰があります。

① 「つきまとい等」

　上記の目的で、当該「特定の者」や特定の者の「配偶者、直系若しくは同居の親族その他当該特定の者と社会生活において密接な関係を有する者」に対して、以下の8種類の行為を行うこと（ストーカー2①）。

a　つきまとい、待ち伏せし、進路に立ちふさがり、住居、勤務先、学校その他その通常所在する場所（以下「住居等」といいます）の付近において見張りをし、または住居等に押し掛けること

b　その行動を監視していると思わせるような事項を告げ、またはその知り得る状態に置くこと

c　面会、交際その他の義務のないことを行うことを要求すること

d　著しく粗野または乱暴な言動をすること

e　電話をかけて何も告げず、または拒まれたにもかかわらず、連続して、電話をかけもしくはファクシミリ装置を用いて送信すること

f　汚物、動物の死体その他の著しく不快または嫌悪の情を催させるような物を送付し、またはその知り得る状態に置くこと

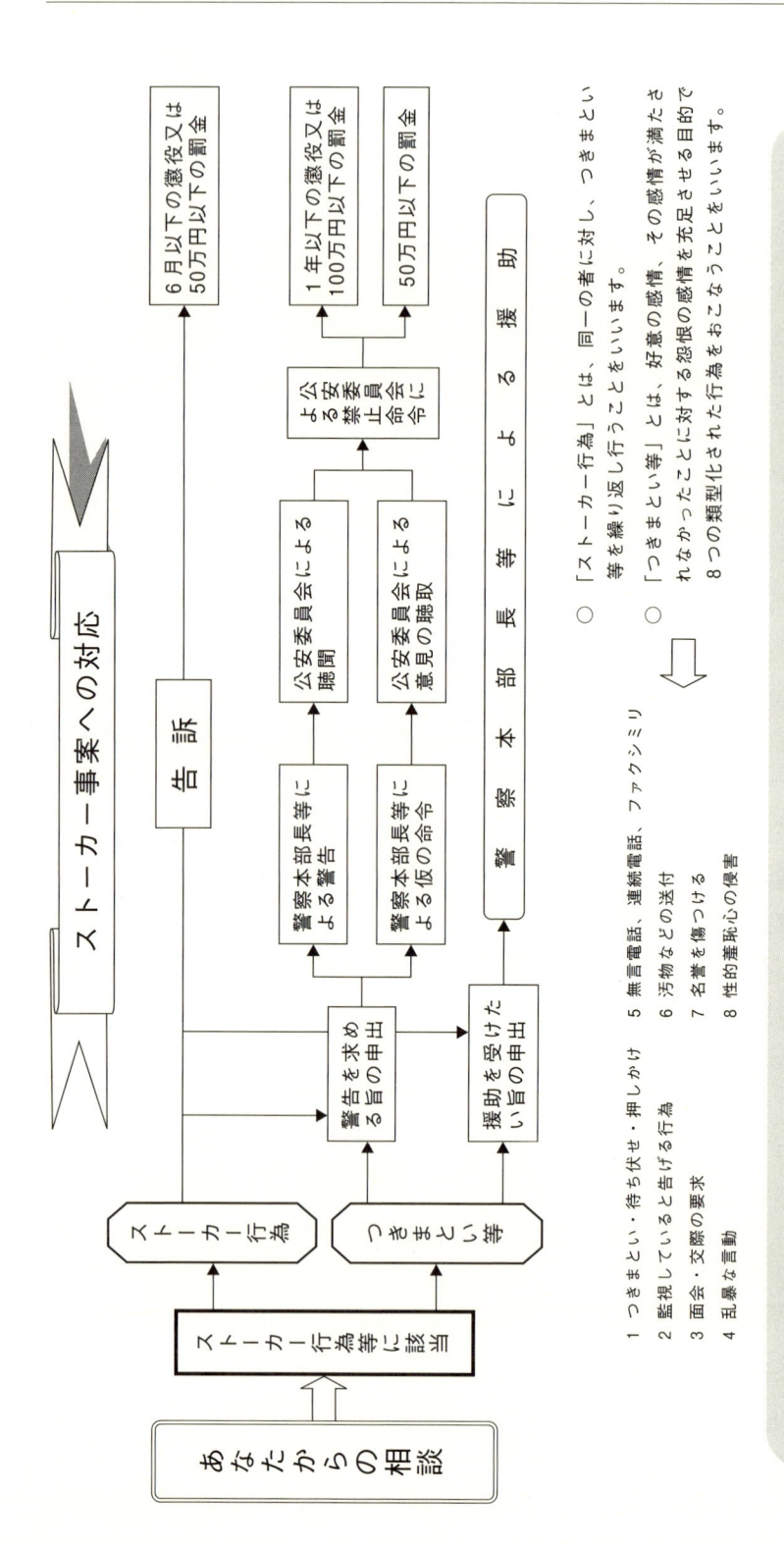

ストーカー事案への対応

```
あなたの相談
    ↓
ストーカー行為等に該当
    ↓
┌─────────────┬─────────────┐
ストーカー行為    つきまとい等
    ↓              ↓
  告訴         警告を求める旨の申出 ──→ 警察本部長等による警告
    ↓                                      ↓
6月以下の懲役又は                     公安委員会による聴聞
50万円以下の罰金                          ↓
                                   公安委員会による禁止命令
                                          ↓
                                   1年以下の懲役又は
                                   100万円以下の罰金

                     警察本部長の仮命令
                          ↓
                     公安委員会の意見の聴取
                          ↓
                     50万円以下の罰金

援助を受けたい旨の申出 → 警察本部長等による援助
```

○「ストーカー行為」とは、同一の者に対し、つきまとい等を繰り返し行うことをいいます。

○「つきまとい等」とは、好意の感情、その感情が満たされなかったことに対する怨恨の感情を充足させる目的で8つの類型化された行為をおこなうことをいいます。

1 つきまとい・待ち伏せ・押しかけ
2 監視していると告げる行為
3 面会・交際の要求
4 乱暴な言動
5 無言電話、連続電話、ファクシミリ
6 汚物などの送付
7 名誉を傷つける
8 性的羞恥心の侵害

そのほか、警察では
○ 他の刑罰法令に抵触 → あなたの意思を踏まえ、検挙その他の適切な措置
○ 刑罰法令に抵触しない → 事案に応じて、防犯指導、自治体の関係部局、弁護士等の他機関への紹介等の方法により、適切な自衛・対応策を教示するとともに、必要があると認められる場合には、相手方に指導・警告

などの措置をとります。

(出典:警察庁HPより)

g　その名誉を害する事項を告げ、またはその知り得る状態に置くこと

h　その性的羞恥心を害する事項を告げもしくはその知り得る状態に置き、またはその性的羞恥心を害する文書、図画その他の物を送付しもしくはその知り得る状態に置くこと

② 「ストーカー行為」

同一の者に対して、つきまとい等（上記のａ〜ｄにおいては、身体の安全、住居等の平穏もしくは名誉が害され、または行動の自由が害される不安を覚えさせるような方法により行われる場合に限ります）を反復してすることです（ストーカー2②）。

③　警告、禁止命令等、仮の命令

警告（ストーカー4）、禁止命令等（同5）、仮の命令（同6）は、いずれも裁判所ではなく、警察本部長等や都道府県の公安委員会により発せられます。

a　警　告

警察本部長等は、つきまとい等をされた者の申出を受けて、つきまとい等をした者に対して、さらに反復して当該行為をしてはならない旨を警告することができます（ストーカー4）。

b　禁止命令等

公安委員会は、警告を受けた者が警告に従わずつきまとい等をしたときは、この者から聴聞を行った上で、さらに反復して当該行為をしてはならない旨の禁止命令を出すことができます（ストーカー5）。この禁止命令の申立てを行うのは警察官であって、被害者に申立権はありません。

c　仮の命令

警告を求める旨の申出を受けた警察本部長等は、つきまとい等のうちの上記のaがあり、つきまとい等の行為が反復されるおそれがあると認められ、かつ申出をした者の身体の安全、住居等の平穏もしくは名誉が害されることを防止するために緊急の必要があるときは、さらに反復して当該行為をしてはならないという仮の命令を出すことができます（ストーカー6①）。

仮の禁止命令は、聴聞の手続を経ずに、警察本部長等が発することができます。仮の命令の効力は発令から15日間であり、その間に公安委員会が仮の命令を受けた者から聴取を行い、発令が不当でないと認められる場合には、公安委員会が禁止命令を出すことになります（ストーカー6③⑦）。

④　罰　則

ストーカー行為をした者は、告訴により6か月以下の懲役または50万円以下の罰金に処せられます（ストーカー13）。親告罪です。

禁止命令等に違反してストーカー行為をした者は、1年以下の懲役または100万円以下の罰金に処せられます（ストーカー14①）。

禁止命令等に違反してつきまとい等をした者は禁止命令前の行為から評価するとストーカー行為と評価されるときは、1年以下の懲役または100万円以下の罰金に処せられます（ストーカー14②）。禁止命令等に違反してつきまとい等をした者で禁止命令以前の行為から評価してもストーカー行為をしたといえないときは、50万円以下の罰金に処せられます（ストーカー15）。

⑤　警察本部長等の援助

警察本部長等はストーカー行為等を受けた者からの申出を受け、被害防止のための措置の教示等必要な援助を行います（ストーカー7）。

警察による具体的援助とは、被害者がストーカーと被害防止交渉を円滑にできるようストーカーに対して必要事項を連絡することや、被害防止交渉の場に警察施設を利用させること、また、警察本部長等は、関係行政機関や諸団体と緊密な連携を取る努力義務が課されています。

(3) DV被害者への精神的ケア

DVの恐怖にさらされてきた被害者は恐怖心からなかなか解放されず、自己に対しても否定的な評価をしがちです。DVの被害者は、直接的な身体的な被害だけでなく、多くの場合に心の傷を負い、心的外傷後ストレス障害（PTSD）をおこすこともしばしば見受けられます。

このような心理的な問題は、弁護士の能力を超えるものであり、精神科医による治療や心理カウンセラー、さらには自助グループなどを紹介して、精神的な面の支援を得られるようにしていくことが必要になります。

DV防止法でも、配偶者暴力相談支援センターの業務として、被害者の心身の健康を回復させるため、医学的または心理学的な指導を行うことが規定されています（配偶者暴力3③二）。

離婚事件処理マニュアル

| 不許複製 | 平成20年8月21日　発行
定価 3,675円（本体 3,500円） |

編　集　冨永　忠祐（弁護士）

発行者　新日本法規出版株式会社
　　　　代表者　服部　昭三

発行所　新日本法規出版株式会社
本　社／総轄本部　(460-8455)名古屋市中区栄1-23-20
　　　　電話　代表 052(211)1525
東京本社　(162-8407)東京都新宿区市谷砂土原町2-6
　　　　電話　代表 03(3269)2220
支　社　札幌・仙台・東京・関東・名古屋・大阪・広島・高松・福岡
ホームページ　http://www.sn-hoki.co.jp/

※落丁・乱丁本はお取り替えいたします。
ⒸT.Tominaga　2008　Printed in Japan
ISBN978-4-7882-7124-1